Guttentag'sche Sammlung
Deutscher Reichsgesetze

Nr. 138 d

Schneider-Günther

Stillegungsverordnung

Walter de Gruyter & Co.

Vorwort.

Als dritter Teil der Neuauflage der als Band 138 a der Guttentagschen Sammlung erschienenen Zusammenstellung, welche die seit November 1918 veröffentlichten Gesetze und Verordnungen über „Arbeiterschutz und Arbeitsrecht“ enthält, wird hiermit die erläuterte Textausgabe der Betriebsstillegungsverordnung vom 8. November 1920 in der Fassung der Verordnung vom 15. Oktober 1923 vorgelegt. Trotz des wachsenden Abstandes unserer Zeit von den wirtschaftlichen Begebenheiten, welche die Verordnung ins Leben gerufen haben, hat diese gesetzliche Maßregel an Bedeutung nicht verloren, da die Gründe, die sie veranlaßten, keinesfalls fortgefallen sind, vielmehr für eine nicht absehbare Zukunft vorhanden bleiben werden. Der erst jetzt erscheinenden Arbeit kommt zugute, daß nunmehr sowohl im Schrifttum als auch in der Rechtsprechung deutlich übersehbare, wenn auch nicht immer übereinstimmende Resultate vorliegen, die weitgehendste Beachtung gefunden haben. Ebenso sind, um in den Geist der oft mißverstandenen Verordnung einzuführen und auf auftauchende Zweifelsfragen eine dem Willen des Gesetzgebers möglichst entsprechende Antwort zu erteilen, die zum Zwecke der Auslegung der nicht immer klaren Bestimmungen der Verordnung erfolgten Bescheide des Reichsarbeitsministers und des Reichswirtschaftsministers und sonstige Ausführungen maßgeblicher amtlicher Stellen möglichst vollständig berücksichtigt und verarbeitet worden, wie auch die Ergebnisse der Besprechung, die am 5. März 1926 zwischen den Referenten des Reichsarbeitsministeriums und des Reichswirtschaftsministeriums einerseits und den Vertretern der Länder andererseits über Auslegung und Handhabung der Verordnung stattfand, hinreichend ausgewertet worden sind. Eine so umfangreiche Darbietung des einschlägigen Materials, das zur Vermeidung unbequemen Nachschlagens teilweise abgedruckt ist, erschien sowohl für das Studium der Verordnung als auch für ihre praktische Anwendung nicht entbehrt werden zu können.

Berlin, im Mai 1929.

Richard Schneider.

Inhaltsverzeichnis.

Anhang.

Abkürzungen.

a. A. .... anderer Ansicht.
AG. .... Amtsgericht.
Anm. ...... Anmerkung.
ArbG. ...... Arbeitsgericht.
Bens.Samml. Entscheidungen des Reichsarbeitsgerichts und der Landesarbeitsgerichte, herausgegeben von Dersch, Flatow, Gerstel, Hueck, Nipperdey, erschienen bei Bensheimer-Reimar Hobbing.
BGB. ...... Bürgerliches Gesetzbuch.
BRG. ...... Betriebsrätegesetz.
Drs. .... Drucksache.
Entwurf .... Entwurf eines Gesetzes über den Abbruch und die Stillegung gewerblicher Betriebe und über die Streckung der Arbeit (Stillegungsgesetz), abgedruckt RABl. 1922 S. 599.
G. .... Gesetz.
GG. .... Gewerbegericht.
GO. .... Gewerbeordnung für das Deutsche Reich.
JAR. ...... Jahrbuch des Arbeitsrechts von Hoeniger-Schultz-Wehrle.
JW. .... Juristische Wochenschrift.
KAR. ...... Karten-Auskunftei des Arbeitsrechts von Kallee.
KG. .... Kammergericht.
KfmG. ..... Kaufmannsgericht.

LAG.	Landesarbeitsgericht.
LG.	Landgericht.
Niederschrift .	Niederschrift über das Ergebnis der Besprechung der Reichsregierung mit den Vertretern der Länder am 5. März 1926 über Auslegung und Handhabung der Stillegungsverordnung, abgedruckt u. a. in Nr. 185 der „Leipziger Volkszeitung" vom 11. August 1926.
NZA.	Neue Zeitschrift für Arbeitsrecht.
OLG.	Oberlandesgericht.
RABl.	Reichsarbeitsblatt, Amtlicher Teil.
RAG.	Reichsarbeitsgericht.
RAM.	Reichsarbeitsminister.
RG.	Reichsgericht.
RGBl.	Reichsgesetzblatt, Teil I.
RTDrs.	Reichstagsdrucksache.
RVG.	Reichsversorgungsgesetz.
RVO.	Reichsversicherungsordnung.
RWM.	Reichswirtschaftsminister.
Sp.	Spalte.
StGB.	Strafgesetzbuch.
StillVO. ...	Stillegungsverordnung.
StPO.	Strafprozeßordnung.
WP.	Wahlperiode.
ZPO.	Zivilprozeßordnung.

Literaturverzeichnis.

Erdmann, Die Entlassung von Arbeitnehmern nach der Betriebsstillegungsverordnung vom 15. Oktober 1923. Arbeitgeber 1923 S. 360 ff.

Erdmann-Anthes, Betriebsstillegungsverordnung (Kommentar). Berlin 1926.

Fischer, Zur Betriebsstillegungsverordnung. Reichsarbeitsblatt 1926, Nichtamtlicher Teil S. 675.

Flatow, Betriebsrätegesetz, Berlin 1927.

Fuchs, Zum Begriff der „teilweisen Stillegung" von „Betriebsanlagen". Juristische Wochenschrift 1924 S. 1015; Neue Zeitschrift für Arbeitsrecht 1924 Sp. 135; Blätter für Arbeitsrecht 1924 Nr. 44.

Göppert, Zur Auslegung der Stillegungsverordnung. Neue Zeitschrift für Arbeitsrecht 1929 Sp. 265 ff.

Häußner, Betriebsstillegung (Kommentar). Berlin 1926.

—, Die Verordnung über Betriebsstillegungen und Arbeitsstreckung. Neue Zeitschrift für Arbeitsrecht 1923 Sp. 663 ff.

Hueck, Die Kündigungsbeschränkungen auf Grund der Verordnung über Betriebsstillegungen und Arbeitsstreckung vom 15. Oktober 1923 und des Gesetzes über die Beschäftigung Schwerbeschädigter vom 12. Januar 1923. Stuttgart 1924.

Kantorowicz-Kluckhohn, Betriebsabbrüche und Stillegungen (Kommentar). Berlin 1921.

Kaskel, Arbeitsrecht 1928.

—, Neuerungen im Arbeitsrecht S. 5 ff.

Nikisch, Der Begriff der Betriebsstillegung nach der Verordnung, betreffend Maßnahmen gegenüber Betriebsabbrüchen und -stillegungen. Neue Zeitschrift für Arbeitsrecht 1924 Sp. 577 ff.

Potthoff, Recht der Arbeitsstreckung. Arbeitsrecht 1924 Sp. 807 f.

—, Wirtschaftlicher Niedergang, Betriebsstillegung und fristlose Entlassung. Reichsarbeitsblatt 1926, Nichtamtlicher Teil S. 815.

Reger-Stößel, Gewerbeordnung. Ansbach 1927.

Rose, Betriebsstillegungen und Betriebseinschränkungen. Einschlägige Entscheidungen. Düsseldorf 1924.

Wedler, Die Entlassung von Arbeitern bei Betriebsstillegungen. Neue Zeitschrift für Arbeitsrecht 1924 Sp. 590 ff.

Weigert, Betriebsstillegungen und Arbeitsstreckung (Kommentar). Berlin 1924, mit Nachtrag 1926.

—, Der Tatbestand und die Rechtswirkungen der Betriebsstillegung seit der Verordnung über Betriebsstillegungen und Arbeitsstreckung vom 15. Oktober 1923. Neue Zeitschrift für Arbeitsrecht 1924 Sp. 65 ff.

Einleitung.

Die Betriebsstillegungsverordnung, wie sie allgemein genannt wird, besteht aus zwei Teilen, von denen der eine wirtschaftspolitischen, der andere sozialpolitischen Charakter aufweist.

Den wirtschaftspolitisch orientierten Teil bildet die noch unveränderte Verordnung vom 8. November 1920, betreffend Maßnahmen gegenüber Betriebsabbrüchen und -stillegungen (RGBl. S. 1901).

Über die Entstehungsgeschichte dieser Verordnung vom 8. November 1920 führt die amtliche Begründung zum „Entwurf eines Gesetzes über den Abbruch und die Stillegung gewerblicher Betriebe und über die Streckung der Arbeit" (s. S. 28) folgendes aus:

„Nach der scheinbaren Hochkonjunktur in den Wintermonaten 1919 auf 1920 brachte im Frühjahr 1920 die Besserung des Markkurses und eine wachsende Kaufunlust der inländischen Verbraucher einen empfindlichen Rückschlag in den Absatzbedingungen der deutschen Wirtschaft. Zahlreiche Betriebe in der Textil- und Schuhindustrie sowie in Teilen des Metallgewerbes mußten stillgelegt werden. Die hohen Preise, die das Ausland für wertvolle deutsche Produktionsmittel bezahlte, hatten zahlreiche Abbrüche von Maschinen zur Folge. Aber auch ganze Betriebsanlagen, in erster Linie

Ziegeleien, wurden abgebrochen, da im gegebenen Augenblick an dem Bestandmaterial der Betriebe größere Gewinne zu erzielen waren als an den unverkäuflichen Produkten.

Als der Vorläufige Reichswirtschaftsrat im Sommer 1920 zu seiner ersten Tagung zusammentrat, sah er als eine seiner ersten Aufgaben eine umfassende Untersuchung über Ursachen und Umfang dieser Veränderung der Produktionsbedingungen an. In dem Berichte des sozial- und wirtschaftspolitischen Unterausschusses über den Antrag Wissell,[1]) betreffend

---

[1]) Der Antrag Wissell und Gen. lautet:

„Die Unterzeichneten beantragen:

Der Reichswirtschaftsrat wolle beschließen:

Die andauernde Schließung von Betrieben bzw. die Beschränkung der Produktion bringt volkswirtschaftliche und soziale Schädigungen so schwerer Art, daß dringend die Wege zur Abwendung dieser Gefahren zu erforschen sind. Der Ausbau der heutigen Erwerbslosenfürsorge zu einer produktiven, deren Ziel die Steigerung der Warenerzeugung ist, erscheint unumgänglich geboten. Der gemäß Art. 11 der Verordnung über den Vorläufigen Reichswirtschaftsrat vom 4. Mai 1920 bestellte Wirtschaftspolitische Ausschuß wird beauftragt, die hier in Betracht kommenden Fragen umgehend zu prüfen und dem Reichswirtschaftsrat Vorschläge zur Beschlußfassung zu unterbreiten."

Da der Antrag neben wirtschaftspolitischen Fragen auch sozialpolitische betraf, wurde auch der Sozialpolitische Ausschuß des Vorläufigen Reichswirtschaftsrats beteiligt und zur Behandlung des zur Beratung stehenden Stoffes der gemeinsame Unterausschuß, der Wirtschaftspolitische und Sozialpolitische Unterausschuß (Unterausschuß Wissell), am 6. Juli 1920 eingesetzt. (Über die Berichte und Beschlüsse dieses Unterausschusses vgl. die ausführlichen näheren Angaben und wörtliche Wiedergabe der Beschlüsse und Ergebnisse der Untersuchung in der Denkschrift „Der Vorläufige Reichswirtschaftsrat 1920—1926", verfaßt vom Bürodirektor Dr. Hauschild.)

Förderung der produktiven Erwerbslosenfürsorge, der als Nr. 28 der Drucksachen des Vorläufigen Reichswirtschaftsrats veröffentlicht ist, hat er seine Untersuchungen niedergelegt und Vorschläge zur Bekämpfung der schwersten Schäden ausgearbeitet. Die Grundgedanken dieses Antrags haben in der Verordnung vom 8. November 1920 (RGBl. Nr. 223 S. 1901) und der ergänzenden Ausführungsanweisung vom 8. November 1920 (Reichsanzeiger Nr. 267 vom 24. November 1920) ihren gesetzlichen Niederschlag gefunden.

Der Zweck der Verordnung ist ausgesprochen produktionspolitischer Natur (vgl. Einleitung zur Ausführungsanweisung): Schutz der Produktionsanlagen und der allgemeinen Produktionsfähigkeit des Betriebs."

Die praktischen Erfahrungen, die mit der Verordnung vom 8. November 1920 gemacht worden sind, kennzeichnet der Gesetzentwurf (s. S. 28) folgendermaßen: „Um sich von den Wirkungen der Stillegungsverordnung im Laufe ihrer bisherigen Geltungsdauer ein klares Bild zu machen, hat sich das Reichswirtschaftsministerium im Spätjahr 1921 an die Regierung der deutschen Länder gewandt und diese, die durch ihre Demobilmachungsbehörden mit der unmittelbaren Durchführung der Verordnung betraut sind, um eingehende Ausführungen über ihre Erfahrungen ersucht. Das Ergebnis dieser Umfrage kann als überwiegend günstig bezeichnet werden. Die Mehrzahl der großen Länder, Preußen, Sachsen, Baden, Thüringen sowie Mecklenburg-Schwerin, Oldenburg, Braunschweig und Anhalt, berichten über gute Erfahrungen. Württemberg nimmt eine mittlere Stellung ein, während sich überwiegend ungünstig die Länder Bayern, Mecklenburg-Strelitz, Schaumburg-Lippe, Waldeck und Bremen ausgesprochen haben.

Durchweg günstige Erfahrungen sind mit den Bestimmungen über Betriebsabbrüche gemacht worden. Von den Befürwortern der Bestimmungen über Betriebsstillegungen wird in erster Linie die günstige Wirkung der Sperrfrist und der behördlichen Nachprüfung der Betriebsverhältnisse hervorgehoben. Die vierwöchige Sperrfrist verhindert übereiltes Vorgehen. Häufig ändern sich innerhalb dieser Frist die wirtschaftlichen Verhältnisse, so daß eine günstigere Beurteilung der Sachlage möglich wird. Sie bietet Gelegenheit, den Umfang und die Durchführung der Entlassungen den Bedürfnissen des Arbeitsmarkts anzupassen und für die anderweitige Unterbringung der Arbeitnehmer Sorge zu tragen. Die behördliche Nachprüfung der Betriebsverhältnisse führt zur notwendigen Klarstellung der für die Stillegung maßgebenden Ursachen. Sie gibt den Beteiligten Gelegenheit zur Aussprache und beseitigt dadurch Mißtrauen und Mißverständnisse zwischen Unternehmer und Belegschaft bzw. Betriebsrat. Auch in den Fällen, in denen die wirtschaftlichen Schwierigkeiten des Betriebs sich nicht beseitigen lassen, wird doch der allgemeine Wirtschaftsfrieden gefördert, indem die Betriebsvertretung sich durch genaue Einsicht in die Verhältnisse von der Notwendigkeit der beabsichtigten Maßnahme überzeugen kann. Von einer Seite wird besonders hervorgehoben, daß durch solche Klarstellung mitunter die geplante Stillegung von vornherein verhütet werden konnte, wenn festgestellt wurde, daß die Unwirtschaftlichkeit der Produktion durch Arbeitsunlust und Leistungsverminderung der Arbeitnehmer hervorgerufen war. Die unmittelbaren Hilfsmaßnahmen der Behörde konnten gleichfalls in gewissen Fällen die Betriebseinstellung verhindern. Mehrfach wird festgestellt, daß schon ihr Bestehen auf den Entschluß zur Betriebsstillegung hemmend wirke. Die Abneigung vieler Unternehmer, ihre Betriebsverhältnisse der Behörde im einzelnen darzulegen, veranlaßt sie, jedes nur erdenkliche Mittel zur Verhinderung einer Betriebsstillegung vorher zu untersuchen.

Diejenigen Landesregierungen, deren Erfahrungen überwiegend ungünstig sind, führen im wesentlichen hierfür folgende Gründe an:

a) Der erwünschte Erfolg tritt nicht ein, weil die Bestimmungen der Verordnung der Behörde nicht ausreichende Machtbefugnis gewähren.

b) Der erwünschte Erfolg bleibt aus, weil die beteiligten behördlichen Stellen nicht mit genügender Schnelligkeit und nicht mit ausreichendem sachlichen Entgegenkommen arbeiten.

c) Die Verordnung kann die beabsichtigte Wirkung nicht erzielen, weil im Regelfalle die Stillegungen nicht aus Bereicherungsabsicht (Unternehmersabotage), sondern unter dem Drucke zwingender wirtschaftlicher Notwendigkeiten erfolgen, denen gegenüber jeder Eingriff nur die Unwirtschaftlichkeit erhöhe.

Die beiden ersten Einwände richten sich gegen die konkrete Ausgestaltung der geltenden Verordnung und gegen die zurzeit übliche Praxis ihrer Durchführung. Ihnen könnte bei einer Neuregelung der Materie durch gewisse Veränderungen, insbesondere durch eine Verkürzung des Instanzenzuges bei den mit der Hilfsaktion beauftragten Behörden, Rechnung getragen werden. Der letzte Einwand ist grundsätzlicher Natur, insofern er von der Auffassung ausgeht, als sei es der Zweck der Verordnung, jede beabsichtigte Stillegung mit allen Mitteln zu verhindern. Daß dies in Wahrheit nicht der Zweck der Verordnung vom 8. November 1920 ist, wird in der Einleitung der Ausführungsanweisung deutlich hervorgehoben. Hier wird die äußerste Wirtschaftlichkeit in der Verwendung der Produktionsmittel als oberster Grundsatz bezeichnet und ausdrücklich betont, daß grundsätzlich nicht jede Stillegung als volkswirtschaftlich nachteilig betrachtet werden dürfe, sondern daß umgekehrt, wie sich aus § 6 der Verordnung ergibt, Abbrüche und Stillegungen als Ausfluß einer planmäßigen Wirtschaftspolitik durch behördliche Stellen sogar angeordnet werden können. Im übrigen wird es in der Ausführungsanweisung jeder Demobilmachungsbehörde zur Pflicht gemacht, die einzelnen Fälle mit Unterstützung der zuständigen Fachorganisationen daraufhin zu prüfen, ob nach der Gesamtlage der Produktions- und Absatzverhältnisse des betreffenden Gewerbezweiges und nach den sozialen Verhältnissen der betroffenen Arbeiterschaft die Aufrechterhaltung des Betriebs im allgemeinen Interesse wünschenswert erscheine.

Nun kann freilich nicht geleugnet werden, daß eine reichlichere Ausstattung der mit der Kredithilfe betrauten Stellen sowie ein weiterer Ausbau der öffentlichen Aufträge dem sinngemäßen Zwecke der Verordnung zu nachhaltigerer Wirkung verholfen hätten. Die allgemeine Finanzkalamität der öffentlichen Verwaltung hat auch hier zu nachteiligen Einschränkungen gezwungen. Daß aber trotzdem das Eingreifen der Demobilmachungsbehörden in zahlreichen Fällen zum Erfolge geführt hat, läßt sich aus einer statistischen Übersicht erkennen, die aus den vierzehntägigen Meldungen der Demobilmachungsbehörden an das Reichsamt für Arbeitsvermittlung gewonnen ist.

In der Zeit vom 1. Januar 1921 bis 31. März 1922, für welche die Berichte der Demobilmachungsbehörden abgeschlossen vorliegen, wurden als beabsichtigte Maßnahmen zur Anzeige gebracht:

62 Betriebsabbrüche,
683 Stillegungen von Vollbetrieben,
815 Stillegungen von Betriebsteilen.

In diesen Betrieben waren insgesamt beschäftigt 291 760 Arbeiter und 34 979 Angestellte. Von der beabsichtigten Maßnahme unmittelbar betroffen wurden 106 000 Arbeiter und 4711 Angestellte.

Als Grund für die beabsichtigte Maßnahme wurden angegeben:

Auftrags- und Kapitalmangel in	1030	Fällen,
Rohstoffmangel in	108	„
Unwirtschaftlichkeit in	196	„
Sonstiges in	226	„ .

Zur Durchführung gelangt sind:

42 Abbrüche (68 v. H. der gemeldeten),
386 Stillegungen von Vollbetrieben (67 v. H. der gemeldeten),
638 Stillegungen von Betriebsteilen (78 v. H. der gemeldeten).

Zur Entlassung kamen 64 232 Arbeiter und 2139 Angestellte.

Die beträchtliche Differenz zwischen den zur Anmeldung gelangten und den durchgeführten Stillegungen darf freilich nicht in vollem Umfang dem erfolgreichen Eingreifen der Behörden zugeschrieben werden. Manche Unternehmer erstatten vorsichtshalber ihre Meldungen schon zu einem Zeitpunkt, an dem sie selbst noch nicht alle Mittel erschöpft haben, um der Stillegung zu entgehen. Demgegenüber muß aber betont werden, daß nach der Ansicht mehrerer Landesregierungen die Absicht zur Stillegung, die ohne gesetzliche Bestimmungen einer Hemmung nicht unterlegen wäre, häufig aus Scheu vor der behördlichen Nachprüfung gar nicht bis zu dem Entschlusse zur Anmeldung gereift sein wird.

Die Fälle, in denen die Reichszentralbehörden den Erfolg der Verordnung unmittelbar zu beurteilen vermögen, beschränken sich auf solche Abbrüche und Stillegungen, die für die gesamte Wirtschaft bedeutsam sind und daher von der Demobilmachungsbehörde dem Reichswirtschaftsministerium telegraphisch angezeigt werden müssen. In einigen dieser Fälle konnte mit Erfolg eingegriffen werden. Es darf hier auf den Fall der Sächsischen Zigaretteninduſtrie hingewiesen werden, der die breitere Öffentlichkeit seinerzeit lebhaft beschäftigt hat, sowie auf die teilweisen Stillegungen in den großen Werftbetrieben, die, soweit sie nicht ganz verhindert werden konnten, unter dem Drucke der Verordnung in einem den allgemeinen wirtschaftlichen und politischen Erfordernissen entsprechenden Tempo durchgeführt werden konnten. Bei dieser Gelegenheit konnten sich die Reichszentralbehörden unmittelbar von der psychologischen Wirkung der Verordnung überzeugen. Die objektive Darlegung und Nachprüfung der Verhältnisse hat schließlich auch auf die radikale Presse besänftigend gewirkt. Der im Herbst 1920 alltägliche Vorwurf der Unternehmersabotage ist ganz verschwunden; damit ist der Arbeitsfrieden im Interesse der Gesamtwirtschaft beträchtlich gefördert worden. Umgekehrt ist in dem eineinhalbjährigen Zeitraum der Geltungsdauer der Verordnung den beteiligten Ministerien nicht eine einzige Klage über mißbräuchliche Anwendung der Verordnung übermittelt worden, so daß die in den Verhandlungen im Vorläufigen Reichswirtschaftsrate geäußerten lebhaften Befürchtungen der Unternehmer dank der taktvollen Handhabung der Verordnung durch die Demobilmachungsbehörden sich zweifellos nicht erfüllt haben."

Der andere, seinem Inhalt nach arbeitsrechtliche Teil der Betriebsstillegungsverordnung (§ 2 Abs. 2 bis 5) ist der ursprünglichen Verordnung vom 8. November 1920 durch die Verordnung über Betriebsstillegungen und Arbeitsstreckung vom 15. Oktober 1923 (RGBl. S. 983) eingefügt worden. Diese ergänzende Verordnung ist zurückzuführen auf die Verordnung vom 12. Februar 1920 über die Einstellung und Entlassung von Arbeitern und Angestellten während der Zeit der wirtschaftlichen Demobilmachung (RGBl. S. 218).

Die Verordnung vom 12. Februar 1920 (abgedruckt unten S. 203), die ihre Rechtsgrundlage in den Verordnungen über die Einstellung, Entlassung und Entlohnung gewerblicher Arbeiter während der Zeit der wirtschaftlichen Demobilmachung vom 4. Januar 1919 (RGBl. S. 8) und über die Einstellung, Entlassung und Entlohnung der Angestellten während der Zeit der wirtschaftlichen Demobilmachung vom 24. Januar 1919 (RGBl. S. 100) hat, berücksichtigt ebenfalls lediglich sozialpolitische Gesichtspunkte.

Die Verordnung vom 12. Februar 1920, die eine der dringendsten Aufgaben der Demobilmachungszeit, den Kriegsteilnehmern lohnende Beschäftigung zu schaffen, zu erfüllen suchte, legte den Betriebsunternehmern und Büroinhabern die Pflicht auf, diejenigen Kreigsteilnehmer und Zivilinternierten wieder einzustellen, welche am 1. August 1914 als Arbeitnehmer in ihrem Betrieb oder in ihrem Büro beschäftigt waren und die sich innerhalb einer bestimmten Frist zur sofortigen Wiederaufnahme ihrer früheren Tätigkeit bei ihren früheren Arbeitgebern meldeten. Die Wiedereingestellten konnten frühestens nach Ablauf von drei Monaten nach der Wiedereinstellung und in diesem Falle nur am Ende eines Kalendermonats entlassen werden. Außerdem bestimmte der oft und hart angefochtene, jetzt aufgehobene § 12 der Verordnung, der die Arbeitsstreckung behandelt:

„§ 12.

Entlassungen aus Anlaß von Wiedereinstellungen (§§ 3, 5 bis 7) oder zur Verminderung der Arbeitnehmerzahl dürfen nur vorgenommen werden, wenn dem Arbeitgeber nach den Verhältnissen des Betriebs keine Vermehrung der Arbeitsgelegenheit durch Verkürzung der Arbeitszeit (Streckung der Arbeit) zugemutet werden kann. Hierbei braucht jedoch die Wochenarbeitszeit eines Arbeitnehmers nicht unter 24 Stunden herabgesetzt zu werden.

Der Arbeitgeber ist im Falle der Arbeitsstreckung berechtigt, Lohn oder Gehalt der mit verkürzter Arbeitszeit beschäftigten Arbeitnehmer entsprechend zu kürzen. Diese Kürzung darf jedoch erst von dem Zeitpunkt an erfolgen, an dem eine Entlassung der betreffenden Arbeitnehmer im Falle des Fehlens der Vorschrift des Abs. 1 nach den allgemeinen gesetzlichen oder den vertraglichen Bestimmungen zulässig wäre.

Die Vorschrift des Abs. 1 Satz 1 findet keine Anwendung bei Entlassungen von Arbeitnehmern, die nur zur vorübergehenden Aushilfe oder für einen vorübergehenden Zweck angenommen worden sind."

Der § 12 der Verordnung vom 12. Februar 1920 knüpft also an die Verminderung der Arbeitnehmerzahl die bedeutsame Rechtsfolge, daß Entlassungen nur vorgenommen werden dürfen, wenn dem Arbeitgeber nach den Verhältnissen des Betriebes keine Arbeitsstreckung zugemutet werden kann. Durch diese Bestimmung wurde die Verordnung vom 12. Februar 1920 nahe an die Verordnung vom 8. November 1920 herangerückt, die den Begriff der Betriebsstillegung in § 1 Ziff. 2 nach ihren Rückwirkungen auf die Zahl der zur Entlassung kommenden Arbeitnehmer bestimmt, während nach § 2 (jetzt § 2 Abs. 1), wie ein großer Teil der Lehrmeinungen und der Rechtsprechung annahm, zu den Veränderungen der Sach- und Rechtslage, die der Betriebsleiter ohne behördliche Genehmigung nicht vornehmen darf, auch die Entlassung von Arbeitnehmern gehörte. Die Verminderung der Arbeitnehmerzahl, die ein wesentlicher Teil im Tatbestande der Betriebsstillegung ist, bildete also für beide Verordnungen die Grundlage der Rechtsfolgen, die sich daraus ergeben. Ein Unterschied zwischen beiden Verordnungen besteht trotz der Angleichung aber darin, daß § 12 der Verordnung vom 12. Februar 1920 auch eine Verminderung der Arbeitnehmerzahl betraf, die nicht den Umfang hatte, wie ihn die Verordnung vom 8. November 1920 vorschreibt, und auch nicht die geringere Ausnutzung der Betriebsanlagen zur Voraussetzung seiner Anwendbarkeit machte. Da also der Geltungsbereich der Verordnung vom 12. Februar 1920 weiter war als der der Verordnung vom 8. November 1920, so war jedesmal, wenn die besonderen Voraussetzungen der Betriebsstillegung vorhanden waren, auch eine Verminderung der Arbeitnehmerzahl im Sinne des § 12 gegeben, und es hat begreiflicherweise zu ernsten Unzuträglichkeiten geführt, daß nicht nur die Rechtswirkungen in beiden Verordnungen voneinander abwichen, sondern auch das Verfahren und die Instanzenzüge, welche die beiden Verordnungen vorsehen, völlig verschieden waren.

Die Beseitigung dieser Rechtsunsicherheit war von der Reichsregierung gleichzeitig mit der Überführung der Verordnung vom 8. November 1920 in die ordentliche Gesetzgebung geplant, dergestalt, daß bei dieser Überleitung, der die Mehrzahl der Landesregierungen auf Grund der oben geschilderten, überwiegend günstigen Wirkungen der Verordnung zustimmten, mit den auf Grund der gemachten Erfahrungen abgeänderten Bestimmungen der Verordnung vom 8. November 1920 die praktisch noch verwendbaren, nicht bereits durch Zeitablauf hinfällig gewordenen Bestimmungen der Verordnung vom 12. Februar 1920 zu einem Gesetz vereinigt werden sollten. Von den noch daseinsberechtigten Vorschriften der Verordnung vom 12. Februar 1920 blieben die übrig, in deren Mittelpunkt der § 12 steht, und die das Ziel hatten, die Entlassung von Arbeitnehmern durch das Mittel der Arbeitsstreckung einzuschränken. Diese arbeitsrechtliche Maßnahme hatte im Laufe der Zeit eine verschiedene Beurteilung erfahren, die der Entwurf (s. S. 28) also kennzeichnet: „Der Grundsatz der Arbeitsstreckung ist in den letzten Jahren lebhaft umstritten worden. Die Einwendungen, die gegen ihn erhoben werden, liegen zunächst auf technischem Gebiete. Es wird geltend gemacht, daß es Betriebe gäbe, in denen die Arbeitsstreckung undurchführbar sei. Vielfach richten sich diese Einwendungen, wenn sie genauer geprüft werden, nur gegen einzelne Formen der Arbeitsstreckung. Dort, wo die Verkürzung des Arbeitstages unmöglich ist, ist es doch vielfach möglich, die Arbeit auf andere Art, insbesondere durch einen Austausch der Arbeitskräfte im Wechsel von einzelnen oder mehreren Tagen oder von Wochen, durchzuführen. Immerhin wird zugegeben werden müssen, daß es Betriebsaufgaben gibt, mit denen sich keine Art von Arbeitsstreckung technisch vereinbaren läßt.

Ebenso ist die Arbeitsstreckung auch mit bestimmten Formen des Arbeitsverhältnisses nicht vereinbar. Es geht nicht an, die Arbeitsaufgabe des Beamten zu strecken, weil der Beamte nach der Natur des Arbeitsverhältnisses verpflichtet ist, seine volle Arbeitskraft einzusetzen. Daraus ergeben sich weiter unüberwindliche Schwierigkeiten in den Fällen, in denen Beamte und andere Arbeitnehmer nach einem einheitlichen Arbeitsplan zusammenarbeiten müssen.

Endlich wird auf die Vermehrung der allgemeinen Unkosten hingewiesen, die mit jeder Arbeitsstreckung unvermeidlich verbunden ist. Diese Vermehrung trifft nicht nur den einzelnen Betrieb, sondern darüber hinaus die ganze Volkswirtschaft, weil sie die Erzeugnisse verteuert und damit die Absatzmöglichkeiten im Inland und Ausland vermindert.

Auf der anderen Seite bringt freilich die Arbeitsstreckung auch unverkennbare wesentliche Vorteile für den Betrieb und für die Volkswirtschaft, wenn sie dazu dient, die eingelernten Arbeiter im Betriebe zu erhalten und damit zugleich auch vor allen Schädigungen, die die Erwerbslosigkeit mit sich bringt, zu bewahren. Diesem volkswirtschaftlichen Interesse an der Arbeitsstreckung entspricht es, wenn die Verordnung über Erwerbslosenfürsorge und nunmehr auch der Entwurf des Gesetzes über eine vorläufige Arbeitslosenversicherung die Lasten der Arbeitsstreckung zu einem wesentlichen Teil als Kurzarbeiterunterstützung übernimmt. Das Interesse vieler Betriebe an der Arbeitsstreckung aber hat von jeher seinen Ausdruck darin gefunden, daß ganze Industrien in Zeiten geringen Beschäftigungsgrades freiwillig die Arbeit gestreckt haben.

Gerade diese letzte Tatsache zeigt, daß die Bedenken, die gegen den § 12 der Verordnung vom 12. Februar 1920 so nachdrücklich geltend gemacht worden sind, sich nicht gegen den Grundsatz der Arbeitsstreckung an sich richten, sondern dagegen, daß der Grundsatz durch gesetzlichen Zwang verwirklicht wird. Dieser gesetzliche Zwang ist, soviel muß seinen Gegnern zugegeben werden, auf jeden Fall nur dann zulässig, wenn er dem Betrieb nach seinen wirtschaftlichen und technischen Verhältnissen zugemutet werden kann. Diese Beschränkung ist freilich schon in der Verordnung vom 12. Februar 1920 enthalten. § 12 setzt ausdrücklich voraus, daß dem Arbeitgeber „nach den Verhältnissen des Betriebs" die Verkürzung der Arbeitszeit zugemutet werden kann, und § 11 zeigt, daß zu den Verhältnissen des Betriebs auch die Wirtschaftlichkeit zu rechnen ist. Der Zwang der Arbeitsstreckung hätte nicht so schwere Anfeindungen erfahren, wenn dieser Grundsatz in allen Fällen ausreichend beachtet worden wäre.

Daß dies nicht geschehen ist, daß die Schlichtungsausschüsse vielmehr nicht ganz selten auch in Fällen, in denen es mit den Verhältnissen des Betriebs nicht vereinbar war, die Arbeitsstreckung vorgeschrieben haben, hat seinen letzten Grund wohl darin, daß der § 12, seinem eigentlichen Zwecke durchaus zuwider, vielfach als ein Mittel angesehen und angewendet worden ist, um den einzelnen Arbeitnehmer vor der Entlassung zu schützen. Auch die wissenschaftliche Erörterung ist vielfach diesen Weg gegangen. Sie hat den § 12 der Verordnung vom 12. Februar 1920 geradezu mit den

Kündigungsbeschränkungen des Betriebsrätegesetzes gleichgestellt. Das geht keinesfalls an. Die schweren Rückwirkungen, die die erzwungene Arbeitsstreckung in jedem Falle auf den Betrieb haben kann, finden in dem Interesse des einzelnen Arbeitnehmers, der von der Entlassung bedroht ist, keine hinreichende Rechtfertigung. Diese Rückwirkungen treffen aber nicht den Betrieb allein, sie treffen auch die Gesamtheit der Arbeitnehmer, die von der Streckung erfaßt werden, und es ist nicht immer ein verwerflicher Egoismus, wenn die Arbeitnehmer, denen die Entlassung nicht droht, und wenn die Betriebsvertretung sich vielfach gegen die Arbeitsstreckung gewehrt haben. Der Zwang zur Arbeitsstreckung mit seinen Rückwirkungen auf Betrieb und Gesamtheit der beteiligten Arbeitnehmer ist vielmehr gerechtfertigt nur dann, wenn er notwendig ist, um den Arbeitsmarkt in Zeiten krisenhafter Anspannung vor unerwarteten neuen Erschütterungen zu schützen. Das ist auch der eigentliche Gedanke des § 12 gewesen und derjenigen Vorschriften, die ihm vorausgegangen sind, also des § 2 der Verordnung vom 4. Januar und des § 12 der Verordnung vom 3. September 1919 (RGBl. S. 8 und S. 1500). Das drückt sich ganz eindeutig darin aus, daß nach allen diesen Vorschriften nur die Verminderung der Arbeitnehmerzahl zur Arbeitsstreckung führen kann. Wenn der Arbeitgeber für den Arbeitnehmer, den er entlassen will, einen anderen Arbeitnehmer einstellt, so finden diese Vorschriften keine Anwendung mehr. Das wäre nicht zu verstehen, wenn es sich tatsächlich um den Schutz des einzelnen Arbeitnehmers vor der Entlassung handelte, wie im Betriebsrätegesetz, und nicht um den Schutz des Arbeitsmarkts. Die Frage, ob der Schutz, den das Betriebsrätegesetz dem einzelnen Arbeitnehmer gewährt, in allen Fällen ausreicht, kann dabei unerörtert bleiben. Sie wird voraussichtlich in naher Zeit erneut nachgeprüft werden können, wenn das Recht des Arbeitsvertrags im Rahmen des künftigen Arbeitsgesetzbuchs geregelt wird. Ein Gesetz, das den rechtlichen Gedanken des § 12 im Zusammenhang mit den Vorschriften über Betriebsabbrüche und -stillegungen regeln will, wird jedenfalls den eigentlichen Zweck des § 12, den Schutz des Arbeitsmarkts, mit aller Deutlichkeit herausarbeiten müssen.

Daraus ergibt sich zunächst die Notwendigkeit, die Vorschriften über die Arbeitsstreckung in ihrer zeitlichen, räumlichen und beruflichen Geltung zu beschränken. Die Verordnungen der Demobilmachungszeit hatten ein Recht, eine krisenhafte Anspannung des Arbeitsmarkts für die ganze Dauer ihrer Geltung für alle Teile des Reichs und für alle Berufsgebiete vorauszusetzen. Auch jetzt und für absehbare Zeit ist der Arbeitsmarkt freilich alles andere als gefestigt. Aber die Erfahrungen der letzten Jahre haben doch deutlich gezeigt, daß die Gründe, die ihn immer wieder erschüttern, sich zeitweilig auch in sehr günstigen, wenn auch durchaus ungesunden Konjunkturen auszuwirken vermögen, und daß sie die deutsche Volkswirtschaft räumlich sowohl wie beruflich sehr ungleichmäßig treffen. Der vorliegende Entwurf übernimmt deshalb nicht ohne weiteres den Zwang zur Arbeitsstreckung, wie er im § 12 der Verordnung vom 12. Februar 1920 vorgesehen war. Der Zwang der Arbeitsstreckung soll vielmehr nur insoweit gelten, als Reichsregierung und Reichsrat gemeinsam mit der berufenen Vertretung der Wirtschaft eine entsprechende Anordnung erlassen (§ 15). Diese Anordnung ist zeitlich auf die Höchstdauer von sechs Monaten beschränkt, damit die Lage des Arbeitsmarkts in regelmäßigen Abständen von neuem nachgeprüft werden muß. Sie kann ferner beschränkt werden auf die Teile des Reichsgebiets und auf diejenigen Berufsgebiete, für die sie ein zwingendes Bedürfnis ist (§ 16 Abs. 2). Welche Berufsgebiete das jeweils sein werden, läßt sich heute nicht übersehen. Auf keinen Fall darf aber der Kreis der Betriebe, für die der Zwang zur Arbeitsstreckung zugelassen werden kann, von vornherein so eng gezogen werden, wie das den Vorschriften über die Betriebsabbrüche und -stillegungen gemäß ist. Der Entwurf zieht deshalb für diesen Teil seiner Vorschriften den Begriff des Betriebs aus dem Betriebsrätegesetze heran (§ 15 Abs. 2)."

Nach den in der amtlichen Begründung, deren wesentliche Teile oben abgedruckt sind, aufgezeigten Materien und Richtlinien arbeiteten die zuständigen Ministerien (Reichsarbeits- und Reichswirtschaftsministerium) den *Entwurf eines Gesetzes über den Abbruch und die Stilllegung gewerblicher Betriebe und über die Streckung der Arbeit (Stillegungsgesetz)* aus.

Der Entwurf ist nicht Gesetz geworden. Der Gesetzgeber ist andere Wege gegangen. Nachdem die Verhandlungen im Vorläufigen Reichswirtschaftsrat lange Zeit gewährt hatten, ohne daß es zu einer Einigung zwischen den den Entwurf als Fessel der Wirtschaft ablehnenden Arbeitgebern und den ihn fordernden Arbeitnehmern kam, zog die Reichsregierung, um nicht die in der Januar 1923 einsetzenden Ruhraktion gebildete Einheitsfront zu gefährden, den Gesetzentwurf, der schon dem Reichsrat vorgelegen hatte, zurück. Als dann im Herbst 1923 jene Wirtschaftskrise einsetzte, die in Begleitung des beispiellosen Zerfalles der deutschen Währung auftrat, wurde auch die Frage einer Verlängerung der am 31. Oktober ablaufenden Verordnung vom 8. November 1920 akut. Infolgedessen entschloß sich die Reichsregierung, diese Verordnung weiter in Kraft zu setzen. Gleichzeitig sollten auch die Bestimmungen über die Arbeitsstreckung aus der Verordnung vom 12. Februar 1920, deren man insoweit nicht entbehren konnte, übernommen werden. Diese gesetzgeberischen Maßnahmen erfolgten durch die *Verordnung über Betriebsstillegung und Arbeitsstreckung vom 15. Oktober 1923.* Die Verordnung, die auf Grund des Ermächtigungsgesetzes vom 13. Oktober 1923 (abgedruckt unten S. 218) erlassen wurde, fügt der Verordnung vom 8. November 1920 als Abs. 2 bis 5 die Bestimmungen über Entlassungen und Arbeitsstreckung ein und verleiht mit diesen Abänderungen der Verordnung neue Gesetzeskraft über den 31. Oktober 1923 hinaus, während sie gleichzeitig die bisherigen §§ 12 bis 15 der Verordnung vom 12. Februar 1920 aufhebt. Der obenerwähnte Vorsatz des Entwurfs, den Kreis der Betriebe für die Arbeitsstreckung weiter zu fassen als für Stillegung und Abbruch, ist in der Abänderungsverordnung fallengelassen. In dem geltenden Recht ist die Arbeitsstreckung im selben Umfange wie die Stillegung selbst beschränkt.

Die Verordnung in der Fassung vom 15. Oktober 1923 gilt noch heute. Wenn sie nicht allzu oft in Wirksamkeit trat, so hat dies, wie auch die Begründung zum Stillegungsgesetzentwurf ausführt (s. oben), darin seinen Grund, daß schon ihr Bestehen an sich auf den Entschluß zur Betriebsstillegung hemmend wirkt. Immerhin beweisen zahlreiche Fälle der letzten Zeit, daß die Verordnung keineswegs ihre Daseinsberechtigung verloren hat. Man denke nur an die von den beteiligten Unternehmern bereits beschlossene Betriebsstillegung unübersehbaren Umfanges in der Großeisenindustrie, die im Januar 1928 in drohende Erscheinung trat, und deren beabsichtigte Vornahme auf die bekannte Verordnung des Reichsarbeitsministers über die Arbeitszeit in Stahlwerken, Walzwerken und anderen Anlagen der Großeisenindustrie vom 16. Juli 1927 (RGBl. S. 221), die sog. Dreischichtenverordnung, zurückzuführen ist. In diesem Zusammenhange seien auch aus jüngster Zeit die Stillegungen von Zechen im Ruhrgebiet (Recklinghausen), vor allem auch der Harpener Bergbau A.-G. erwähnt, bei denen die Verordnung in Anwendung trat, und mit denen sich der Preußische Landtag im Juni 1928 eingehend beschäftigt hat. Auch die teilweise Stillegung des großen, für die deutsche Wirtschaft unendlich wichtigen Schichau-Unternehmens, dessen Sanierung das Reich sich angelegen sein läßt, sowie die massenhaften Betriebsstillegungen im Aachener Wirtschaftsgebiet verdienen hier genannt zu werden.

So kann die Verordnung trotz der zeitlichen Entfernung von jener wirtschaftlichen und sozialpolitischen Sphäre, die wir Übergangszeit nennen und in der unzählige Demobilmachungsverordnungen Recht schufen, nicht entbehrt werden. Denn die deutsche Wirtschaft und damit der Arbeitsmarkt befindet sich ungeachtet mancher Scheinblüte in einem äußerst krisenhaften Zustand, auf dessen Besserung schon in Anbetracht der Reparationsleistungen nicht zu hoffen ist. Die Verordnung wird auch in Zukunft als eine im wirtschaftlichen und sozialpolitischen Interesse erfolgte gesetzgeberische Maßnahme ihren Platz behaupten und als solche von den Beteiligten hingenommen werden müssen. Und ihr Inhalt ist, wenn man ihn richtig würdigt, durchaus nicht so unternehmerfeindlich, wie er bisweilen gedeutet wird.

Die Verordnung bezweckt in ihrem wirtschaftspolitischen Teile allein den Schutz der Produktionsanlagen und die allgemeine Produktionsfähigkeit des Betriebes. Abgesehen von den sonstigen Einschränkungen ihres Geltungsbereichs, die in den entsprechenden Erläuterungen zum Text eingehend behandelt sind, bezieht sich die Verordnung nur auf solche Betriebe, in denen Betriebsanlagen, also technische Behelfe der Produktion, wie sie Weigert (S. 13) nennt, vorhanden sind. Aber auch für diese Betriebe verbietet der Gesetzgeber keineswegs grundsätzlich einen Betriebsabbruch oder die gänzliche oder teilweise Einstellung der Benutzung der Betriebsanlagen, sondern es wird dem Inhaber und dem Leiter, der eine Maßnahme von der erwähnten Art vorzunehmen beabsichtigt, aufgegeben, dies der Behörde vorher mitzuteilen. Zwischen Anzeige und Durchführung der beabsichtigten Handlung legt die Verordnung eine gesetzliche Sperrfrist von vier bzw. sechs Wochen. Diese Sperrfrist hat die rechtliche Wirkung, daß der status quo des Betriebes während der Frist erhalten werden soll, während der wirtschaftliche Zweck der Sperrfrist dahin geht, der Behörde Gelegenheit zu geben, nach Möglichkeit die Ursachen zu ergründen und gegebenenfalls zu beheben, die den Abbruch oder die Stillegung veranlassen. Auch die arbeitsrechtlichen Wirkungen der Verordnung sind keineswegs von so großer Ausdehnung, wie bisweilen angenommen wird.

Sowohl die Entlassungssperre wie auch die Arbeitsstreckung, die sogar gegen den Willen der Arbeitnehmer vorgenommen werden kann, sind an die Fristen der Verordnung gebunden und sind ebenso beschränkt wie der Abbruch und die Stillegung selbst, d. h. sie kommen nur bei den Betrieben in Frage, die begriffsmäßig unter die Verordnung fallen, und nur im Falle von Betriebsabbrüchen und -stillegungen, bei denen die durch die Verordnung gekennzeichneten Tatbestandsmerkmale vorhanden sind. Insofern ist der Umfang der rechtlichen Wirkungen der die Entlassung und die Arbeitsstreckung behandelnden Abs. 2 bis 5 des § 2 der Stillegungsverordnung bedeutend geringer als der aufgehobene § 12 der Verordnung vom 12. Februar 1920. Mit der Einführung dieser neuen Vorschriften entfällt auch jede weitere Anwendungsmöglichkeit der Verordnung in arbeitsrechtlicher Beziehung, wie sie vor der Neufassung in den Bestimmungen des jetzigen § 2 Abs. 1 erblickt wurde, indem, wie schon oben erwähnt, ein Teil der Lehrmeinungen und der Rechtsprechung dahin ging, daß unter dem Verbot der Veränderung der Sach- und Rechtslage auch das Verbot von Arbeitnehmerentlassungen zu verstehen sei.

Führt die auf Aufklärung und Unterstützung gerichtete Aktion der Behörde innerhalb der Sperrfrist zu keinem Ergebnis, so ist der Betriebsleiter in seiner Handlungsfreiheit wieder unbehindert, d. h. er darf ohne weiteres den Abbruch oder die Stillegung vornehmen, ebenso ist er befugt, zu den beabsichtigten Entlassungen zu schreiten, sofern diese nicht noch anderen gesetzlichen Beschränkungen (z. B. Schwerbeschädigtengesetz, Kündigungsschutzgesetz) unterworfen sind. Allerdings hat die Behörde noch die Möglichkeit, die von dem Abbruch bedrohten Gegenstände sowie die vorhandenen Vorräte zu beschlagnahmen und gegen eine entsprechende Entschädigung zu enteignen oder einem Dritten zu übertragen. Aber von dieser Befugnis wird die Behörde nur in den alleräußersten Fällen Gebrauch machen. Diese Bestimmung dient hauptsächlich dazu, willkürlichen und nicht unbedingt nötigen Abbrüchen und Stillegungen von Betrieben vorzubeugen. Schon die Möglichkeit einer Aktualisierung der der Behörde verliehenen Machtbefugnis dürfte in vielen Fällen auf den Entschluß des Inhabers, einen Abbruch oder eine Stillegung vorzunehmen, einen nicht zu unterschätzenden psychologischen Einfluß ausüben.

Wortlaut der Verordnung.

Verordnung, betreffend Maßnahmen gegenüber Betriebsabbrüchen und -stillegungen.

Vom 8. November 1920 (RGBl. S. 1901).

Mit den Zusätzen der

Verordnung über Betriebsstillegungen und Arbeitsstreckung.

Vom 15. Oktober 1923 (RGBl. S. 983).

Auf Grund der die wirtschaftliche Demobilmachung betreffenden Befugnisse wird nach Maßgabe des Erlasses, betreffend Auflösung des Reichsministeriums für wirtschaftliche Demobilmachung, vom 26. April 1919 (Reichs-Gesetzbl. S. 438) nach Anhörung des Vorläufigen Reichswirtschaftsrats folgendes verordnet:

§ 1.

Inhaber oder Leiter von gewerblichen Betrieben (§ 105 b Abs. 1 der Reichsgewerbeordnung) und von Betrieben des Verkehrsgewerbes, in denen in der Regel mindestens zwanzig Arbeitnehmer beschäftigt werden, jedoch ausschließlich der Betriebe des Reichs und der Länder, sind verpflichtet, der von der Landeszentralbehörde zu bestimmenden Demobilmachungsbehörde Anzeige zu erstatten, bevor sie

1. Betriebsanlagen ganz oder teilweise abbrechen oder bisher zum Betriebe gehörige Sachen in anderer Weise dem Betrieb entziehen, insbesondere veräußern oder betriebsuntauglich machen, sofern hierdurch die gewerbliche Leistungsfähigkeit des Unternehmens wesentlich verringert wird. Diese Vorschrift findet auf zum Betriebe gehörige Rechte sinngemäße Anwendung;

2. Betriebsanlagen ganz oder teilweise nicht benutzen, sofern hierdurch

   a) in Betrieben oder selbständigen Betriebsteilen mit in der Regel weniger als zweihundert Arbeitnehmern zehn Arbeitnehmer,

   b) in Betrieben oder selbständigen Betriebsteilen mit in der Regel mindestens zweihundert Arbeitnehmern fünf vom Hundert der im Betriebe beschäftigten Arbeitnehmerzahl, jedenfalls aber wenn mehr als fünfzig Arbeitnehmer

   zur Entlassung kommen. Die Anzeigepflicht besteht nicht bei Unterbrechungen und Einschränkungen in der Betriebsführung, die durch die Eigenart des Betriebs bedingt sind.

Die beabsichtigte Maßnahme darf ohne Zustimmung der zuständigen Demobilmachungsbehörde im Falle 1 nicht vor Ablauf von sechs Wochen, im Falle 2 nicht vor Ablauf von vier Wochen nach der Erstattung der Anzeige getroffen werden. Wird sie nicht innerhalb eines Monats nach Ablauf der im Satze 1 dieses Absatzes und im Falle des § 4 Abs. 1 Nr. 1 innerhalb eines Monats nach Ablauf der dort festgesetzten Fristen getroffen, so ist unter den Voraussetzungen des Abs. 1 die Anzeige erneut zu erstatten.

Muß eine Maßnahme der im Abs. 1 Nr. 2 bezeichneten Art infolge unvorhersehbarer Ereignisse sofort getroffen werden, so ist die Anzeige unverzüglich, spätestens innerhalb von drei Tagen, nachzuholen.

Unverzüglich, spätestens innerhalb von drei Tagen nach Erstattung der Anzeige, sind die im betroffenen Betrieb oder selbständigen Betriebsteile vorhandenen und die für ihn bestimmten Vorräte an Roh- und Betriebsstoffen, insbesondere Brennstoffen, und Halbfabrikaten vollständig und wahrheitsgemäß der zuständigen Demobilmachungsbehörde mitzuteilen.

Als Arbeitnehmer im Sinne dieser Verordnung gelten die Arbeitnehmer im Sinne des Betriebsrätegesetzes.

§ 2.

Innerhalb der im § 1 Abs. 2 festgesetzten Fristen und im Falle des § 1 Abs. 3 innerhalb von vier Wochen nach Erstattung der Anzeige darf ohne Genehmigung der zuständigen Demobilmachungsbehörde eine die ordnungsmäßige Führung des Betriebs beeinträchtigende Veränderung der Sach- oder Rechtslage nicht vorgenommen werden. Insbesondere darf über die im § 1 Abs. 4 genannten Vorräte nur im Rahmen der ordnungsmäßigen Führung des Betriebs verfügt werden.

Entlassungen, die über die Grenzen des § 1 Abs. 1 Ziffer 2 hinausgehen, sind innerhalb der Fristen des § 1 Abs. 2 nur mit Genehmigung der Demobilmachungsbehörde wirksam. Ist der Arbeitgeber nicht in der Lage, die Arbeitnehmer während der bezeichneten Fristen voll zu beschäftigen, so kann die Demobilmachungsbehörde für die Dauer der Fristen eine Verkürzung der Arbeitszeit (Streckung der Arbeit) anordnen. Hierbei darf jedoch die

Wochenarbeitszeit eines Arbeitnehmers nicht unter 24 Stunden herabgesetzt werden.

Der Arbeitgeber ist im Falle der Arbeitsstreckung berechtigt, Lohn oder Gehalt der mit verkürzter Arbeitszeit beschäftigten Arbeitnehmer entsprechend zu kürzen, jedoch erst von dem Zeitpunkt an, in dem ihr Arbeitsverhältnis nach den allgemeinen gesetzlichen oder den vertraglichen Bestimmungen enden würde.

Das Recht zur fristlosen Kündigung aus einem Grunde, der nach dem Gesetze zur Kündigung des Arbeitsverhältnisses ohne Einhaltung einer Kündigungsfrist berechtigt, bleibt unberührt.

Entlassungen, die bei Einhaltung der Anzeigepflicht unwirksam wären, sind auch dann unwirksam, wenn der Anzeigepflicht nicht genügt ist.

§ 3.

Die zuständige Demobilmachungsbehörde hat im Benehmen mit Betriebsleitung und Betriebsvertretung, geeignetenfalls unter Heranziehung von Sachverständigen, insbesondere der zuständigen Fachorganisationen (z. B. wirtschaftliche Selbstverwaltungskörper, Außenhandelsstellen) und der amtlichen Berufsvertretungen, unverzüglich aufzuklären, welche Umstände die beabsichtigte Maßnahme veranlassen; die Aufklärung muß innerhalb der im § 2 genannten Fristen durchgeführt sein. Die Aufklärung hat sich auch darauf zu erstrecken, welche Hilfsmaßnahmen zur Behebung wirtschaftlicher Schwierigkeiten des Betriebs angezeigt erscheinen.

Die Landeszentralbehörden und die zuständigen Demobilmachungsbehörden werden ermächtigt, alle Anordnungen zu treffen, die geeignet erscheinen, die tatsächlichen Verhältnisse des Betriebs aufzuklären und Zuwiderhandlungen gegen § 2 zu verhindern.

§ 4.

Die zuständige Demobilmachungsbehörde ist ermächtigt,

1. im Falle des § 1 Abs. 1 Nr. 1 die im § 1 Abs. 2 festgesetzte Frist aus zwingenden Gründen um einen Monat und, falls weiterhin zwingende Gründe vorliegen, um weitere zwei Monate zu verlängern. Die Vorschriften der §§ 2, 3 bleiben entsprechend anwendbar;
2. im Falle des § 1 Abs. 1 Nr. 1 und 2 die im § 1 Abs. 4 genannten Vorräte, im Falle des § 1 Abs. 1 Nr. 1 auch die vom Abbruch oder der Entziehung bedrohten oder betroffenen Gegenstände (Sachen und Rechte) zu beschlagnahmen und zugunsten des Landesfiskus zu enteignen. Statt der Enteignung kann die Übertragung der Gegenstände auf eine von der Demobilmachungsbehörde zu bestimmende andere Person ausgesprochen werden. Die Beschlagnahme darf nur innerhalb der in §§ 2, 4 Abs. 1 Nr. 1 genannten Fristen erfolgen; die Enteignung oder Übertragung muß spätestens binnen zwei Wochen nach Ablauf dieser Fristen erfolgt sein.

Die Beschlagnahme hat die Wirkung, daß ohne Genehmigung der Demobilmachungsbehörde die Vornahme von Veränderungen an den betroffenen Gegenständen verboten ist und daß rechtsgeschäftliche Verfügungen über sie nichtig sind. Den rechtsgeschäftlichen Verfügungen stehen Verfügungen gleich, die im Wege der Zwangsvollstreckung oder Arrestvollziehung erfolgen.

Der von der Beschlagnahme Betroffene ist verpflichtet, die Gegenstände während der Dauer der Beschlagnahme zu verwahren und pfleglich zu behandeln. Die Beschlagnahme verliert ihre Wirkung mit der Enteignung oder Übertragung oder, falls eine solche nicht stattfindet, mit dem Ablauf der im Abs. 1 Nr. 2 genannten Fristen.

Die Ausübung der im Abs. 1 festgesetzten Befugnisse erfolgt durch Zustellung eines entsprechenden Beschlusses an den Inhaber oder Leiter des Betriebs. Sobald die Enteignungs- oder Übertragungsanordnung dem Betroffenen zugeht, geht das Eigentum an der Sache oder das entzogene Recht auf den Landesfiskus oder die in der Anordnung bezeichnete Person über. Gegen die Fristverlängerung nach Abs. 1 Nr. 1 kann Einspruch bei der Landeszentralbehörde erhoben werden.

Die Beschlagnahme und Überweisung von Brennstoffen im Sinne der Verordnung vom 24. Februar 1917 (Reichs-Gesetzbl. S. 167) erfolgt lediglich durch den Reichskommissar für die Kohlenverteilung und die von diesem ermächtigten Stellen entsprechend den hierfür geltenden Vorschriften.

Die Enteignung oder Übertragung an eine andere Person nach Abs. 1 Nr. 2 hat gegen angemessene Entschädigung, die den Tagespreis des Tages der Beschlagnahme nicht übersteigen darf, zu erfolgen; entgangener Gewinn ist nicht zu erstatten. Durch die Enteignung oder Übertragung darf die ordnungsmäßige Führung der übrigen Teile des Betriebs nicht beeinträchtigt werden, sofern nach Lage der Sache eine Weiterführung des Betriebs in Frage kommt. Gegen die Festsetzung der Entschädigung ist innerhalb von sechs Monaten von der Zustellung des Festsetzungsbeschlusses an der ordentliche Rechtsweg zulässig.

Die Bestimmungen der Verordnung zur Behebung der dringendsten Wohnungsnot vom 9. Dezember 1919 (Reichs-Gesetzbl. S. 1968) bleiben unberührt.

§ 5.

Ist eine Anzeige entgegen § 1 nicht erstattet, so sind die Befugnisse der Demobilmachungsbehörde aus §§ 3 und 4 an die dort genannten Fristen nicht gebunden.

§ 6.

Die Bestimmungen dieser Verordnung finden keine Anwendung,

a) wenn die im § 1 Abs. 1 bezeichneten Maßnahmen auf Anordnung oder mit Zustimmung einer dafür zuständigen Behörde oder mit behördlichen Befugnissen ausgestatteten Stelle erfolgen;

b) auf Maßnahmen gemäß § 1 Abs. 1 Nr. 2, die lediglich als Mittel in wirtschaftlichen Kämpfen zwischen Arbeitgebern und Arbeitnehmern verwendet werden.

§ 7.

Wer den Vorschriften der §§ 1, 2, 4 oder den nach § 3 Abs. 2 ergangenen Anordnungen vorsätzlich zuwiderhandelt, wird mit Geldstrafe bis zu hunderttausend Mark und mit Gefängnis bis zu einem Jahre oder mit einer dieser Strafen bestraft. Bei Fahrlässigkeit tritt Geldstrafe bis zu fünfzigtausend Mark ein.

Neben der Strafe können die Gegenstände, auf die sich die Zuwiderhandlung bezieht, eingezogen werden ohne Unterschied, ob sie dem Täter gehören oder nicht.

§ 8.

Der Reichswirtschaftsminister und der Reichsarbeitsminister erlassen gemeinsam die erforderlichen Ausführungsanweisungen.

§ 9.

Die Verordnung tritt mit dem Tage der Verkündung in Kraft.

Berlin, den 8. November 1920.

Der Reichswirtschaftsminister.
Dr. Scholz.

Der Reichsarbeitsminister.
Dr. Brauns.

Erläuterungen
zur
Betriebsstillegungsverordnung.

Verordnung, betreffend Maßnahmen gegenüber Betriebsabbrüchen und -stillegungen.
Vom 8. November 1920 (RGBl. S. 1901).

Mit den Zusätzen der

Verordnung über Betriebsstillegung und Arbeitsstreckung.
Vom 15. Oktober 1923 (RGBl. S. 983).[1]

1. Die VO. ist unten S. 183 noch besonders abgedruckt.

Auf Grund der die wirtschaftliche Demobilmachung betreffenden Befugnisse wird nach Maßgabe des Erlasses, betreffend Auflösung des Reichsministeriums für wirtschaftliche Demobilmachung, vom 26. April 1919 (Reichs-Gesetzbl. S. 438)[1] nach Anhörung des Vorläufigen Reichswirtschaftsrats[2] folgendes verordnet:

1. Durch die auf Grund des Ermächtigungsgesetzes vom 4. 8. 14 (RGBl. S. 327) erlassene VO. über die wirtschaftliche Demobilmachung vom 7. 11. 18 (RGBl. S. 1292) war der Reichskanzler ermächtigt, die Anordnungen zu erlassen, welche erforderlich waren, um Störungen des Wirtschaftslebens infolge der wirtschaftlichen Demobilmachung vorzubeugen oder abzuhelfen. Ge-

mäß dieser VO. errichtete der inzwischen gebildete Rat der Volksbeauftragten durch Erlaß vom 12. 11. 18 (RGBl. S. 1304) das „Reichsamt für wirtschaftliche Demobilmachung (Demobilmachungsamt)" und übertrug ihm die in der VO. vom 7. 11. 18 geregelten Organisations- und Machtbefugnisse zum Zwecke der Überführung des deutschen Wirtschaftslebens in den Frieden.

Der Obliegenheitenkreis dieses Reichsamtes, das durch Erlaß vom 21. 3. 19 (RGBl. S. 327) in das „Reichsministerium für wirtschaftliche Demobilmachung" umgewandelt wurde, ist durch andere Gesetze und Verordnungen noch erweitert worden. Diese oberste Reichsbehörde hat unzählige Verordnungen, die sog. Demobilmachungsverordnungen, erlassen, die von vornherein als Übergangsvorschriften gedacht waren und im Laufe der Zeit mit Ausnahme einzelner in die ordentliche Gesetzgebung überführter Bestimmungen aufgehoben worden sind. Geblieben sind von den Demobilmachungsverordnungen nur die vorliegende VO. und von der VO. vom 12. 2. 20 (abgedruckt S. 203) einige Reste, nämlich die §§ 1 bis 11, 16 bis 21, 29, die aber durch den Zeitablauf überholt und daher bedeutungslos geworden sind. (Siehe auch Einleitung S. 21.) Als die wirtschaftliche Demobilmachung so weit fortgeschritten war, daß ihre Beendigung zugleich mit dem Neuaufbau der Wirtschaft bearbeitet werden konnte, wurde das Reichsministerium für wirtschaftliche Demobilmachung durch VO. vom 26. 4. 19 (RGBl. S. 438) aufgelöst und alle seine Befugnisse den zuständigen Reichsministerien übertragen. Die StillVO. sollte — wie die übrigen Demobilmachungsverordnungen — auf Grund der VO. über die Beendigung der wirtschaftlichen Demobilmachung vom 18. 2. 21 (RGBl. S. 189) außer Kraft treten. Durch das Gesetz über die Verlängerung der Geltungsdauer von Demobilmachungsverordnungen vom 30. 3. 22 (RGBl. S. 285) wurde ihre Geltungsdauer zunächst bis 31. 10. 22, durch das Ermächtigungsgesetz vom 17. 8. 22 (RGBl. S. 717) auf unbestimmte Zeit, durch Gesetz vom 26. 10. 22 (RGBl. S. 802) bis zum 31. 3. 23 und durch Gesetz vom 23. 3. 23 (RGBl. S. 215) bis zum 31. 10. 23 verlängert. Durch Art. III der VO. vom 15. 10. 23 (abgedruckt S. 183) wurde ihr dauernde Geltungskraft verliehen. Hierdurch ist sie, wenn auch nicht gesetzmäßig, so doch tatsächlich in die ordentliche Gesetzgebung überführt. Für die VO., welche neben sozialpolitischen Zwecken hauptsächlich wirtschaftspolitische Ziele verfolgt, ist sowohl der RAM. als auch der RWM. zuständig. Die VO. ist deshalb von beiden Ministern gemeinsam erlassen.

2. Der Reichswirtschaftsrat ist eine in der Reichsverfassung vorgesehene Einrichtung. Sein Aufgabenkreis ist gemäß Art. 165 Abs. 4 a. a. O. programmatisch umrissen: „Sozialpolitische und wirtschaftliche Gesetzentwürfe von grundlegender Bedeutung sollen von der Reichsregierung vor ihrer Einbringung dem Reichswirtschaftsrate zur Begutachtung vorgelegt werden. Der Reichswirtschaftsrat hat das Recht, selbst solche Gesetzesvorlagen zu beantragen. Stimmt ihnen die Reichsregierung nicht zu, so hat sie trotzdem die Vorlage unter Darlegung ihres Standpunktes beim Reichstag einzubringen. Der Reichswirtschaftsrat kann die Vorlage durch eines seiner Mitglieder vor dem Reichstag vertreten lassen."

Durch VO. vom 4. 5. 20 (RGBl. S. 858) ist der Vorläufige Reichswirtschaftsrat geschaffen worden, dessen Arbeitsrahmen in Art. 11 dieser VO. festgelegt ist. (Siehe auch die ausführliche Denkschrift über die Tätigkeit und Würdigung der Arbeiten des Vorläufigen Reichswirtschaftsrats, herausgegeben von dem Bürodirektor Dr. Hauschild, 1926.)

Das Gesetz über seine endgültige Gestaltung ist bisher nicht ergangen. Dem Reichstag liegt aber der „Entwurf eines Gesetzes über den Reichswirtschaftsrat und eines Gesetzes zur Ausführung des Gesetzes über den Reichswirtschaftsrat" zur Beschlußfassung vor. (RTDrs. Nr. 348 IV. WP. 1928.)

§ 1.

Inhaber[1] oder[2] Leiter[3] von gewerblichen Betrieben (§ 105 b Abs. 1 der Reichsgewerbeordnung)[4] und von Betrieben des Verkehrsgewerbes,[5] in denen in der Regel[6] mindestens zwanzig[7] Arbeitnehmer[8] beschäftigt[9] werden,

jedoch ausschließlich[10] der Betriebe des Reichs[11] und der Länder, sind verpflichtet,[12] der von der Landeszentralbehörde zu bestimmenden Demobilmachungsbehörde[13] Anzeige[14] zu erstatten, bevor sie

1.[15] Betriebsanlagen[16] ganz oder teilweise abbrechen oder bisher zum Betriebe gehörige Sachen[17] in anderer Weise dem Betrieb entziehen, insbesondere veräußern[18] oder betriebsuntauglich[19] machen, sofern hierdurch die gewerbliche Leistungsfähigkeit[20] des Unternehmens[21] wesentlich[22] verringert wird. Diese Vorschrift findet auf zum Betriebe gehörige Rechte[23] sinngemäße[24] Anwendung;

2.[25] Betriebsanlagen[26] ganz oder teilweise[27] nicht benutzen,[28] sofern hierdurch[29]
   a) in Betrieben oder selbständigen[30] Betriebsteilen mit in der Regel[31] weniger als zweihundert[32] Arbeitnehmern[33] zehn Arbeitnehmer,
   b) in Betrieben oder selbständigen[34] Betriebsteilen mit in der Regel[35] mindestens zweihundert Arbeitnehmern[36] fünf vom Hundert der im Betriebe beschäftigten Arbeitnehmerzahl, jedenfalls aber wenn mehr als fünfzig Arbeitnehmer

   zur Entlassung[37] kommen. Die Anzeigepflicht[38] besteht nicht bei Unterbrechungen und Einschränkungen[39] in der Betriebsführung, die durch die Eigenart des Betriebs bedingt sind.

Die[40] beabsichtigte Maßnahme[41] darf ohne Zustimmung[42] der zuständigen Demobilmachungsbehörde[43] im Falle 1[44] nicht vor Ablauf von sechs Wochen, im Falle 2[45] nicht vor Ablauf von vier Wochen nach der Erstattung[46] der Anzeige getroffen werden. Wird sie nicht innerhalb eines Monats[47] nach Ablauf der im Satze 1[48] dieses Absatzes und im Falle des § 4 Abs. 1 Nr. 1[49] innerhalb eines Monats

nach Ablauf der dort festgesetzten Fristen getroffen, so ist unter den Voraussetzungen[50] des Abs. 1 die Anzeige erneut zu erstatten.

Muß eine Maßnahme der im Abs. 1 Nr. 2[51] bezeichneten Art infolge unvorhersehbarer[52] Ereignisse sofort[53] getroffen werden, so ist die Anzeige[54] unverzüglich,[55] spätestens innerhalb von drei Tagen,[56] nachzuholen.[57]

Unverzüglich,[58] spätestens innerhalb von drei Tagen nach Erstattung[59] der Anzeige,[60] sind die im betroffenen Betrieb oder selbständigen[61] Betriebsteile vorhandenen[62] und die für ihn bestimmten[63] Vorräte an Roh-[64] und Betriebsstoffen,[65] insbesondere Brennstoffen, und Halbfabrikaten[66] vollständig und wahrheitsgemäß[67] der zuständigen Demobilmachungsbehörde[68] mitzuteilen.

Als Arbeitnehmer im Sinne dieser Verordnung gelten die Arbeitnehmer im Sinne des Betriebsrätegesetzes.[69]

Vorbemerkung.

§ 1 enthält:

a) den verpflichteten Personenkreis (Anm. 1, 3);

b) die Begriffsbestimmung des Arbeitnehmers (Anm. 69);

c) die Umgrenzung der Betriebe, auf welche die StillVO. anwendbar ist. Nicht jeder Betrieb, der abgebrochen oder stillgelegt werden soll, fällt hierunter, vielmehr ist die Anwendbarkeit an folgende Voraussetzungen gebunden:

1. In Frage kommen nur die gewerblichen Betriebe, die § 105 b Abs. 1 GO. aufzählt, und Betriebe des Verkehrsgewerbes.
2. Diese Betriebe dürfen nicht dem Reich oder den Ländern gehören.
3. Sie müssen in der Regel mindestens 20 Arbeitnehmer beschäftigen.

d) die Begriffsbestimmung des Betriebsabbruchs (Anm. 15). Nur solche Betriebsabbrüche unterliegen den Bestimmungen der VO., welche die gewerbliche Leistungsfähigkeit des Betriebes wesentlich verringern;

e) die Begriffsbestimmung der Betriebsstillegung (Anm. 25). An die Begriffsbestimmung der Stillegung wird die Bedingung geknüpft, daß sie die Entlassung einer bestimmten Anzahl von Arbeitnehmern zur Folge hat. Diese Anzahl dient also als Maßstab für den Umfang der Stillegung von Betrieben, an deren Produktionsleistungserhaltung ein allgemeines wirtschaftliches Interesse besteht, das durch die StillVO. geschützt werden soll;

f) die Verpflichtung des Betriebsinhabers oder -leiters
   1. zur Anzeige
      α) der beabsichtigten Maßnahme (Anm. 14),
      β) der erfolgten Maßnahme im Falle des Eintritts unvorhersehbarer Ereignisse (Anm. 52),
      γ) der Vorräte an Roh- und Betriebsstoffen sowie an Halbfabrikaten (Anm. 62 bis 67);
   2. zur Innehaltung einer bestimmten Sperrfrist (Wartezeit), während deren die beabsichtigte Maßnahme nicht in Angriff genommen werden darf (Anm. 40);
   3. zur Beobachtung einer gewissen Freifrist, innerhalb deren die beabsichtigte Maßnahme getroffen werden muß, widrigenfalls erneut Anzeige zu erstatten ist (Anm. 40).

Übersicht über die hauptsächlichen Anmerkungen.

1. Begriff des Inhabers des Betriebes: S. 48.

3. Begriff des Leiters des Betriebes: S. 49.
   Hierzu:
   Bescheid des RWM. vom 28. 12. 23: S. 49.

4. Begriff des gewerblichen Betriebes: S. 49.
   Hierzu:
   a) Schreiben des RWM. vom 27. 6. 25: S. 50.
   b) Bescheid des RAM. vom 9. 6. 21: S. 54.
   c) Urteil des RAG. vom 7. 3. 28: S. 51.

5. Begriff des Verkehrsgewerbes: S. 55.

6. Begriff des Ausdruckes „in der Regel“: S. 56.
   Hierzu:
   a) Urteil des RG. vom 8. 4. 05: S. 56.
   b) Urteil des RAG. vom 13. 6. 28: S. 56.

9. Bedeutung des Wortes „beschäftigt“: S. 58.

13. Demobilmachungsbehörde. Anfechtbarkeit und Nachprüfung ihrer Entscheidungen: S. 59.

14. Anzeigepflicht: S. 60.
   Hierzu:
   Bescheid des RAM. vom 27. 8. 24: S. 91.

15. Begriff des Betriebsabbruchs: S. 61.

16. Begriff der Betriebsanlage: S. 63.
   Hierzu:
   a) Urteil des RAG. vom 28. 3. 28: S. 64.
   b) Erlaß des Preuß. Ministers für Handel und Gewerbe vom 1. 12. 23: S. 65.

25. Begriffsbestimmung der Betriebsstillegung: S. 68.
   Hierzu:
   a) Urteil des KG. vom 20. 1. 25: S. 69.
   b) Urteil des RG. vom 16. 2. 26: S. 70.
   c) Urteil des RAG. vom 28. 3. 28: S. 70.
   d) Urteil des KG. vom 1. 5. 25: S. 72.

27. Begriff der teilweisen Betriebsstillegung: S. 77.
   Hierzu:
   a) Bescheid des RWM. vom 28. 12. 23: S. 78.
   b) Urteil des RAG. vom 28. 3. 28: S. 78.

28. Motiv der Stillegung: S. 78.

29. Kausalzusammenhang zwischen der Stillegung und den Entlassungen: S. 78.
   Hierzu:
   a) Urteil des RAG. vom 28. 3. 28: S. 80.
   b) Urteil des LG. Ulm vom 19. 1. 27: S. 81.

1. **Begriff des Betriebsinhabers.** Inhaber ist derjenige, in dessen Namen der Betrieb geführt wird, und dem die Verfügung über den Betrieb in rechtlicher und tatsächlicher Beziehung zusteht (so Häußner S. 20). Er kann sowohl eine natürliche Person (Einzelperson oder Personengemeinschaft) als auch eine juristische Person (Aktiengesellschaft usw., Körperschaften des öffentlichen Rechts mit Ausnahme der Betriebe des Reichs und der Länder) sein. Der Inhaber ist also zugleich Unternehmer als Träger wirtschaftsrechtlicher und Arbeitgeber als Träger arbeitsrechtlicher

Rechtsverhältnisse. In beiden Eigenschaften ist er zur Erfüllung der ihm durch die VO. auferlegten öffentlich-rechtlichen Pflichten gehalten.

2. Verpflichtet sind beide zur Anzeige. Erstattet sie aber der eine, so ist der andere von seiner Verpflichtung befreit.

3. **Begriff des Betriebsleiters.** Der Leiter ist die natürliche Person, der vom Inhaber die tatsächliche Verfügung über den Betrieb übertragen ist. Seine Befugnisse, die im arbeitsvertragsrechtlichen Verhältnis zum Arbeitgeber geregelt werden, müssen natürlich so umfassend sein, daß er von sich aus eine so wichtige Maßnahme wie den Abbruch oder die Stillegung anordnen kann, wenn er auch diese Befugnisse „nicht kraft eignen Rechtes, sondern kraft des dem Inhaber zukommenden und ihm lediglich übertragenen Rechtes ausübt" (Kantorowicz-Kluckhohn S. 13). Allgemein kann man begrifflich von einem Leiter sagen, daß er unter persönlicher Verantwortung für die eigne Arbeit und für die Arbeit der ihm unterstellten Arbeitnehmer eine von eignem Entschluß und selbständigem Urteil abhängende leitende Tätigkeit ausübt.

Der Inhaber kann auch zugleich der Leiter sein.

Vgl. auch den Bescheid des RWM. vom 28. 12. 23 (RABl. S. 36): „Die Stillegungsverordnung verpflichtet Inhaber oder Leiter von gewerblichen Betrieben zur Anzeige. Als solche können unter Umständen auch Unternehmer angesehen werden, welche die Arbeit ihrer Unternehmung durch Zwischenmeister vornehmen lassen. Doch ist es Tatfrage, in welchen Fällen der ausführende Bauunternehmer selbst als Leiter des Betriebes anzusehen ist."

4. **Begriff des gewerblichen Betriebes.**

A. Zum Begriff des Gewerbes gehört, daß es sich um eine Tätigkeit handelt, die

a) auf fortgesetzten Erwerb,

b) auf Erzielung eines Gewinnes gerichtet ist (ob ein Gewinn tatsächlich erzielt wird oder zu welchem Zwecke er Verwendung findet, ist gleichgültig),

c) einen privaten Charakter hat (auch Betriebe des Reichs, der Staaten und der Gemeinden können, wenn sie lediglich aus wirtschaftlichen oder fiskalischen Interessen geführt werden, hierher gehören) — s. aber Anm. 11,

d) nach ihrem Gegenstande derart beschaffen ist, daß sie nach gewöhnlichem Sprachgebrauch und insbesondere auch in steuerlicher Beziehung als Gewerbe erachtet werden kann. (Reger-Stöhsel S. 4.)

B. § 105 b Abs. 1 GO., soweit er hier in Betracht kommt, lautet: „Im Betriebe von Bergwerken, Salinen, Aufbereitungsanstalten, Brüchen und Gruben, von Hüttenwerken, Fabriken und Werkstätten, von Zimmerplätzen und anderen Bauhöfen, von Werften und Ziegeleien sowie bei Bauten aller Art dürfen Arbeiter an Sonn- und Festtagen nicht beschäftigt werden." Abs. 1 GO. bezieht sich auf die sog. produzierenden (stoffgewinnenden, -verarbeitenden oder -veredelnden) Gewerbe. Der Schutz der VO. erstreckt sich also hauptsächlich auf gewerbliche Betriebsanlagen, die im volkswirtschaftlichen Interesse erhalten bleiben sollen.

C. Den größten Raum im Wirtschaftsleben nehmen die Fabriken und Werkstätten ein, d. s. Betriebsstätten zur gewerbsmäßigen Herstellung von Waren, zur Be- und Verarbeitung von Rohstoffen und Halbfabrikaten oder zur Reparatur und Reinigung von Gegenständen. Als wesentliche Merkmale des Fabrikbetriebes erscheinen der Großbetrieb mit weitgehender Arbeitsteilung und Beschränkung des Unternehmers auf die kaufmännische Leitung des Betriebs, während Werkstätten im Gegensatz zu den Fabriken die zur Verrichtung gewerblicher Arbeiten in handwerksmäßigen und sonstigen kleineren Betrieben dienenden Räumlichkeiten sind. (Reger-Stöhsel S. 319, 383.)

D. Streitig ist die Frage, ob auch Bauten, die in § 105 Abs. 1 GO. außerhalb der Reihe der Betriebe genannt sind, zum Bereich der StillVO. gehören. Sie ist zu verneinen mit den Gründen, die der RWM. in seinem an den Preußischen Minister für Handel und Gewerbe gerichteten Schreiben vom 27. 6. 25 (RABl. S. 362) anführt:

„Zu der in Ihrem Schreiben vom 15. d. Mts. — J.-Nr. III 6329 — angeregten Frage beehre ich mich im Einvernehmen mit dem Herrn Reichsarbeitsminister wie folgt Stellung zu nehmen:

Die Stillegungsverordnung vom 8. November 1920 / 15. Oktober 1923 ist auf die Stillegung von Bauten nicht anzuwenden, da Bauten zu den Betrieben, die unter den § 1 der Verordnung fallen, nicht gehören. (Vgl. auch „Betriebsstillegungen und Arbeitsstreckung". Die Verordnungen vom 8. November 1920 und 15. Oktober 1923, erläutert von Dr. Oskar Weigert, 2. Auflage, 1924, Anmerkung 2 zu § 1.)

Voraussetzung zur Anwendbarkeit der Stillegungsverordnung ist entweder der endgültige Abbruch von Betriebsanlagen oder deren gänzliche oder teilweise Nichtbenutzung (vgl. § 1 der Verordnung). Bei der Stillegung von Bauten kommt aber im allgemeinen Abbruch oder Nichtbenutzung von Betriebsanlagen überhaupt nicht in Frage, da zu einer „Anlage" begrifflich größere, stabile Einrichtungen gehören, wie sie bei der Erstellung von Bauten im allgemeinen nicht verwendet zu werden pflegen. Es kommt hinzu, daß bei Bautenstillegungen die Entlassung der Arbeiter nicht — wie dies die Ziffer 2 des § 1 der Verordnung erfordert — wegen der Stillegung der Betriebsanlagen erfolgt, sondern wegen der Stillegung des Baues selbst, der aber wiederum nicht als „Betriebsanlage" bezeichnet werden kann. Des weiteren verbietet sich die Anwendung der Stillegungsverordnung auf Bauten schon aus dem Grunde, weil diese ihrer Natur nach mehr oder weniger kurz befristet sind. Schließlich spricht auch die Fassung des § 1 der Verordnung durch den Hinweis auf den § 105 b Abs. 1 der Reichsgewerbeordnung dafür, daß auf Bauten die Vorschriften der Stillegungsverordnung nicht anwendbar sind, denn im § 105 b der Gewerbeordnung sind neben den „Betrieben" von Bergwerken, Salinen, Fabriken usw., die „Bauten aller Art" besonders erwähnt. Bauten sind also nicht als Betriebe bezeichnet, während der § 1 der Stillegungsverordnung sich nur auf Betriebe bezieht."

Auch das RAG. steht auf dem Standpunkt, daß bei Arbeiten im Baugewerbe die Beendigung der Arbeiten an einer Baustelle nicht als Stillegung anzusehen sei. (Urteil vom 7. 3. 28 — Bens. Samml. Bd. 2 Nr. 53; RAG. S. 171.)

Ebenso Urteil GG. Hamburg vom 12. 5. 24 mit zustimmender Anmerkung von Nipperdey, zitiert JAR. VI S. 358; Weigert

(S. 29); Erdmann-Anthes (S. 32); a. A. Häußner (S. 17); Kantorowicz-Kluckhohn (S. 12).

Dagegen findet auf Zimmerplätze die StillVO. ohne Zweifel grundsätzlich Anwendung. Vgl. hierzu Fischer (S. 677), der einen Bescheid des RWM. vom 31. 8. 26 heranzieht und dabei ausführt:

„... Des weiteren hat sich hinsichtlich der Anwendbarkeit der Stillegungsverordnung der Reichswirtschaftsminister mit Schreiben vom 31. August 1926 — I A 10891 — dahin entschieden, daß auf Zimmerplätze die Stillegungsverordnung grundsätzlich Anwendung finden müsse. Zwar hatte der Reichswirtschaftsminister im Schreiben vom 27. Juli 1925 — I A 8666 — (abgedruckt im RABl. 1925, Amtl. Teil S. 362) sich auf den Standpunkt gestellt, daß auf Bauten die Stillegungsverordnung keine Anwendung finden könne. In dem Bescheid hinsichtlich der Zimmerplätze wird aber angeführt, daß die Gründe, die gegen die Anwendbarkeit der Stillegungsverordnung auf Bauten sprechen, nicht auch bei Zimmerplätzen vorliegen. Es wird darauf hingewiesen, daß für die Frage, was unter gewerblichen Betrieben im Sinne der Stillegungsverordnung zu verstehen ist, gemäß § 1 dieser Verordnung der § 105 b Abs. 1 der Reichsgewerbeordnung maßgebend ist. Unter den in dieser Vorschrift aufgezählten Betrieben werden Zimmerplätze ausdrücklich erwähnt, während Bauten nicht unter den Betrieben aufgeführt, sondern besonders genannt sind."

Der Bescheid fährt dann weiter fort:

„Aus dieser Fassung des § 105 b Abs. 1 der Reichsgewerbeordnung muß hinsichtlich der Anwendbarkeit der Stillegungsverordnung die Folgerung gezogen werden, daß im Gegensatz zu Bauten auf Zimmerplätze die Stillegungsverordnung grundsätzlich anzuwenden ist. Diese Unterscheidung rechtfertigt sich insofern, als der Bau nicht Teil eines gewerblichen Betriebes, sondern lediglich die Stelle ist, an der gewerbliche Betriebe (Bauunternehmungen) ihre Tätigkeit ausüben. Eine Stillegung von Bauten braucht daher keineswegs mit einer Stillegung gewerblicher Betriebe verbunden zu sein, da im allgemeinen eine Bauunternehmung auf mehreren Bauplätzen tätig ist.

„Ebenso bestehen in sachlicher Beziehung nicht unerhebliche Unterschiede in der Betriebsart von Bauten und Zimmerplätzen. Im Regelfalle gehören zu dem Bestand eines Zimmerplatzes im Gegensatz zu Bauten auch Werkstätten in geschlossenen Gebäuden, die mit Hobelbänken und vielfach auch mit Holzbearbeitungsmaschinen ausgerüstet sind. Das sind aber zweifellos stabile, für längere Dauer bestimmte Einrichtungen, wie sie begrifflich zu einer „Betriebsanlage“ gehören.

Besteht sonach in rechtlicher Beziehung ein wesentlicher Unterschied zwischen der begrifflichen Natur des Zimmerplatzes und der des Baues, so ist ein naher wirtschaftlicher Zusammenhang zwischen Bau und Zimmerplatz insofern nicht zu verkennen, als die Tätigkeit des Zimmereigewerbes in erheblicher Weise von der Tätigkeit auf dem Bau abhängig ist. Ruht die Bautätigkeit, so wird in der Mehrzahl der Fälle auch die Tätigkeit der mit den Vorarbeiten des Baues befaßten Gewerbe, in erster Linie also des Zimmereibetriebes, ruhen. Im allgemeinen wird es sich daher bei Stillegungen von Zimmerplätzen um Betriebsunterbrechungen oder -einschränkungen handeln, die durch die Eigenheit des Betriebes bedingt sind. Für solche Fälle schließt aber der § 1 Abs. 1 Ziff. 2 b der Stillegungsverordnung die Anzeigepflicht aus. Durch diese Bestimmung dürfte der besonderen Lage des Zimmereigewerbes Rechnung getragen und die erforderliche Bewegungsfreiheit in der Anwendung der Stillegungsverordnung gegeben sein. ...“

E. Die rein katalogmäßige Aufzählung des § 105 Abs. 1 ist für die StillVO. erschöpfend. Andere Betriebe außer dem ausdrücklich benannten Betriebe des Verkehrsgewerbes fallen nicht unter ihre Bestimmungen. Der Kreis der von der StillVO. erfaßten Betriebe ist also ein viel engerer als ihn § 9 BRG. begrifflich zieht. Die VO. ist insbesondere nicht anwendbar auf:

a) die Land- und Forstwirtschaft.

Auch die Nebenbetriebe der Landwirtschaft gehören nicht hierher, sofern sie nicht rein gewerblicher Art sind. Lohndreschereien sind beispielsweise gewerbliche Betriebe, ebenso Zuckerfabriken, Genossenschaftsmolkereien, Gemüsekonservenfabriken. Bezüglich der Unterstellung eines landwirtschaftlichen Nebenbetriebes bei vorübergehender Verarbeitung fremder Rohstoffe unter die GO. hat der Reichsarbeitsminister folgenden wichtigen Bescheid vom 9. 6. 21 erteilt: „Nach der bisher üblichen Auslegung des Begriffs der landwirtschaftlichen Nebenbetriebe liegt ein solcher Betrieb dann vor, wenn die Landwirtschaft die ausschließliche oder hauptsächliche Grundlage für den Betrieb abgibt und die im Betrieb vorgenommenen Arbeiten in der Landwirtschaft üblich sind. Für den Betrieb einer Spiritusbrennerei, in der ein Landwirt ausschließlich oder größtenteils selbsterzeugte Kartoffeln und dgl. verarbeitet, ist im allgemeinen angenommen worden, daß dieser Betrieb die in der Landwirtschaft üblichen Grenzen der Verarbeitung selbstgewonnener Erzeugnisse nicht überschreitet. Die zeitweilige und unerhebliche Verarbeitung nicht selbst erzeugter Rohstoffe genügt hiernach nicht, um den Betrieb aus einem landwirtschaftlichen zu einem gewerblichen zu machen.

Es wird von Fall zu Fall entschieden werden müssen, ob die Verarbeitung fremder Rohstoffe sowohl der Dauer als auch dem Umfang nach so erheblich ist, daß dadurch der landwirtschaftliche Charakter des Betriebes aufgehoben wird.

Im allgemeinen sollte man möglichst davon absehen, landwirtschaftliche Betriebe wegen der vorübergehenden Verarbeitung fremder Rohstoffe zeitweilig der GO. zu unterstellen.“ (RABl. 1921 S. 695.)

Es kommt also bei der Beurteilung der Frage, ob es sich um einen gewerblichen Betrieb im Sinne der StillVO. handelt, nicht so sehr auf den technischen Vorgang als auf die gewerbliche Leistung an. (Weigert S. 20.)

b) die Tierzucht, Fischzucht, den Garten- und Weinbau, die Jagd und Fischerei,

c) den öffentlichen Dienst, die wissenschaftliche, schriftstellerische, höhere künstlerische Erwerbstätigkeit (Reger-Stöhsel S. 4),

d) persönliche Dienstleistungen und hauswirtschaftliche Tätigkeit,

e) das Handelsgewerbe (Spedition, Kommission und Handelslager).

„Die StillVO. findet auf die an sich zum Handelsgewerbe gehörigen Betriebe auch dann keine Anwendung, wenn in ihnen Arbeitnehmer mit gewerblichen Funktionen (z. B. Heizer, Transportarbeiter usw.) beschäftigt werden und ihre Anzahl die in § 1 Abs. 1 festgelegte Mindestzahl von 20 erreicht.“ (Aus dem Auslegungserlaß des Preußischen Ministers für Handel und Gewerbe, abgedruckt S. 199.)

f) das Versicherungswesen,

g) das Bankgewerbe,

h) die Gast- und Schankwirtschaftsbetriebe.

„Betriebsstätten von Warenhäusern, Wäschereien und Hotels und ähnliche Betriebe werden in aller Regel nicht unter die VO. fallen, weil sie Teile von Betrieben sind, die keine gewerblichen Betriebe im Sinne der VO. darstellen, es sei denn, daß sie sich als selbständige Betriebsteile darstellen.“ (Weigert S. 30.)

5. **Verkehrsgewerbe.** D. i. die Beförderung von Personen, Waren und Nachrichten zu Land und zu Wasser. Hierher gehören also insbesondere die Privateisenbahnen (soweit ihnen nicht eine gesetzliche Betriebspflicht obliegt, über deren Innehaltung die Aufsichtsbehörde an sich schon zu wachen hat — hier käme dann § 6a der VO. in Frage —), die elektrischen Straßenbahnen, Hoch- und Untergrundbahnen, Droschken- und Omnibusverkehr, Schiffahrtsunternehmungen, Flößereien. Nicht unter die StillVO. fallen dagegen die Reichspost, da Betriebe des Reichs ausdrücklich ausgenommen sind, und die Betriebe der Deutschen Reichsbahn-Gesellschaft.

Vgl. hierzu den Erlaß des Reichsverkehrsministers vom 10. 2. 25 (RMBl. 1925 S. 83), wonach die Deutsche Reichsbahn-Gesellschaft auf Grund des § 16 Abs. 4 des Gesetzes über die Deutsche Reichsbahn-Gesellschaft (Reichsbahngesetz) vom 30. 8. 24 (RGBl. II S. 272) für sich und ihre Bediensteten die Sonderstellung in Anspruch genommen hat, die für die Verwaltungen des Reichs und deren Bedienstete in der StillVO. vorgesehen ist. Vgl. auch die Anm. 11.

§ 1 des „Entwurfs“ hatte das Transportgewerbe besonders erwähnt. Nach der herrschenden Meinung fällt es aber unter das Verkehrsgewerbe.

6. Begriff des Ausdrucks „in der Regel“. Der Ausdruck „in der Regel“ ist bereits in der Überschrift zu § 133 h GO. enthalten und auch in das BRG. (§ 1) übernommen. Mit Recht wird in dem von Flatow (S. 32) zitierten Urteil des RG. vom 8. 4. 05 (Gewerbearchiv 5, 113) zum Ausdruck gebracht, daß für die Frage, ob „in der Regel“ mindestens 20 Arbeitnehmer beschäftigt werden, entscheidend ist, welche Arbeitnehmerzahl in dem regelmäßigen Betrieb des gewerblichen Unternehmers dort von dem Arbeitgeber nicht nur vorübergehend, sondern auch in ständigem Arbeitsverhältnis dauernd beschäftigt wird.“ ... „Wesentlich ist also nicht die Zeitdauer, innerhalb deren eine bestimmte Zahl von Arbeitnehmern beschäftigt ist, sondern die Feststellung, wann ein Betrieb sich in regelmäßigem Zustande befindet und welche Zahl von nicht bloß vorübergehend Beschäftigten er in diesem Zustande aufweist, ganz gleich, ob diese gleichzeitig oder in Schichten arbeiten, ob es immer dieselben Arbeitnehmer sind, oder ob sie, wie z. B. die Artisten eines Zirkus, häufig wechseln.“ Besonders wird eine solche Feststellung bei sogenannten Saison- oder Kampagnebetrieben von Wichtigkeit sein. Auch hier kommt es darauf an, wieviel Angestellte ein solcher Betrieb in seinem regelmäßigen Zustande beschäftigt, wobei wiederum von Schwankungen innerhalb der Saison oder Kampagne abzusehen ist. In ähnlichem Sinne spricht sich auch das Urteil des RAG. vom 13. 6. 28 (Bens.Samml. Bd. 3 Nr. 32; RAG. S. 108) bei Auslegung des im BRG. verwerteten Begriffs „in der Regel“ aus: „Für die Frage, ob in der Regel mindestens 20 Arbeitnehmer beschäftigt werden, wird grundsätzlich als entscheidend anzusehen sein, eine wie große Arbeitnehmerzahl in dem regelmäßigen Betriebe des Unternehmens ständig beschäftigt wird. Es werden also diejenigen Arbeitnehmer bei der Feststellung der Zahl auszunehmen sein, die nur vorübergehend aus Anlaß einer kurze Zeit währenden Arbeitsvermehrung oder nur zu dem Zwecke beschäftigt werden, um einen andern auf Urlaub befindlichen Arbeitnehmer für die Dauer des Urlaubs zu ersetzen, denn durch diese Arbeitnehmer wird die Zahl der „in der Regel" beschäftigten Arbeitnehmer nicht vermehrt. Bei Betrieben, deren Geschäftstätigkeit infolge der besonderen Natur des Geschäfts schwankt, wird es Sache der Feststellung im Einzelfalle sein, ob die durch vermehrte Geschäftstätigkeit verursachte Vermehrung der Zahl der Arbeitnehmer als eine Vermehrung der „in der Regel" beschäftigten Arbeitnehmerzahl anzusehen ist, insbesondere wird es darauf ankommen, ob die in jedem Jahre regelmäßig wiederkehrende vermehrte Geschäftstätigkeit den Hauptteil des Jahres in Anspruch nimmt, so daß auch die infolge der vermehrten Geschäftstätigkeit vermehrte Arbeitnehmerzahl als die „in der Regel" beschäftigte angesehen werden kann, oder ob die vermehrte Geschäftstätigkeit und damit auch die dadurch bedingte vermehrte Arbeitnehmerzahl nur eine in zufälligen Ursachen begründete, vorübergehende und augenblickliche ist. Dagegen wird es nicht darauf ankommen, ob der einzelne Arbeitnehmer täglich während der ganzen Urlaubszeit beschäftigt wird, sofern nur seine Beschäftigung im Betriebe eine regelmäßige und dauernde ist."

„In Kampagnebetrieben kommt als Bemessungsgrundlage statt des Jahres die Betriebszeit in Betracht, z. B. Rübenzuckerfabriken, Fruchtkonservenfabriken." (Häußner S. 19). Siehe auch die Anm. 39.

7. Betriebe, die unter 20 Arbeitnehmer beschäftigen, also die sogenannten Kleinbetriebe, hat der Gesetzgeber von den Bestimmungen ausgenommen, da ein öffentliches wirtschaftliches Interesse an der Erhaltung der Betriebsmittel dieser kleinen Betriebe, das für den Erlaß der VO. maßgebend war, nicht in dem Umfange wie an der Fortführung der großen Betriebe besteht, und man nicht die Inhaber solcher Bagatellbetriebe in ihrer Verfügungsfreiheit ohne Nutzen für die Allgemeinheit eingeschränkt wissen will.

Eine Zusammenrechnung der Zahlen von Arbeitnehmern, die in verschiedenen selbständigen Betriebsteilen arbeiten, ist nicht statthaft. Einen Unterschied zwischen Betriebsteilen und Betriebsabteilungen kennt die VO. nicht. Ob der Betriebsteil selbständig ist, ist Tatfrage. (Bescheid des RWM. vom 28. 12. 23 — RABl. 1924 S. 36.)

Unerheblich ist es, wieviel Arbeitnehmer zur Zeit des Abbruchs oder der Stillegung beschäftigt werden. Denn die VO. findet auch Anwendung auf den Abbruch stilliegender Betriebe, sofern nur im regelmäßigen Betriebe (siehe auch die Anm. 6) mindestens 20 Arbeitnehmer beschäftigt waren. So auch Häußner S. 19 in Übereinstimmung mit dem Bescheid des RAM. vom 16. 6. 21 — I/3 Nr. 1346.

8. Wer als Arbeitnehmer zu gelten hat, besagt Abs. 5 (Anm. 69).

9. **Bedeutung des Wortes „beschäftigt".** Das Wort „beschäftigt" bringt nur die Tatsache des Vorliegens eines Arbeitsverhältnisses zum Ausdruck. „Beschäftigt sein" bedeutet noch nicht „tätig sein", bei der Berechnung der Zahl der Arbeitnehmer sind auch diejenigen mitzuzählen, die zurzeit beurlaubt oder krank oder werksbeurlaubt sind. Die Arbeitnehmer müssen aber gegen Entgelt beschäftigt sein. Hierzu gehören neben Gehalt oder Lohn auch Gewinnanteile, Sach- und andere Bezüge, die der Arbeitnehmer, wenn auch nur gewohnheitsmäßig, statt des Gehalts oder Lohnes von dem Arbeitgeber oder einem Dritten erhält. Eine rein ehrenamtliche Tätigkeit genügt nicht, um unter den Begriff des „Beschäftigten" zu fallen. Dagegen kann Entgeltlichkeit auch dann vorliegen, wenn die Tätigkeit durch Unterhalt, sei es mit oder ohne Taschengeld, entlohnt wird, wie es z. B. oft bei Dienstleistungen der Fall ist, die mehr durch Beweggründe karitativer und religiöser Art bestimmt werden.

Die Zahl sämtlicher im Betriebe beschäftigter Arbeitnehmer ist zusammenzurechnen, sofern es sich nicht um selbständige Betriebsteile handelt. Von mehreren Betrieben desselben Unternehmens zählt jeder besonders. Vgl. auch die Anm. 7.

10. Bezieht sich sowohl auf die gewerblichen Betriebe (§ 105 Abs. 1 GO.) als auch auf das Verkehrsgewerbe.

11. Die Betriebe des Reichs und der Länder sind ausgenommen, da über sie eine genügende amtliche Kontrolle (Haushaltsgesetze) schon besteht. Vgl. auch § 6 a, wonach auch für Abbrüche und Stillegungen von anderen Betrieben, die nicht durch das Reich oder die Länder geführt werden, die Bestimmungen der VO. nicht gelten,

sofern diese Maßnahmen auf Anordnung oder mit Zustimmung der Behörde erfolgen.

Nicht erforderlich ist, daß die Betriebe dem Reich oder den Ländern selbst gehören; sie können dieselben auch gepachtet haben.

Dagegen fallen die Betriebe der anderen öffentlichen Körperschaften (so der Kommunen) und die Betriebe einer Gesellschaft, deren Anteile das Reich oder die Länder besitzen, unter die VO., sofern die übrigen Voraussetzungen hierfür erfüllt sind.

12. Die Anzeigepflicht ist öffentlich-rechtlicher Natur. Ihre Verletzung zieht die Bestrafung gemäß § 7 nach sich. Auch tritt § 5 in Wirkung.

13. **Demobilmachungsbehörde.** Anfechtbarkeit und Nachprüfung ihrer Entscheidungen. Die Demobilmachungsbehörden waren auf Grund der VO. über die wirtschaftliche Demobilmachung vom 7. 11. 18 (RGBl. S. 1292) eingesetzt. Das Amt der Demobilmachungskommissare ist von der Reichsregierung durch VO. vom 25. 3. 24 (RGBl. S. 375) mit Wirkung zum 1. 4. 24 aufgehoben. Die Landeszentralbehörden bestimmen nunmehr die Behörden, denen die Durchführung der StillVO. obliegt. In den meisten Ländern sind es dieselben Behörden geblieben, so in Preußen die Regierungspräsidenten, für Groß-Berlin der Oberpräsident in Berlin. Vgl. hierzu die Preußischen Ausführungsbestimmungen zu der VO. vom 25. 3. 24, vom 28. 3. 24, Preuß. Ministerialblatt für Handel und Gewerbe 1924 S. 106, und den Erlaß des Preußischen Ministers für Handel und Gewerbe vom 28. 3. 24, a. a. O. S. 105.

Die Demobilmachungsbehörde ist das amtliche Organ, in dessen Hände die Durchführung der VO. gelegt ist. Ihre Entscheidungen sind, soweit nicht die oberste Landesbehörde anders bestimmt (§ 3 Abs. 2), endgültig. Ein Rechtsweg ist nur in zwei Fällen ausdrücklich zugelassen:

a) gegen die Fristverlängerung des § 4 Abs. 1 Nr. 1 kann Einspruch erhoben werden,

b) im Falle einer Enteignung oder Übertragung (§ 4 Abs. 1 Nr. 2) ist gegen die Festsetzung der Entschädigung der ordentliche Rechtsweg zulässig.

Die ordentlichen Gerichte sind also mit Ausnahme des Falles zu b nicht befugt, die Verwaltungsakte der Demobilmachungsbehörde (oder der Landeszentralbehörde im Falle zu a) ihrem materiellen Inhalte nach nachzuprüfen. Sie können nur mittelbar durch den Strafrichter gemäß § 7 nachgeprüft werden, ohne daß ihre Gültigkeit dadurch berührt würde. (Weigert S. 32.) Dies gilt auch bei Klagen vor den Arbeitsgerichten auf Lohnzahlung wegen unwirksamer Entlassungen gemäß § 2 Abs. 2. Die Entscheidung der Demobilmachungsbehörde, daß keine Stillegung im Sinne der StillVO. vorliege, ist für die Gerichte bindend. Vgl. hierzu Anm. 10 E zu § 2.

Nach der herrschenden Lehre vom nichtigen Staatsakt unterliegen die Entscheidungen allerdings insoweit einer Nachprüfung durch die ordentlichen Gerichte, als sie nichtig sind, wenn sie

a) von einer unzuständigen Stelle erfolgt sind,

b) gegen zwingende gesetzliche Vorschriften verstoßen,

c) etwas Unmögliches anordnen,

d) unter Verletzung der gesetzlichen Form oder wesentlicher Verfahrensvorschriften getätigt sind.

Die Entscheidungen der Demobilmachungsbehörde sind natürlich, wie alle Verwaltungsbescheide, im Wege der Dienstaufsichtsbeschwerde anfechtbar. Einen Einfluß auf den Inhalt der erlassenen Verfügung hat die vorgesetzte Dienststelle aber nicht. Vgl. auch die Anm. 37 zu § 4.

14. Anzeigepflicht. Formvorschriften bestehen für die Anzeige nicht. Doch wird es zweckdienlich sein, die Anzeige schriftlich zu erstatten, was auch üblich ist.

Die Anzeige muß von dem Inhaber oder Leiter selbst erstattet werden. Da schriftliche Form nicht vorgeschrieben ist, braucht die Anzeige nicht eigenhändig von ihnen unterzeichnet zu sein, sie kann vielmehr in ihrem Namen oder Auftrage erfolgen. „Die Anzeige kann wirksam nur vom Betriebsinhaber erstattet werden. Mitteilung über eine Stillegung von dritter Seite an die Behörde setzt keine Frist in Lauf. Wenn die Behörde durch solche Mitteilung von einer

Stillegung erfährt, hat sie den Betriebsinhaber zur Erstattung der Anzeige zu veranlassen." (Aus der „Niederschrift".)

Die Anzeige muß enthalten:

a) genaue Bezeichnung des Betriebes,
b) die beabsichtigte Maßnahme,
c) die Anzahl der zurzeit beschäftigten Arbeitnehmer,
d) die Anzahl der zur Entlassung kommenden Arbeitnehmer.

„Die Anzeige muß den bestimmten Willen zum Abbruch oder zur Stillegung erkennen lassen. Wendungen wie „voraussichtlich" oder gar „möglicherweise" erscheinen nicht angängig." (Weigert, Nachtrag S. 4.)

Sie wird zweckdienlich auch gleichzeitig die im Betrieb vorhandenen und für ihn bestimmten Vorräte (Abs. 4) angeben. Das Muster einer Anzeige ist bei Erdmann-Anthes S. 219 abgedruckt.

„Mit der Erstattung der Anzeige kann ein Gesuch um Abkürzung der Sperrfrist (§ 1 Abs. 2) oder um Genehmigung einer Veränderung der Sach- oder Rechtslage oder der Entlassung von Arbeitnehmern oder um Anordnung der Kurzarbeit (§ 2 Abs. 2) verbunden werden." (Häußner S. 21.)

Die Anzeige ist v o r der Maßnahme zu erstatten, ausgenommen im Falle „unvorhersehbarer" Ereignisse (Abs. 3); hier muß sie binnen drei Tagen nachgeholt werden.

Die Anzeige (maßgebend ist der Eingang, nicht die Absendung) setzt die Sperrfrist (Abs. 2) in Lauf und muß wiederholt werden, wenn die beabsichtigte Maßnahme nicht innerhalb der Freifrist (Abs. 2) getroffen ist.

Über die Wiederholung der Anzeige für denselben Stillegungsfall siehe den Bescheid des RAM. vom 27. 8. 24, abgedruckt unten S. 91.

Wer vorsätzlich oder fahrlässig die Anzeigepflicht verletzt, unterliegt den Strafbestimmungen aus § 7. Außerdem treten die in § 2 Abs. 5 und § 5 bezeichneten Rechtsfolgen ein.

15. Begriff des Betriebsabbruches. Ziff. 1 enthält den Begriff des Betriebsabbruches, Ziff. 2 den der Betriebsstillegung im Sinne der VO. § 2 des „Entwurfs" definiert: „Ein Betriebsabbruch im

Sinne dieses Gesetzes liegt vor, wenn Betriebsanlagen durch Veränderung, Beseitigung, Zerstörung oder in anderer Weise dem Betriebszwecke entzogen werden und hierdurch die technische Leistungsfähigkeit des Betriebes wesentlich verringert wird."

Die VO. unterscheidet drei verschiedene Arten von Betriebsabbrüchen:

a) Betriebsanlagen werden ganz oder teilweise abgebrochen;
b) zum Betriebe gehörige Sachen werden ihm entzogen, insbesondere veräußert oder betriebsuntauglich gemacht;
c) zum Betriebe gehörige Rechte werden ihm entzogen.

Nicht jeder Abbruch ist aber anzeigepflichtig, vielmehr muß dadurch die gewerbliche Leistungsfähigkeit des Betriebes wesentlich verringert werden. Die Beurteilung, ob dieser Tatbestand vorliegt, ist Sache des Inhabers oder Leiters, sie muß also von Fall zu Fall erfolgen und unterliegt gegebenenfalls der Nachprüfung durch die Behörde.

Nicht jeder Abbruch oder jede Stillegung darf grundsätzlich volkswirtschaftlich als nachteilig betrachtet werden, und nur solche Stillegungen und Abbrüche unterliegen der Kontrolle und dem Zugriffe der Behörde, die dem Allgemeininteresse schädlich sind; deshalb sind von der VO. auch solche auf eine Betriebsstillegung oder einen Betriebsabbruch hinzielende Maßnahmen, die als Ausfluß einer planmäßigen Wirtschaftspolitik behördlicherseits angeordnet werden, aus der VO. herausgelassen worden.

Ob durch einen Betriebsabbruch Arbeitnehmer zur Entlassung kommen, ist belanglos. Die Entlassung bildet nicht wie bei der Stillegung ein Tatbestandsmerkmal.

Doch wird der Abbruch einer Anlage regelmäßig auch ihre Nichtbenutzung bewirken, so daß unter Umständen eine Betriebsstillegung im Sinne der Ziff. 2 vorliegen kann.

Wird die abgebrochene Anlage durch eine neue ersetzt, so handelt es sich nicht um einen Abbruch im Sinne der VO.; auch eine Stillegung kommt nicht in Frage, selbst wenn die neue Anlage weniger Arbeitskräfte in Anspruch nimmt. Denn eine produktivere Gestaltung des Betriebes darf keineswegs erschwert oder verhindert werden.

16. Begriff der Betriebsanlage. Eine allgemeine Begriffsbestimmung der Betriebsanlagen gibt die „Niederschrift“ unter I, 1: „Betriebsanlage ist der Inbegriff der unmittelbar dem Produktionszweck dienenden körperlichen Gegenstände von einer gewissen Stabilität und räumlichen Ausdehnung. Maschinen werden in der Regel Teile von Betriebsanlagen, unter Umständen auch Betriebsanlagen sein. Arbeitsplätze sind keine Betriebsanlagen.“

Ziff. 1 unterscheidet zwischen „Betriebsanlagen“ und den „zum Betriebe gehörigen Sachen“, während Ziff. 2 nur von „Betriebsanlagen“ spricht.

Im übrigen ist der Begriff sehr umstritten. Nachstehend seien einige Definitionen wiedergegeben:

„Als Anlagen im Sinne der StillVO. sind alle Maschinen und Werkzeuge anzusehen, die zur Warenherstellung erforderlich sind, in der Schuhindustrie demnach auch die zur Herstellung der Schuhe erforderlichen Leisten.“ (Urteil LG. I Berlin vom 30. 12. 26, JAR. VIII S. 337.)

„Ob man Nadel und Zwirn als „Betriebsanlage“ betrachten kann, kann zweifelhaft sein, ist aber wohl zu verneinen, dagegen fallen der Arbeitsraum und die Arbeitsplätze, d. h. die Arbeitstische nebst -stühlen, unter diesen Begriff.“ (Urteil LG. Leipzig, JAR. VIII S. 333.)

„Betriebsanlagen im Sinne der Stillegungsverordnung ist eine baulich verbundene Gesamtheit von unmittelbar technischen, dem Betriebszweck dienenden Sachen. (Urteil LG. Ulm vom 26. 1. 27, JAR. VIII S. 338.) Unter Betriebsanlage sind alle Maschinen und Werkzeuge zu verstehen, die der Warenherstellung dienen. Im vorliegenden Falle werden hierzu auch Schraubstöcke und Hobelbänke gerechnet.“ (Urteil LG. Stettin vom 8. 9. 27, JAR. VIII S. 337.) Nikisch (Sp. 579) versteht unter Betriebsanlage die Gesamtheit der für einen bestimmten Betriebszweck erforderlichen Sachen, soweit sie räumlich zu einem Ganzen verbunden sind. Einzelne Maschinen bezieht er nicht unter die Betriebsanlage, rechnet sie vielmehr zu den „zum Betriebe gehörigen Sachen“.

Organisatorische Maßnahmen (z. B. Einnehmerbetriebe der Versicherungsgesellschaften) sind keine Betriebsanlagen und erfüllen den Tatbestand der StillVO. nicht. (Weigert, KAR., Karte Betriebsst. I Allg. vom 6. 2. 24.) Vgl. zu dieser Frage auch Nikisch Sp. 577; Fuchs, JW. 1924 S. 1016; Jakobi, JW. 1925 S. 187; Weigert, Nachtrag S. 5; NZA. 1924 Sp. 65. Ferner das Urteil des KG. vom 1. 5. 25 (RABl. S. 422).

Unter Ablehnung der Ansicht, daß selbst Zwirn und Nadel oder Arbeitsplätze zu den Betriebsanlagen gehören könnten, ist im übrigen einer weiten Auslegung des Begriffes der Betriebsanlage Raum zu geben und deshalb anzunehmen, daß für die Abgrenzung des Anwendungsgebietes der VO. nicht eine starre Unterscheidung zwischen „Betriebsanlagen" und „Betriebsmitteln" stattfinden darf, daß es vielmehr auf die Eigenart des Betriebes ankommt, was unter Anlage zu verstehen ist, daß also auch Maschinen und Werkzeuge mindestens als Teile hierher zu rechnen sind, unter Umständen aber auch die Anlage selbst bilden können, wie auch die oben zitierte amtliche Begriffsbestimmung der Auslegung einen größeren Spielraum läßt. Das RAG. führt zu dieser wichtigen Frage in seiner Entscheidung vom 28. 3. 28 (Bens.Samml. Bd. 2 — RAG. S. 205) folgendes aus: „Bei der Prüfung der Frage, ob es sich im vorliegenden Falle um die völlige oder teilweise Stillegung von Betriebsanlagen handele, geht das Landesarbeitsgericht davon aus, daß die von den entlassenen Arbeitern abgegebenen Werkzeuge in den Lagerraum zurückgebracht und daß die in der Neubauabteilung verwendeten Werkzeugmaschinen — nach den eigenen Angaben des Klägers zwei Feilbänke mit ihren Schraubstöcken — nicht völlig außer Gebrauch gestellt worden sind, sondern ihre Verwendung nur eingeschränkt worden ist. Den Werkzeugen spricht das Landesarbeitsgericht die Eigenschaft von Betriebsanlagen ab, weil in § 1 Abs. 1 Nr. 2, wo nur von Betriebsanlagen die Rede sei, nicht wie unter Nr. 1 „die bisher zum Betriebe gehörigen Sachen", also die Betriebsmittel, genannt seien und deren Nichtbenutzung, also auch die Nichtbenutzung der Werkzeuge, die Anwendung der Nr. 2 hiernach nicht rechtfertige. Die bloße Beschränkung des Gebrauchs der Werkzeugmaschinen erfüllt aber nach der Ansicht des Landesarbeitsgerichts den Begriff der Stillegung von Betriebsanlagen deshalb nicht, weil dieser nur örtlich, nicht zeitlich zu verstehen sei. Diese Erwägungen beruhen auf einer Auslegung der Nr. 2, welche deren Zwecke nicht Rechnung trägt. Die Vorschrift beabsichtigt, der Schädigung der Volkswirtschaft durch die Nichtbenutzung von Betriebsanlagen vorzubeugen, insbesondere den Nachteilen zu begegnen, die sich aus den damit verbundenen Arbeiterentlassungen und deren Rückwirkung auf den Arbeitsmarkt ergeben. Wenn die Erreichung dieses Zweckes nicht wesentlich beeinträchtigt werden soll, so darf für die Abgrenzung des Anwendungsbereichs der Vorschrift nicht eine starre Unterscheidung zwischen Betriebsanlagen und Betriebsmitteln und nicht die unbedingte Zurechnung der Werkzeuge zu den letzteren maßgebend sein. Vielmehr ist auf die Eigentümlichkeiten der gerade in Betracht kommenden Art von Betrieben abzuheben und zu fragen, ob diese die Verwendung von Werkzeugen in einem so erheblichen Maße mit sich bringt, daß deren völlige oder teilweise Außergebrauchsstellung zu Arbeiterentlassungen in dem unter Nr. 2 bezeichneten Maße Anlaß geben kann. Wird die Anwendung der Nr. 2, soweit sie von Betriebsanlagen redet, nicht von diesem Unterscheidungsmerkmal abhängig gemacht, so wird die Durchführung der Vorschrift bei einer nicht geringen Zahl von Betrieben unmöglich. Die gleiche Erwägung nötigt dazu, auch die Erheblichkeit der nur zeitlichen Beschränkung des Gebrauchs der Werkzeugmaschinen danach zu beurteilen, ob sie einen Einfluß auf den Bestand der Belegschaft des Werkes über die in der Vorschrift gezogenen Grenzen hinaus auszuüben vermag."

Wenn diese Gründe im übrigen auch stichhaltig sind, so erscheint es rechtlich unmöglich, auch bei nur zeitlicher Beschränkung des Gebrauchs von Betriebsanlagen von einer teilweisen Nichtbenutzung von Betriebsanlagen zu sprechen; hierunter ist in Übereinstimmung mit Schrifttum und Rechtsprechung zu verstehen, daß ein Teil der Anlage zu gleicher Zeit völlig stillgelegt wird. Vgl. auch die Anm. 27.

Der Preußische Minister für Handel und Gewerbe hat in seinem Erlaß vom 1. 12. 23 (Ministerialblatt der Handels- und Gewerbeverwaltung 1923 S. 379) die Demobilmachungskommissare angewiesen, den Begriff der Betriebsanlage nicht zu eng auszulegen:

„Schwierigkeiten bei der Handhabung der Stillegungsvorschriften entstehen aus dem Fehlen einer Bestimmung in der Stillegungsverordnung, die den Begriff der „Betriebsanlage“ im Sinne des § 1 Abs. 1 Ziff. 2 eindeutig festlegt. Ob die Nichtbenutzung einer Betriebsanlage vorliegt, kann nicht allgemein, sondern nur im Einzelfalle nach den tatsächlichen Verhältnissen beurteilt werden. Ich halte es jedoch für richtig und lege Wert darauf, daß der Begriff der „Betriebsanlage“ nicht zu eng ausgelegt wird.“

17. Die zum Betriebe gehörigen Sachen (und Rechte) sind den Betriebsanlagen gleichzustellen (so auch Weigert, Anhang S. 5). Sie bilden als solche sowohl für den Abbruch als auch für die Stillegung ein Tatbestandsmerkmal im Sinne der VO.

18. Die Veräußerung des ganzen Betriebes erfüllt nicht den Tatbestand des Betriebsabbruches, er ist vielmehr nur gegeben, wenn der Erwerber Betriebsanlagen dem Betriebe entzieht. Eine Verlegung des Betriebes ist zwar stets mit einem Abbruch der Anlagen verbunden, fällt aber nur dann unter die VO., wenn dadurch die Leistungsfähigkeit wesentlich herabgemindert ist. Das wird jedoch immer dann der Fall sein, wenn es sich um eine Verlegung ins Ausland handelt, denn ein solcher Betrieb ist für die deutsche Wirtschaft nicht mehr als leistungsfähig anzusehen. (Weigert S. 33.)

19. Das kann durch Beschädigung, also durch Änderung der das Wesen der Sache bedingenden Eigenschaften, durch Einwirkung auf die Substanz geschehen oder durch Zerstörung, das ist der höhere Grad von Beschädigung. Die Beschädigung muß im vorliegenden Falle so erheblich sein, daß die betreffende Sache für den Betrieb nicht mehr verwendbar ist. Eine Betriebsuntauglichmachung bedeutet auch die Entfernung eines wichtigen Teiles der Sache, z. B. der Abbau der Motoren aus Kraftfahrzeugen, die Veräußerung von Maschinenteilen, die aus wertvollem Metall bestehen (Kupferkessel, Messingventile). Nach Weigert (S. 33) gehört es auch hierher, wenn Öfen, die ihrer Natur nach kontinuierlich betrieben werden müssen, außer Betrieb gesetzt werden, sofern sie damit für längere Zeit betriebsuntauglich werden.

20. Der „Entwurf" spricht von „technischer" Leistungsfähigkeit. Hierdurch wird noch deutlicher zum Ausdruck gebracht, daß es nur auf die Produktionskraft des Unternehmens, nicht auf die wirtschaftliche Leistungsfähigkeit (Rentabilität) ankommt. Als praktische Beispiele führen Kantorowicz-Kluckhohn S. 18 und Erdmann-Anthes S. 50 an: „Eine Automobilfabrik, die ihre Werkzeuge selbst herstellt, diese Werkzeugfabrikation stillegt oder abbricht und die Werkzeuge statt dessen fertig kauft, verringert ihre wirtschaftliche Leistungsfähigkeit gegebenenfalls gar nicht, wohl aber ihre gewerbliche, weil sie auch auf dem Gewerbezweige der Werkzeugfabrikation — wenn auch nicht zu Handelszwecken — gewerbliche Leistungen ausführen konnte." (Kantorowicz-Kluckhohn.) „Wenn z. B. ein Eisenbahnverkehrsunternehmen, das bisher die Reparaturen seiner Fahrzeuge in eigenen Werkstätten selbst ausgeführt hat, diese Reparaturwerkstätten abbricht oder stillegt, weil sich die Reparaturen in einer fremden, an der Bahn errichteten Waggonfabrik billiger stellen, so steigert das Unternehmen seine wirtschaftliche Leistungsfähigkeit; seine gewerbliche Leistungsfähigkeit wird jedoch hierdurch verringert, da die gewerblichen Leistungen der Reparaturwerkstätten in Fortfall kommen." (Erdmann-Anthes.)

Nicht die augenblickliche tatsächlich erzielte Betriebsleistung ist maßgeblich, sondern die Fähigkeit zu künftigen Leistungen muß wesentlich verringert werden. Daher fällt auch der Abbruch eines *stillgelegten* Betriebes unter die VO., sofern die übrigen Voraussetzungen für ihre Anwendbarkeit gegeben sind.

21. Bei der Beurteilung der Frage, ob eine wesentliche Verminderung der Leistungsfähigkeit vorliegt, sind nicht die einzelnen Betriebe oder Betriebsabteilungen eines Unternehmens zu berücksichtigen, sondern das Unternehmen in seinem ganzen Umfange. Es lassen sich Fälle denken, in denen durch Abbruch einer Betriebsanlage die Produktionskraft sogar gesteigert werden kann. Z. B. ist der Inhaber oder Leiter eines großen Sägewerks, das bisher in zwei selbständigen Betriebsteilen mit Wasser und mit elektrischer Kraft gearbeitet hat, und das die Wasserbetriebsanlagen abbricht und dafür eine zweite Arbeitsschicht in der elektrisch betriebenen

Anlage einführt, um seine Produktionsleistung zu erhöhen, nicht zur Anzeige verpflichtet.

„Unternehmen" ist, wie im BRG., der in der Hand eines Arbeitgebers erfolgte Zusammenschluß mehrerer Betriebe, die sachlich durch die in den §§ 50, 53 BRG. genannten Merkmale (mit Ausnahme der räumlichen Beschränkungen der §§ 50, 53 BRG.) verknüpft sind." Flatow S. 115.

22. Siehe die Anm. 15.

23. Diese Rechte können sowohl dinglich mit dem Betriebe (d. h. in diesem Falle mit der Betriebsstätte) verbunden sein, z. B. Grunddienstbarkeiten als subjektiv dingliche Rechte, als auch dem Betriebsinhaber persönlich zustehen, z. B. gewerbliche Urheberrechte (Patentrecht, Gebrauchsmuster).

24. D. h. die Aufgabe oder Einschränkung dieser Rechte muß eine wesentliche Verringerung der gewerblichen Leistungsfähigkeit mit sich führen.

25. Begriffsbestimmung der Betriebsstillegung. § 2 Abs. 2 des „Entwurfs" definiert: „Eine Betriebsstillegung im Sinne dieses Gesetzes liegt vor, wenn die Benutzung von Betriebsanlagen ganz oder teilweise eingestellt wird und hierdurch die Zahl der beschäftigten Arbeitnehmer

a) in Betrieben mit regelmäßig weniger als zweihundert Arbeitnehmern um wenigstens zwanzig Arbeitnehmer,

b) in Betrieben mit regelmäßig mindestens zweihundert Arbeitnehmern um wenigstens zehn vom Hundert oder um mehr als fünfzig Arbeitnehmer

gleichzeitig oder in zeitlicher Folge vermindert wird.

Eine Betriebsstillegung, die im Rahmen ordnungsmäßiger Führung des Betriebes regelmäßig wiederkehrt, ist keine Betriebsstillegung im Sinne dieses Gesetzes.

Den Betriebsanlagen stehen andere Sachen oder Rechte gleich, die bisher zum Betriebe gehört haben."

Die Begriffsbestimmung der VO. ist also im wesentlichen dieselbe.

Im einzelnen ist über die Betriebsstillegung folgendes zu sagen:

A. Nicht jede Stillegung zieht die Rechtsfolgen der Anzeigepflicht nach sich, vielmehr ist hierfür Voraussetzung, daß eine bestimmte Zahl von Arbeitnehmern dadurch zur Entlassung kommt. Die Entlassungen selbst gehören also zum Tatbestand der Betriebsstillegung. Das ist wichtig für Betriebsstillegungen, die infolge unvorhersehbarer Ereignisse sofort getroffen werden müssen. Hier darf nicht nur die Benutzung der Anlagen eingestellt, sondern auch die Entlassung der Arbeitnehmer vorgenommen werden, ehe die Sperrfrist abgelaufen ist. (So Häußner, Erdmann-Anthes; a. A. Weigert.) Über den Kausalzusammenhang zwischen Stillegung und Entlassung siehe Anm. 29.

B. Eine Betriebsstillegung, die im Rahmen ordnungsmäßiger Führung des Betriebes regelmäßig wiederkehrt, fällt nicht unter die VO. Hierher gehören die sogenannten Kampagnebetriebe; siehe auch Anm. 6 und 39. Vgl. den Wortlaut des Entwurfs oben vor A.

C. Nicht als Stillegung ist der Besitzwechsel unter Fortführung des Betriebes oder der Verschmelzung des Betriebes mit anderen Unternehmungen anzusehen. Vgl. hierzu den Bescheid des RAM vom 6. 10. 20 (RABl. 1921 S. 330).

D. Von der Stillegung ist zu unterscheiden:

1. Die **Betriebseinschränkung**. Bei ihr wird im Gegensatz zur Betriebsstillegung der Betriebszweck weiterverfolgt, zu dem die Betriebsanlagen und die Arbeitskräfte benutzt werden. Deshalb ist auch eine Betriebsumorganisation eine Betriebseinschränkung und keine teilweise Betriebsstillegung. (So Urteil KG. vom 20. 1. 25 — NZA. 1925 Sp. 248.)
2. Die **Betriebsstörung**. Sie ist im Gegensatz zur Betriebsstillegung nicht vom Entschluß des Unternehmers abhängig, sondern erfolgt gegen den Willen des Unternehmers durch äußeren Zwang.
3. Die **Betriebsunterbrechung**. Sie bedeutet die Stillegung eines Betriebes, an die sich dessen Wiedereröffnung so rasch und in einer Weise anschließt, daß sie zeitlich und

wirtschaftlich als eine Fortsetzung des bisherigen Betriebes erscheint. Ihr kommt nicht die Bedeutung einer Stillegung im Rechtssinne zu. (So das Urteil des RG. vom 16. 2. 26 — RABl. S. 193.)

E. Vorübergehende Stillegungen sind den endgültigen gleichzuachten. Die Grenze zwischen einer Betriebsunterbrechung und einer vorübergehenden Stillegung wird sich nicht immer leicht finden lassen. „Die Betriebsstillegung (gemeint ist die zeitweilige) läßt sich als eine Auflösung der Arbeits- und Produktionsgemeinschaft bezeichnen, die ihren Grund und ihre Rechtfertigung darin findet, daß der Unternehmer die Erzeugung von Sachwerten für eine wirtschaftlich nicht unerhebliche Zeitspanne einstellt und damit die Erreichung des Betriebs- und Gemeinschaftszweckes unmöglich macht. Das Wesen der Betriebsstillegung erschöpft sich also nicht in einer Handlung, nicht in der Schaffung einer Tatsache, sondern besteht in der Herbeiführung eines Zustandes von gewisser Dauer." (Aus dem oben zitierten Urteil des RG. vom 16. 2. 26.)

F. Die Stillegung muß gewollt sein; auch § 1 Abs. 3 bezieht sich nur auf eine gewollte Stillegung; sie beruht ebenfalls auf freier Entschließung, nur mit dem Unterschied, daß die Gründe zu sofortigem Entschluß zwingen und deshalb die Anzeige nachgeholt werden muß.

Auf andere Stillegungen als auf solche, die vom Unternehmer gewollt sind, ist die VO. überhaupt nicht anwendbar. Ebenso Häußner, KAR., Karte V Nr. 257 vom 8. 6. 28; a. A. Urteil RAG. vom 28. 3. 28, Bens.Samml. Bd. 2 Nr. 61 — RAG. — S. 205, das annimmt, daß die in Abs. 3 behandelte Stillegung nicht auf dem freien Willen des Unternehmers beruhe: „Anzuzeigen ist demnach die „beabsichtigte Maßnahme" der Stillegung (§ 1 Abs. 1 und Abs. 2). Eine solche ist die Stillegung, bei welcher dem Unternehmer Zeit für die Wahl zwischen ihr und der Fortsetzung des Betriebes verbleibt, und die auf einer Ausübung dieser Wahl, also auf einem freien Willensentschluß des Unternehmers beruht. Im Gegensatz dazu steht die Stillegung, welche infolge unvorhergesehener Ereignisse sofort erfolgen muß, daher nicht Sache freier Entschließung des Unternehmers ist und nicht im voraus angezeigt werden kann, sondern nachträglich anzuzeigen ist (§ 1 Abs. 3)." Schon der Wortlaut des Abs. 3: „muß die Stillegung infolge unvorhergesehener Ereignisse sofort vorgenommen werden", steht der Auffassung des RAG. entgegen. Die Stillegung, d. h. die Einstellung der Benutzung der Betriebsanlagen, tritt nicht von selbst ein, durch äußeren Zwang (wie die Betriebsstörung, siehe oben unter D 2) veranlaßt, sondern sie wird vom Inhaber oder Leiter „getroffen", sie stellt also eine vom Willen des Inhabers oder Leiters abhängige Handlung dar. Die Stillegung des Abs. 2 unterscheidet sich von der Stillegung des Abs. 3 nur dadurch, daß die Gründe bei der ersteren lange vorher bestehen oder vorausgesehen werden können, so daß die vorschriftsmäßige Anzeige vorher erstattet werden kann, bei der letzteren aber plötzlich, d. h. unvorhergesehen, eintreten. Allerdings ist der Wortlaut des oben zitierten höchstinstanzlichen Urteils in dieser Beziehung nicht ganz klar. Er läßt immerhin die Auslegung zu, daß auch das RAG. den Standpunkt vertritt, daß nur solche Stillegungen von der StillVO. erfaßt werden, die von dem Unternehmer vorgenommen werden, nicht etwa auch solche, die durch äußeren Zwang von selbst eintreten, die also ohne irgendeinen Entschluß des Unternehmers erfolgen. In einem späteren Urteile des RAG. vom 24. 10. 28 (Bens.Samml. Bd. 4 — RAG. — S. 323) kommt diese Ansicht auch deutlich zum Ausdruck, indem es in den Gründen heißt: „Die Anwendung der Stillegungsverordnung, die die Stillegung als von dem Arbeitgeber gewollte Maßnahme ins Auge faßt ..." Ob die Umstände oder Ereignisse, die den Grund für den Entschluß des Unternehmers zur Stillegung bilden, von ihm gewollt oder nicht gewollt oder ob sie ihm erwünscht oder nicht erwünscht sind, ist gänzlich unerheblich, wie auch das Motiv der Stillegung oder des Abbruches ohne jede Bedeutung für die Anwendbarkeit der VO. ist.

Bei der Stillegung gemäß Abs. 2 brauchen keine Gründe für die beabsichtigte Maßnahme angegeben zu werden, während dies im Falle der plötzlich vorgenommenen Stillegung erforderlich ist, um der Behörde die Möglichkeit zu geben, die Berechtigung zur Erstattung der nachträglichen Anzeige nachzuprüfen.

Über das Motiv zur Stillegung siehe auch Anm. 28.

G. Betriebsstillegungen im Sinne anderer Gesetze, z. B. des Betriebsrätegesetzes, sind nicht zugleich auch Betriebsstillegungen im Sinne der VO., wie auch umgekehrt nicht ohne weiteres eine Betriebsstillegung auf Grund der VO. eine solche im Sinne des BRG. darstellt. Dies bezieht sich sowohl auf eine völlige als auch auf eine teilweise Stillegung. Hier besteht außerdem noch ein Unterschied darin, daß im Sinne des Betriebsrätegesetzes eine Abteilung des Betriebes stillgelegt sein muß, für die Anwendbarkeit der VO. es aber gleichgültig ist, ob eine ganze Abteilung oder Teile des ganzen Betriebes stillgelegt werden. Den Unterschied der Tatbestandsmerkmale der Betriebsstillegung im Sinne der VO. und des Betriebsrätegesetzes hat das RG. in seinem oft zitierten Urteile vom 1. 5. 25 klar zum Ausdruck gebracht. Wegen der grundsätzlichen Bedeutung werden die Entscheidungsgründe dieses Urteils (aus dem RABl. 1925 S. 422) nachstehend abgedruckt:

„In der Sache selbst ist dem Landgericht beizutreten.

Zwar irren die Kläger, wenn sie zur Begründung ihrer schlüssig vorgetragenen Lohnklage ausführen, daß ihre Kündigung infolge Verstoßes gegen § 2 der Betriebsabbruchverordnung rechtsunwirksam sei. Denn die Verordnung läßt zweifelsfrei nur die Auslegung dahin zu, daß lediglich innerhalb der Sperrfrist erfolgende Entlassungen der Wirksamkeit entbehren. Die von den Klägern vertretene Auffassung, daß Entlassungen von Arbeitnehmern, die, wie hier, im wirtschaftlichen Zusammenhang und in dementsprechend zeitlich kurzen Zwischenräumen auch über die Sperrfrist hinaus erfolgen, als einheitliche Entlassung angesehen werden und daher der Kündigungsbeschränkung unterfallen müßten, steht mit dem klaren Wortlaut der Verordnung in Widerspruch. Die Entscheidung hängt daher davon ab, ob die Beklagte sich mit Grund auf Betriebsrätegesetz § 96, 2 berufen kann. Dabei ist mit der herrschenden, auch vom Senat geteilten Rechtsübung davon auszugehen, daß unter § 96 wie unter § 85 auch die teilweise Betriebsstillegung fällt (Jur. W. 1924, 202). Maßgebend ist also, ob hier eine Betriebsstillegung, wenn auch nur eine teilweise, die Entlassung der Kläger erforderlich machte. Unter Betriebsstillegung im Sinne des Betriebsrätegesetzes (§§ 85, 96) ist die, wenn auch nur vorübergehende,

Aufgabe aller oder einzelner Betriebszwecke zu verstehen, die die Entlassung des Arbeitnehmers (natürlich zusammen mit anderen) erforderlich macht. Nicht notwendig ist, daß sie mit der Ausschaltung von sachlichen Betriebsanlagen, wie eine solche in der Betriebsstillegungsverordnung vorgesehen ist, verbunden ist. Unter teilweiser Stillegung ist die Einstellung zu verstehen, die einen selbständigen Betriebsteil (oder „Betriebsabteilung", vgl. Schwerbeschädigtengesetz vom 22. Oktober 1920 i. d. F. vom 12. Januar 1923 / 13. Februar 1924 § 16 Abs. 2) betrifft. Dahin gehört aber keinesfalls die Ausschaltung einer oder mehrerer einzelner Maschinen oder sonstiger Betriebsanlagen in einem einheitlichen Betrieb, der der Einteilung in selbständige Betriebsteile entbehrt, oder in einer selbständigen Betriebsabteilung eines zusammengesetzten Betriebes, während der Betrieb oder die Betriebsabteilung im übrigen, wenn auch in selbst erheblich verkleinertem Maßstabe, weiterproduziert. Richtig ist zwar, daß solche nicht bloß zeitweise Ausschaltung von Maschinen, wenn durch sie die dort näher bezifferten Arbeitnehmer zur Entlassung kommen, den Tatbestand des § 1 Ziffer 2 b der Stillegungsverordnung erfüllen kann. Aber es ist im Gegensatz zur Berufungsbegründung mit der durchaus herrschenden Ansicht anzunehmen, daß die Voraussetzungen zu trennen sind, unter denen eine teilweise Stillegung im Sinne des Betriebsrätegesetzes (und des insoweit ähnliche Aufgaben wie dieses verfolgenden Schwerbeschädigtengesetzes) einerseits und der Stillegungsverordnung andererseits gegeben ist. Wollte man eine teilweise Stillegung im Sinne der ersteren Gesetze auch schon in den unter § 1 Ziffer 2 b fallenden Ausschaltungen von Betriebsmitteln annehmen, die nicht zugleich als Stillegung selbständiger Betriebsabteilungen erscheinen, so würde der Kündigungsschutz des Betriebsrätegesetzes für nur unter dieses Gesetz, nicht aber unter die Stillegungsverordnung fallende Betriebe von vornherein und auch für die übrigen nach Wegfall der Sperrfrist zum großen Teil praktisch hinfällig werden. Der Fall, daß einzelne Maschinen stillgelegt werden, ohne daß eine selbständige Betriebsabteilung damit in Wegfall kommt, ist also möglichenfalls nach Stillegungsverordnung § 1 Ziffer 2 b zu beurteilen, keinesfalls läßt er sich als

Stillegung im Sinne der §§ 85, 96 BRG. deuten, mag er zugleich eine Einschränkung des Betriebes im Sinne des § 74 dieses Gesetzes darstellen. Wenn die Berufungsbegründung auf die schwere wirtschaftliche Belastung hinweist, die bei dieser Auslegung den Arbeitgeber trifft, so ist das nicht erheblich. Das Gesetz will eben das Geschäftsrisiko so teilen und sieht in dieser Hinsicht im § 84 Abs. 1 Ziffer 4 einen ausreichenden Schutz für den Arbeitgeber. Außerdem kann selbstverständlich die immer weiter fortschreitende Verkleinerung des Betriebes durch Nichtbenutzung von Betriebsanlagen schließlich tatsächlich eine, wenn auch nur vorübergehende, völlige Betriebseinstellung herbeiführen.

Vgl. Weigert, „Der Tatbestand und die Rechtswirkungen der Betriebsstillegung" in N. Z. f. ArbR. 1924, 65; Jacobi, „Betriebsstillegung" in J. W. 1925, 187; Weinberg ebenda 285, 2 Anmerkung; Entsch. d. Senats vom 20. Januar 1925 — 8 U 9970/24 — in N. Z. f. ArbR. 1925, 248.

Von diesen Gesichtspunkten aus beurteilt, stellt der hier unstreitig vorliegende Sachverhalt weder eine teilweise noch eine völlige Betriebsstillegung dar. Demnach konnte auch die Entlassung der Kläger im Augenblick ihrer Bewirkung keinesfalls den Bestandteil einer teilweisen oder völligen Betriebsstillegung bilden. Es kann der Beklagten, die sich darauf besonders beruft, zugegeben werden, daß, immer von Umgehungsakten abgesehen, die Stillegung sich über eine gewisse Zeit erstrecken kann, ehe sie vollendet ist; daß demgemäß, auch abgesehen von einer Anwendung des § 2 der Stillegungsverordnung, eine allmähliche Entlassung der betroffenen Arbeitnehmer denkbar ist; daß im Augenblick der Entlassung erst eines Teiles der Arbeitnehmer auch noch beschränkt produktiv gearbeitet werden kann; daß es somit für das Eingreifen der §§ 85, 96 BRG. genügen kann, wenn nur zur Zeit der Entlassung tatsächlich die Stillegung in Ausführung genommen war, daß daher eine vor völliger Durchführung der geplanten Gesamteinstellung des Betriebes erfolgende Wiederaufgabe des Planes den bis dahin planmäßig geschehenen Entlassungen ihre Bedeutung als Stillegungsentlassungen nicht wieder nimmt; daß schließlich auch eine vorübergehende Stillegung genügt. Aber es muß doch immer in unzweifelhafter Weise eine völlige oder teilweise Stillegung im Sinne der obigen Ausführungen in Angriff genommen sein, zu der der Akt der Entlassung des Arbeitnehmers als wesentlicher Bestandteil gehört. Das Ziel der Maßnahme muß die völlige oder teilweise Aufgabe der produktiven Zwecke des gesamten Betriebes oder einer selbständigen Betriebsabteilung sein. Daran aber mangelt es hier. Eine Betriebsabteilung von eigener Selbständigkeit kommt nicht in Frage; damit scheidet die teilweise Stillegung ohne weiteres aus. Aber auch eine vollständige Betriebseinstellung, in der die Entlassung der Kläger sich eingliederte, war nicht in der Durchführung begriffen. Dieser Annahme würde, wie gesagt, nicht entgegenstehen, wenn noch etwa produktiv gearbeitet wurde, als die Kläger entlassen wurden. Aber hier hatte der Betrieb noch ein anderes Ansehen. Was die Beklagte bezweckte, zeigt nicht nur die Verfügung des Oberpräsidenten vom 27. Mai 1924, in der der Beklagten die Genehmigung zur teilweisen Stillegung ihres Betriebes erteilt wird, sondern schon ihr Gesuch um die Genehmigung, in dem sie sich ausdrücklich *vorbehält*, eine gänzliche Stillegung vorzunehmen. Was die Beklagte also im Anschluß an die ihr erteilte Genehmigung herbeiführen wollte und herbeigeführt hat, war nicht eine völlige Stillegung, sondern eine teilweise im Sinne der Stillegungsverordnung. Dagegen war es im Sinne des Betriebsrätegesetzes nichts weiter als eine Einschränkung des Betriebes. Nun kann, wie schon hervorgehoben war, eine solche schließlich so weit gehen, daß sie sich in eine vorübergehende vollständige Stillegung des Betriebs auswirkt. Die Beklagte hätte in diesem Sinne ihren erwähnten Vorbehalt natürlich verwirklichen können. Dazu ist es aber in Wirklichkeit hier nicht gekommen. Die Beklagte hatte 8 Tischler und 15 sonstige Arbeitnehmer behalten, mit denen sie den Betrieb bis zur Besserung der Konjunktur, wenn auch in bescheidenem Maße, fortführte. Ihre Maßnahmen lassen erkennen, daß sie die *Organisation ihres Betriebes aufrechterhielt*, demnach ihre Maßnahmen keinesfalls als Ausdruck des Entschlusses der, wenn auch nur vorübergehenden, Aufgabe sämtlicher Betriebszwecke angesehen werden können. Die Beklagte schränkte den Betrieb nur ein und war sofort in der Lage, ihn durch Neueinstellung von Tischlern wieder zu vergrößern, als die Geschäftsaussichten sich besserten.

Wenn die Beklagte, wie sie behauptet, im Zeitpunkt der Entlassung der Kläger sich mit der Absicht trug, auch die anderen Tischler nach Beendigung ihrer Akkorde zu entlassen, so ist dieser bloß gehegte, aber nicht ausgeführte Plan nicht von Bedeutung. Denn in solchem Falle muß, gerade wenn man mit der Beklagten betont, daß die Ausführung einer völligen Stillegung sich über einen gewissen Zeitraum erstrecken kann, unbedingt das Erfordernis aufgestellt werden, daß der Arbeitgeber in unzweideutiger Weise nach außen hin als den Endzweck seines Verhaltens die völlige Auflösung seiner Betriebsorganisation den Beteiligten gegenüber klarstellt. Denn sonst ist er in der Lage, auf Kosten seiner Arbeitnehmer im Verfolg der wechselnden Geschäftsaussichten zu spekulieren. An dieser notwendigen Klarstellung hat es hier gefehlt. Die Beklagte hatte sich hier nur die Genehmigung für eine teilweise Stillegung im Sinne der Stillegungsverordnung verschafft und muß sich demgemäß damit abfinden, daß ihre sachlichen und persönlichen Betriebseinschränkungen, da sie eben zu einer vollständigen Einstellung des Betriebes nicht geführt haben, so beurteilt werden, wie es bei der Ausführung dieses Plans angezeigt ist. Ihre etwa entgegenstehende Absicht kann demgegenüber nicht in Betracht kommen, und die dafür angetretenen Beweise erübrigen sich. Sie hatte also tatsächlich nur eine Betriebseinschränkung bewirkt, als sie bereits die Neuausdehnung des Betriebes begann. Demnach lag eine Betriebsstillegung im Sinne des § 96 BRG. nicht vor, und schon deswegen entfällt die Wirksamkeit der Entlassung, die sie ohne Mitwirkung der noch fortbestehenden Betriebsvertretung gegen die Kläger als deren Mitglieder ausgesprochen hat."

Die Tatbestandsmerkmale der Stillegung nach dem BRG. und der VO. weichen auch insofern voneinander ab, als die VO. für ihr Anwendungsgebiet den Begriff dahin einschränkt, daß im stillzulegenden Betriebe Anlagen vorhanden sein müssen, während das BRG. diese Einschränkung nicht kennt, vielmehr in seinen §§ 74, 85, 96 schlechthin von Stillegungen spricht. Da der Begriff der Stillegung in der VO. enger ist als im BRG., so ist insoweit die rein tatsächliche Begriffsbestimmung der VO. auch auf das Betriebsrätegesetz anzuwenden. Ebenso Urteil des KG. vom 7. 12. 23 (RABl. 1923 S. 346). Vgl. auch das Urteil des RG. vom 16. 2. 26 (abgedruckt RABl. 1926 S. 193), das ebenfalls den Unterschied zwischen den Tatbestandsmerkmalen der Stillegung im Sinne der VO. und des BRG. behandelt, ferner Urteil des RG. vom 8. 5. 28 (abgedruckt in Rechtsprechung des RG., herausgegeben von Tersch, Flatow, Hueck, Nipperdey, Bd. 2 S. 189) sowie des RAG. vom 20. 8. 28 (Bens.Samml. Bd. 4 — RAG. — S. 113) und vom 19. 9. 28 (Bens.Samml. Bd. 4 — RAG. — S. 71).

H. Nicht als Stillegung ist es anzusehen, wenn alte Maschinen außer Gebrauch gestellt, dafür aber gleich leistungsfähige neue in Betrieb gesetzt werden, und zwar selbst dann nicht, wenn die Zahl der Arbeitnehmer dadurch vermindert wird. (Weigert, Nachtrag S. 5.)

Wegen der „teilweisen" Stillegung vgl. auch Anm. 27, über die Unbeachtlichkeit des Motivs der Stillegung siehe Anm. 28.

26. Siehe Anm. 28.

27. **Begriff der teilweisen Betriebsstillegung.** Die VO. unterscheidet nicht zwischen gänzlicher und teilweiser Stillegung; auch die teilweise Stillegung ist anzeigepflichtig, sobald die gesetzlichen Voraussetzungen erfüllt sind. Die „Niederschrift" enthält hierüber folgende beachtliche Ausführung: „Wenn Entlassungen in einem Betriebe durch Einschränkungen in der Benutzung der Betriebsanlagen hervorgerufen werden (z. B. in einer Schreinerei werden von 50 Arbeitnehmern 30 entlassen, alle Maschinen aber nach wie vor, nur seltener benutzt), so liegt keine Stillegung vor. Der Fall ist ebenso zu beurteilen wie der Übergang von zwei Schichten zu einer Schicht, worauf unbestritten die Stillegungsverordnung keine Anwendung findet. Die geringere Ausnutzung der Anlagen kann allerdings so weit gehen, daß in Wirklichkeit eine Stillegung und eine Umgehung der VO. vorliegt. Man wird eine Stillegung dann annehmen müssen, wenn die Einschränkung der Benutzung so weit geht, daß sie privatwirtschaftlich,

technisch oder organisatorisch nicht zu vertreten ist." Vgl. auch den Bescheid des Reichswirtschaftsministers vom 28. 12. 23 (RABl. 1924 S. 36): „Der Begriff der teilweisen Nichtbenutzung von Betriebsanlagen in der Stillegungsverordnung ist nur als örtliche, nicht als zeitweilige Nichtbenutzung zu verstehen. Geht ein Betrieb von der Arbeit in zwei Schichten zur Arbeit in einer Schicht unter Entlassung von Arbeitnehmern über, so ist eine Stillegung nur dann gegeben, wenn hierdurch eine Betriebsanlage völlig außer Benutzung kommt."

Im Gegensatz zu dieser in Lehre und Rechtsprechung herrschenden Ansicht, daß eine zeitweilige Nichtbenutzung von Betriebsanlagen keine teilweise Betriebsstillegung enthalte, berücksichtigt das RAG. in seinem Urteil vom 28. 3. 28 (Bens.Samml. Bd. 2 Nr. 61 — RAG. — S. 205 ff.) auch die zeitliche Beschränkung als Stillegung im Sinne der VO., indem es ausführt: „Die gleiche Erwägung nötigt dazu, daß die Erheblichkeit der nur zeitlichen Beschränkung des Gebrauchs der Werkzeugmaschinen danach zu beurteilen ist, ob sie einen Einfluß auf den Bestand der Belegschaft des Werkes über die in der Vorschrift gezogene Grenze hinaus auszuüben vermag." Vgl. auch die diesem Urteile entgegengesetzte Anmerkung von Hueck (a. a. O.), welche die einschlägige Literatur enthält.

Siehe im übrigen auch Anm. 25G.

28. Motiv der Stillegung. Das Motiv der Stillegung ist unbeachtlich. Die Anzeige setzt unter allen Umständen die Sperrfrist in Lauf, gleichgültig, welches Motiv oder ob das richtige Motiv angegeben ist oder nicht. Auch wenn ein etwa angegebener Grund später wegfällt, hat die Anzeige die Sperrfrist in Lauf gesetzt. (Aus der „Niederschrift".)

29. Kausalzusammenhang zwischen der Stillegung und den Entlassungen. Die Einstellung der Benutzung der Betriebsanlagen muß die Ursache, nicht die Wirkung der Entlassungen sein. „Es genügt aber, wenn der Wunsch oder der Zwang in gleicher Weise den Beweggrund für die Stillegung und die Entlassung bildet". (Hueck in der Note zum unten abgedruckten Urteil des RAG. vom 28. 3. 28.)

Über den Kausalzusammenhang zwischen Stillegung und Entlassung führt die „Niederschrift" aus: „Zwischen der Außergebrauchsetzung der Anlage und der Entlassung der Arbeiter muß Kausalzusammenhang bestehen. Hat die Nichtbenutzung einer Betriebsanlage zur Folge, daß nicht nur Arbeitnehmer entlassen werden, die in dieser Betriebsanlage beschäftigt sind, sondern sofort oder später auch Arbeitnehmer, die in einem anderen Betriebsteil, z. B. im Packraum, beschäftigt waren, so sind die letzteren dann in die nach Abs. 1 Ziff. 2 zu berücksichtigende Zahl einzurechnen, wenn sie zu demselben selbständigen Betriebsteil gehören, in dem die Stillegung stattfand. Wird dagegen in mehreren selbständigen Betriebsteilen je eine unter der Schutzgrenze liegende Anzahl von Arbeitern entlassen, so findet die Verordnung — ohne Rücksicht auf die Gesamtzahl der aus dem ganzen Betrieb zur Entlassung kommenden Arbeiter — keine Anwendung.

Erfolgen Entlassungen nach und nach in Teilen, die zwar nicht einzeln, aber doch zusammen die in Abs. 1 Ziff. 2 vorgesehene Anzahl erreichen, so findet die Verordnung nur Anwendung, wenn es sich um einen Umgehungsversuch des Unternehmers handelt. Eine solche Absicht ist im allgemeinen nicht anzunehmen, wenn die Entlassungen zeitlich so weit auseinander liegen, daß der Unternehmer von der Nichtbeachtung der Verordnung keinen Vorteil hätte."

Die Anmeldepflicht besteht also stets auch dann, wenn die festgesetzte Mindestzahl von Arbeitnehmern in zeitlichen Zwischenräumen zur Entlassung kommt, sofern nur der ursächliche Zusammenhang mit der ganzen oder teilweisen Nichtbenutzung der Betriebsanlagen feststeht. (Vgl. die Ausführungsanweisung S. 186.) Das wird insbesondere der Fall sein, wenn die Entlassungen in kurzen Zeitabständen nacheinander erfolgen. (Urteil LG. Elberfeld vom 19. 5. 26 — JAR. VII S. 332 —.) Es ist nicht durchaus notwendig, daß die Stillegung den Entlassungen zeitlich vorausgeht. Es genügt vielmehr, wenn die beiden Maßnahmen gleichzeitig in Erscheinung treten und vom Unternehmer nebeneinander gewollt werden, aber doch stets so, daß ohne Stillegung keine Entlassung erfolgen würde.

Über den Begriff des Wortes „hierdurch" vgl. das Urteil des RAG. vom 28. 3. 28 (Bens.Samml. Bd. 2 Nr. 61 — RAG. — S. 205): „Der dritten Erwägung, welche das Landesarbeitsgericht zur Ablehnung der Anzeigepflicht geführt hat, liegt eine zu strenge Auffassung des Erfordernisses zugrunde, welches die Nr. 2 aufstellt, indem sie die beabsichtigte Nichtbenutzung von Betriebsanlagen nur anzeigepflichtig macht, sofern „hierdurch" die angegebene Mindestzahl von Arbeitnehmern zur Entlassung kommen. Auch hier wird die Auslegung der Vorinstanz dem Zwecke der Nr. 2 nicht gerecht. Die mit der Bestimmung angestrebte Bekämpfung der wirtschaftlichen und sozialen Schäden, welche von der Stillegung wegen der Produktionsbeschränkung und der Anspannung des Arbeitsmarktes zu befürchten sind, kann mit einigem Erfolg nur stattfinden, wenn der mit dem Worte „hierdurch" erforderte Zusammenhang zwischen der Stillegung und den Arbeiterentlassungen nicht im natürlichen oder im Rechtssinn, sondern im Sinne eines wirtschaftlichen Zusammenhangs aufgefaßt wird. Ein solcher läßt es nicht notwendig erscheinen, daß die Stillegung den Entlassungen zeitlich vorausgeht und diese als seine Wirkungen nach sich zieht. Es genügt vielmehr, wenn die beiden Maßnahmen gleichzeitig in die Erscheinung treten und der Unternehmer sie wegen ihres untrennbaren Zusammenhangs nebeneinander will. Sieht sich der Arbeitgeber, wie es nach der Feststellung des Landesarbeitsgerichts im vorliegenden Falle zutrifft, wegen Rückgangs der Beschäftigung seines Unternehmens und wegen Mangels an Aufträgen zu einer Betriebseinschränkung veranlaßt und muß er, um den Aufwand an Löhnen und Betriebskosten zu verringern, Maschinen stillegen und Arbeiter entlassen, so ist es sehr schwierig, wenn nicht unmöglich, zu entscheiden, ob die Maßregel vom Arbeitgeber als nächstes Ziel ins Auge gefaßt und die andere nur deren Folge ist. Dieser gerade sehr häufige Fall, welcher unter den bei der Auslegung der Nr. 2 zu betrachtenden wirtschafts- und sozialpolitischen Gesichtspunkten von besonderer Bedeutung ist, würde aus dem Anwendungsgebiet der Vorschrift auszuscheiden haben, wenn diese in dem hier abgelehnten Sinne verstanden würde. Eine so beschränkte Tragweite der Bestimmung kann vom Gesetzgeber nicht gewollt sein."

Die zur Entlassung kommenden Arbeitnehmer müssen unmittelbar oder mindestens mittelbar mit den Betriebsanlagen, die nicht benutzt werden sollen, im Zusammenhange stehen.

Von Nichtbenutzung oder teilweiser Nichtbenutzung von Betriebsanlagen im Sinne der Stillegungsverordnung kann nicht gesprochen werden, wenn weder maschinelle noch sonstige baulich mit dem Betriebe verbundene, dem Produktionszweck dienende Einrichtungen eine verminderte Benutzung erfahren, vielmehr ausschließlich Arbeiter entlassen werden, deren Tätigkeit mit der Benutzung solcher maschineller oder sonstiger Einrichtungen der genannten Art nicht zusammenhängt. (Urteil LG. Ulm vom 19. 1. 27, von Häußner kommentiert, KAR., Karte Betriebsst. V Nr. 222 vom 2. 5. 27.)

30. Begriff des selbständigen Betriebsteiles. Die VO. gibt keine Begriffsbestimmung des selbständigen Betriebsteiles. Sie unterscheidet nicht zwischen Betriebsabteilungen und selbständigen Betriebsteilen. Ob ein Betriebsteil selbständig im Sinne der VO. ist, kann nur von Fall zu Fall entschieden werden.

Vgl. hierzu den Bescheid des RWM. vom 28. 12. 23 (RABl. 1924 S. 36): „Die Stillegungsverordnung stellt selbständige Betriebsteile den Betrieben gleich. Voraussetzung ihrer Anwendung ist daher, daß in einem Betriebe oder einem selbständigen Betriebsteil eine Betriebsanlage ganz oder teilweise nicht benutzt wird und hierdurch in dem Betriebe bzw. dem selbständigen Betriebsteil die in § 1 näher bezeichnete Mindestzahl von Arbeitnehmern zur Entlassung kommt. Eine Zusammenrechnung der Zahlen von Arbeitnehmern, die in verschiedenen selbständigen Betriebsteilen zur Entlassung kommen, ist ebensowenig statthaft, als wenn diese Arbeitnehmer in verschiedenen Betrieben entlassen worden wären.

Einen Unterschied zwischen einer Betriebsabteilung und einem Betriebsteil kennt die StillVO. nicht. Ob der Betriebsteil selbständig ist, ist Tatfrage."

Ebenso Bescheid des Bayerischen Staatsministeriums für soziale Fürsorge vom 8. 11. 23: „Der Begriff des „selbständigen Betriebsteiles" kann nicht auf ein einzelnes Kriterium, auch nicht auf die „produktionstechnische Selbständigkeit" abgestellt werden. Bei

Abgrenzung dieses Begriffes sind vielmehr jeweils alle Umstände des Einzelfalles zu berücksichtigen. Dabei müssen neben der produktionstechnischen Selbständigkeit auch räumliche Entfernungen, wirtschaftliche Verhältnisse und andere Umstände in Betracht gezogen werden, so daß eine allgemeingültige Begriffsbestimmung des „selbständigen Betriebsteiles“ sich nicht geben läßt.“ (RABl. 1923 S. 771.) Wie Weigert (S. 35) mit Recht sagt, kommt es vor allem darauf an, ob der Teil so weit vom übrigen Betrieb gesondert ist, daß eine selbständige Arbeiterpolitik bei Einstellungen und Entlassungen für ihn getrieben werden kann.

Siehe auch Anm. 25 G.

31. Siehe Anm. 6.

32. Es können also, ohne daß es einer Anzeige bedarf, bei einer Arbeitnehmerzahl

von 1 bis 19 .... alle Arbeitnehmer,
von 20 bis 200 .... 9 Arbeitnehmer,
von 201 bis 1000 ..... 10 bis 49 Arbeitnehmer (also weniger als 5 v. H.),
von 1001 und darüber . 50 Arbeitnehmer

zur Entlassung kommen.

33. Über den Begriff „Arbeitnehmer“ siehe Abs. 5 Anm. 69.

34. Siehe Anm. 30

35. Siehe Anm. 6.

36. Siehe Anm. 69.

37. Begriff der Entlassung. Entlassung ist die Auflösung des Arbeitsverhältnisses seitens des Arbeitgebers durch Kündigung. Eine Kündigung führt zwar zur Entlassung, sie bedeutet aber noch nicht die Entlassung selbst. Eine ohne Kündigung erfolgende Beendigung des Arbeitsverhältnisses ist niemals eine Entlassung. Vgl. zu dieser Frage Anm. 10 zu § 2.

Die sogenannten Werksbeurlaubungen fallen nicht hierunter. Denn nach der Rechtsnatur der Werksbeurlaubung wird das Arbeitsverhältnis nicht gelöst, sondern nur unterbrochen, und zwar so lange, bis für den Arbeitgeber die Möglichkeit besteht, die beurlaubten Arbeitnehmer wieder zu beschäftigen. Die werksbeurlaubten Arbeitnehmer werden in der Belegschaftsliste nicht gestrichen, die Abkehrpapiere werden ihnen nicht ausgehändigt, es bleibt ihnen also die Betriebszugehörigkeit auch während der Beurlaubung erhalten.

Die Werksbeurlaubung beruht auf freier vertraglicher Vereinbarung des Arbeitgebers mit dem Arbeitnehmer, sie kann von ihm aber nicht einseitig ausgesprochen werden. „Wenn der Arbeitnehmer nicht einverstanden ist, kann der Arbeitgeber nur kündigen. Diese Kündigung ist hinsichtlich der Einhaltung der Kündigungsfrist, der Beachtung der Stillegungsverordnung und des Betriebsrätegesetzes nicht anders zu beurteilen wie jede andere Kündigung auch. Die Werksbeurlaubung kann, da sie eine Änderung des Arbeitsvertrages darstellt, nur durch Tarifvertrag, Betriebsvereinbarung (Arbeitsordnung) oder Einzelvertrag vereinbart werden. Ob dabei eine der Kündigungsfrist entsprechende Frist eingehalten werden muß, muß durch die Vereinbarung festgestellt werden. Der Inhalt der ausdrücklichen oder stillschweigenden Vereinbarung wird in der Regel der sein, daß der Arbeitsvertrag aufrechterhalten wird, der Arbeitnehmer bis auf weiteres nicht zur Arbeit verpflichtet ist, daß der Arbeitgeber von der Pflicht zur Lohnzahlung entbunden wird, sich aber verpflichtet, bei der Wiederaufnahme der Arbeit den Werksbeurlaubten vor betriebsfremden Arbeitnehmern wieder zu beschäftigen, soweit nicht ausnahmsweise, z. B. wegen Aufstellung neuartiger Maschinen, die Einstellung betriebsfremder Arbeitnehmer erforderlich wird. Einer behördlichen Zustimmung gemäß den Vorschriften der Stillegungsverordnung bedarf es zur Werksbeurlaubung nicht, wohl aber zur endgültigen Entlassung dieser beurlaubten Arbeitnehmer, die auch im übrigen wie die Entlassung der nicht beurlaubten Arbeitnehmer zu beurteilen ist. Es muß allerdings die Gewähr gegeben sein, daß durch die Beurlaubung keine Umgehung der Stillegungsverordnung erfolgt." (Bescheid des Reichsarbeitsministers vom 17. 6. 24 — RABl. 1924 S. 260 —.)

Eine Zusammenrechnung der Zahlen der Werksbeurlaubten und der zur Entlassung Kommenden findet nicht statt. Sollen aber die zunächst nur Beurlaubten später doch entlassen werden, und hängt ihre Entlassung mit einer Nichtbenutzung von Betriebsanlagen ursächlich zusammen, so muß Anzeige erstattet werden, sofern die übrigen Voraussetzungen für die Anwendbarkeit der VO. erfüllt sind. Vgl. auch den Ausführungserlaß vom 29. 2. 24, abgedruckt unten S. 199, und den ausführlichen Aufsatz von Strunden über die Werksbeurlaubung und ihre Rechtswirkungen (RZA. 1924 Sp. 403 ff.).

Über Entlassungen in zeitlichen Zwischenräumen siehe Anm. 29 und Vorbemerkung zu § 2.

Soll die Entlassung in einer Anzahl vorgenommen werden, die unter der in Ziff. 2 festgesetzten liegt, so bedarf es einer Anzeige nicht. Ob der Arbeitgeber rechtlich noch anderweitig in seiner Entlassungsfreiheit beschränkt ist, bestimmt sich nach den einschlägigen Gesetzen und Verordnungen (Betriebsrätegesetz, Angestelltenkündigungsschutzgesetz, Schwerbeschädigtengesetz).

Auch eine kurze Schließung des Betriebes zum Zwecke der Arbeitsstreckung fällt nicht unter die Stillegungsverordnung und ist nicht als Nichtbenutzung von Betriebsanlagen anzusehen. Das Gesetz verbietet die Nichtbenutzung nur, soweit dadurch Arbeiter zur Entlassung kommen (Urteil LG. Köln vom 10. 12. 26 — JAR. VIII S. 337 —); denn die Entlassungen selbst gehören zu den Tatbestandsmerkmalen einer Stillegung. Maßnahmen, die nur auf eine Nichtbenutzung von Anlagen ohne eine Verminderung der Arbeitnehmerzahl hinzielen, bilden keine Stillegungen im Sinne der VO. Noch deutlicher als die VO. selbst bringt der „Entwurf" (siehe oben Anm. 25) zum Ausdruck, daß eine Betriebsstillegung nur dann vorliegt, wenn die Benutzung von Betriebsanlagen eingestellt wird und hierdurch eine Verminderung der Arbeitnehmerzahl in bestimmtem Umfange eintritt.

Wegen einer Zusammenrechnung der zur Entlassung kommenden Arbeitnehmer vgl. auch den oben Anm. 30 abgedruckten Bescheid des RWM. vom 28. 12. 23.

Eine Entlassung im Sinne der VO. kann auch vorliegen, wenn beim Vorhandensein mehrerer selbständiger Betriebsteile die Anlagen eines Betriebsteiles nicht mehr benutzt und die Arbeitnehmer des stillgelegten Betriebsteiles in eine andere Betriebsabteilung versetzt werden. Denn auch zur Änderung der Arbeitsbedingungen bedarf es einer Kündigung, eine solche ist aber unter Umständen schon in dem Angebot des Arbeitgebers, die Arbeitnehmer in einer anderen selbständigen Betriebsabteilung zu beschäftigen, zu erblicken. Nimmt der Arbeitnehmer, wenn auch stillschweigend, dieses Angebot an, so wird dadurch ein neuer Arbeitsvertrag getätigt, das alte Arbeitsverhältnis ist also zur Auflösung gebracht, und der Arbeitnehmer ist formell aus dem alten Arbeitsverhältnis zur Entlassung gekommen, bevor er im neuen Arbeitsverhältnis beschäftigt wird. Bei anderer Auffassung könnte man einer Umgehung der VO. nicht wirksam entgegentreten, die darin besteht, daß nicht die Arbeitnehmer des stillgelegten Betriebsteiles, sondern die einer andern Betriebsabteilung entlassen werden, an deren Stelle die ersteren treten.

38. Also auch die Innehaltung der Sperrfrist (Abs. 2) kommt hier nicht in Frage.

39. **Saison-, Kampagnebetriebe.** Gemeint sind also hauptsächlich die sogenannten Saison- und Kampagnebetriebe. Z. B. Rohzuckerfabriken, Herstellung von Schokoladenwaren, bestimmte Zweige der Konfektion, Tabakindustrie, Konservenfabriken. Auch der Betrieb einer Badeanstalt kann hierher gehören. Die Betriebe der Radiobranche fallen nach einem Urteil des GG. Berlin vom 6. 4. 27 nicht unter den Begriff der Saisonbetriebe. Die Ausnahmebestimmung findet auf sie keine Anwendung (JAR. Bd. VIII S. 338), ebenfalls nicht auf Automobilfabriken (Urteil des LG. Stettin vom 8. 9. 27 (JAR. Bd. VIII S. 337). Siehe auch Anm. 6.

Dagegen hat der Reichsarbeitsminister in einem Schreiben vom 31. 8. 26 (abgedruckt in Anm. 4 D) die Anwendbarkeit der Ausnahmevorschrift für Zimmerplätze im a l l g e m e i n e n bejaht. G ö p p e r t (Sp. 267) dehnt diese Ausnahme auch auf die Abteilung „Neubau" eines Elektrizitätswerkes aus, das bei seinen Stromabnehmern die notwendigen Elektrizitätsanlagen herstellt, da die Abteilung „Neubau" nach ihrem Zwecke nur auf die Befriedigung eines seiner Natur nach nur zeitweise und vorübergehend eintretenden Bedarfs eingestellt sei und wenn dieser ausbliebe, keine anderweitige Betätigungsmöglichkeit hätte. Vgl. hierzu das Urteil des RAG. vom 28. 3. 28 — teilweise in Anm. 16 abgedruckt — (Bens.Samml. Bd. 2 — RAG. — S. 205), zu dem Göppert die obigen Ausführungen macht.

Die Ausnahmevorschrift über Befreiung von der Anzeige gemäß § 1 Abs. 1 Nr. 2 bezieht sich nicht etwa nur auf Nr. 2 b, sondern auch auf die Fälle der Nr. 2 a. „Da Nr. 2 a nicht aus einem selbständigen Satze, sondern nur aus einem Satzteile besteht, dessen Schluß in Nr. 2 b zu finden ist, ist es sprachlich das Gegebene, die diesem Schluß folgende Ausnahmebestimmung nicht nur auf die Nr. 2 b, sondern auch auf die in Nr. 2 a geregelte Anzeigepflicht zu beziehen." (Aus dem unten zitierten Urteile des RAG. vom 24. 10. 28.)

Besteht ein Betrieb aus mehreren unselbständigen Abteilungen, von denen die eine als Saisonbetrieb anzusehen ist, so bestimmt sich die Frage, ob deshalb bei Einstellung auch in den übrigen Abteilungen die Anzeigepflicht entfällt, danach, welche der Abteilungen die Eigenart des Gesamtbetriebes bestimmt (Urteil des RAG. vom 24. 10. 28, Bens.Samml. Bd. 4 — RAG. — S. 396).

40. Sperrfrist und Freifrist. Abs. 2 behandelt zwei Arten von Fristen:

a) die sogenannte Sperrfrist oder Wartezeit, d. i. die Frist, vor deren Ablauf der Abbruch oder die Stillegung ohne Genehmigung der Demobilmachungsbehörde nicht vorgenommen werden darf;

b) die sogenannte Freifrist oder Freizeit. Innerhalb dieser Frist muß die beabsichtigte Maßnahme getroffen werden, sonst bedarf es der erneuten Anzeige. „Jede Anzeige setzt die Frist nur für einen bestimmten Stillegungsfall in Lauf. Wenn ein Betriebsinhaber am 1. eines Monats die Nichtbenutzung von Betriebsanlagen mit folgender Entlassung von 100 Arbeitnehmern anzeigt und am 15. des Monats die Entlassung von weiteren 50 Arbeitnehmern, so laufen die durch die Anzeige in Lauf gesetzten Fristen nebeneinander her." (Aus der „Niederschrift".)

Über die Verlängerung dieser Fristen siehe § 4 Anm. 3 bis 6. Trifft im Falle einer Wiederholung der Anzeige eine Sperrfrist mit einer Freifrist zusammen, so hat die Verfügungssperre den Vorrang. Vgl. hierzu den in Anm. 47 abgedruckten Bescheid des RAM. vom 27. 8. 24.

Wegen einer Wiederholung der Anzeige siehe Anm. 47.

Außer der Sperr- und Freifrist enthält die VO. noch für folgende Fälle Fristbestimmungen:

a) § 2 Abs. 3: Nachholung der Anzeige.

b) § 2 Abs. 4: Erstattung der Anzeige der Vorräte.

c) § 2 Abs. 1: Verbot der Veränderung der Sach- und Rechtslage.

d) § 3 Abs. 1: Behördliche Aufklärung des Grundes der beabsichtigten Maßnahme.

e) § 4 Abs. 1 Ziff. 2: Beschlagnahme und Enteignung.

f) § 4 Abs. 5: Klageerhebung gegen die Festsetzung der Entschädigung.

41. D. h. also der Betriebsabbruch oder die Betriebsstillegung.

42. **Zustimmung der Demobilmachungsbehörde.** Die Zustimmung ist ein obrigkeitlicher Verwaltungsakt, dessen materieller Inhalt der Nachprüfung durch die ordentlichen Gerichte entzogen ist. Vgl. auch die Anm. 13. Die Behörde ist also befugt, die Sperrfrist sowohl bei Abbrüchen als auch bei Stillegungen zu verkürzen. Für den Abbruch wird diese Befugnis in dem Bericht des Volkswirtschaftlichen Ausschusses des Reichstags vom 25. 6. 26 (RTDrs. Nr. 2455 — III. WP. 1924/26 — irrtümlich abgelehnt. Siehe auch den abgedruckten Runderlaß vom 8. 7. 24.

Eine Überschreitung des Verbots, ohne die Zustimmung der beabsichtigten Maßnahme durchzuführen, zieht nur die Rechtsfolgen aus § 7 nach sich, dagegen ist die verbotene Rechtshandlung zivilrechtlich nicht nichtig; denn die Worte „darf nicht“ bedeuten nach dem hier analog anzuwendenden Sprachgebrauch des Bürgerlichen Gesetzbuches nur eine Ordnungsvorschrift, bei deren Nichtbeachtung die Handlung wirksam bleibt. Eventuell kann die Zustimmung auch nachgeholt werden, d. h. die Demobilmachungsbehörde kann die bereits erfolgte Maßnahme „genehmigen". § 7 kommt dann natürlich nicht zur Anwendung. Denn die nachträglich erteilte Genehmigung beseitigt jede Rechtswidrigkeit im strafrechtlichen Sinne und wirkt auch zivilrechtlich auf den Zeitpunkt der Vornahme der Handlung zurück.

Dagegen sind Entlassungen (§ 2 Abs. 2), die ohne Genehmigung der Behörde vorgenommen werden, zivilrechtlich unwirksam. Über die Nichtigkeit bei Verstößen gegen die Beschlagnahmebestimmungen siehe § 4 Abs. 2. Nur wenn innerhalb der Sperrfrist die beabsichtigte Maßnahme erfolgt, bedarf es der Zustimmung der Behörde, nach Ablauf der Frist kann der Abbruch oder die Stillegung ohne weiteres vorgenommen werden.

Die Demobilmachungsbehörden sind durch den nachstehend abgedruckten Runderlaß des RWM. vom 8. 7. 24 (bei Erdmann-Anthes S. 181) gehalten, nach Möglichkeit schon innerhalb der Sperrfrist (siehe Anm. 40) die Erlaubnis zur Vornahme der beabsichtigten Maßnahme zu erteilen:

„Die gegenwärtige Wirtschaftskrise hat bereits zu zahlreichen Betriebseinschränkungen und Stillegungen geführt und droht solche weiterhin noch in größerem Umfange herbeizuführen. Die Gründe der Krise sind bekannt: die Kapitalnot und die daraus erwachsende Kreditnot. Die weiter sich ergebende Verteuerung des Geldes und damit der Produktion stehen augenblicklich unter den Gründen voran. Es liegt im Wesen dieser Gründe, daß die Krise auch zahlreiche volkswirtschaftlich wertvolle Betriebe bedroht. Sicher aber sind stärker noch von ihr auch zahlreiche Betriebe gefährdet, die künstlich aufrechtzuhalten nach dem Stande ihrer wirtschaftlichen und technischen Voraussetzungen nicht im Sinne der bestmöglichen Gestaltung unserer Gesamtwirtschaft läge. Daraus ergeben sich auch für die Handhabung der Stillegungsverordnung besondere Aufgaben. Nach wie vor liegt die hauptsächliche Bedeutung dieser Verordnung darin, daß den Behörden die Möglichkeit gegeben ist, zur Vermeidung schwerer wirtschaftlicher und politischer Nachteile und zur Fernhaltung tiefgehender Beunruhigung der Arbeiterschaft die tatsächliche Stillegungsursache aufzuklären und plötzliche Stillegungen zu verhindern, die sich als offenkundiger Mißbrauch des Eigentums am Betriebe darstellen würden. Nicht aber lag und liegt es im Sinne der Verordnung, Betriebe zu zwingen, daß sie entgegen wirtschaftlichen Erfordernissen und Möglichkeiten weiterarbeiten.

Dies wird unter den heutigen Verhältnissen vielfach dahin führen, eine Abkürzung der vorgesehenen Anmeldefristen zuzulassen, damit nicht durch die Handhabung der Stillegungsverordnung selbst eine unwirtschaftliche Belastung des Betriebes und damit vielleicht die Unmöglichkeit einer alsbaldigen Wiedererholung und Wiedereröffnung herbeigeführt wird, zumal es den Betrieben bei den starken Schwankungen des Geschäftsganges heute nicht immer möglich sein wird, die Betriebsverhältnisse einige Wochen voraus übersehen zu können, so daß eine Abkürzung der vorhergehenden Anmeldefristen schon hieraus erforderlich wird. Es wird daher die zuständige Behörde nach bestem Ermessen zu prüfen haben, ob nicht die hier dargelegten Gründe von Kapitalnot und Kreditnot als zureichend für die alsbaldige Betriebseinschränkung oder Stillegung anzuerkennen sind. Durchgängig auf der Einhaltung der Anmeldefristen zu beharren, würde vielfach gegen die volkswirtschaftlichen Erfordernisse und damit vor allem auch gegen die Interessen der Arbeiterschaft verstoßen.

Davon bleibt unberührt, daß selbstverständlich dort eine nähere Klärung anzustreben ist, wo tatsächlich Gründe dafür vorliegen, daß die Stillegung bei pflichtmäßiger Anstrengung vermieden und die Fortsetzung des Betriebes bei Einleitung geeigneter Hilfsmaßnahmen ermöglicht werden kann. Die Beschränkung einer eingehenden behördlichen Tätigkeit auf solche Fälle empfiehlt sich um so mehr, als nach hier eingegangenen Mitteilungen einige mit dem Vollzuge der Stillegungsverordnung betraute Behörden bereits derart mit Anmeldungen überlastet sind, daß es ihnen völlig unmöglich ist, alle Fälle gründlich zu prüfen. Ich stelle daher ergebenst anheim, auch nach dieser Richtung die Behörden mit Weisungen zu versehen dahin, daß in erster Reihe die wirtschaftlich wie sozial wichtigsten Fälle beschleunigt einer eingehenden Aufklärung unterzogen werden und in den Fällen, in denen die Sachlage aus der gegenwärtigen allgemeinen Wirtschaftslage unschwer zu erkennen und zu erklären ist, alsbaldige Entscheidung getroffen wird."

43. Vgl. Anm. 13.

44. Also im Falle eines beabsichtigten Betriebsabbruches. Hier ist wegen der größeren Tragweite der Maßnahmen eine längere Frist vorgesehen als bei der Stillegung. Sie kann gemäß § 4 sogar bis um drei Monate verlängert werden, während eine Verlängerung der Sperrfrist, sofern es sich um eine Stillegung handelt, nicht in Frage kommt. Siehe auch Anm. 15 und § 4 Anm. 3 bis 6.

45. D. h. im Falle der Betriebsstillegung. Hier kann die Frist nicht verlängert werden. Siehe im übrigen Anm. 25 und § 4 Anm. 3 bis 6.

46. Maßgebend für den Beginn der Sperrfrist ist der Tag, an dem die Anzeige des Betriebsinhabers (Betriebsleiters) der Behörde zugeht, nicht der Tag der Absendung.

Während einer Sperrfrist vorkommende Streiks oder Aussperrungen sind ohne Einfluß auf den Lauf der Frist.

47. **Beschäftigung von Arbeitnehmern während und nach Ablauf der „Freifrist".** Der Monat nach Ablauf der Sperrfrist bildet die sogenannte „Freifrist", innerhalb deren die beabsichtigte Maßnahme erfolgen muß, widrigenfalls es einer erneuten Anzeige bedarf. Siehe Anm. 14. „Der Betriebsinhaber kann die noch im Betriebe befindlichen Arbeitnehmer während der Freifrist beschäftigen, ohne daß er dadurch gezwungen würde, eine nochmalige Anzeige zu erstatten.

Dauert jedoch die Beschäftigung über die Freifrist hinaus fort, so darf die Entlassung der Arbeitnehmer nur nach erneuter Anzeige und nur unter Einhaltung der Bestimmungen der Verordnung erfolgen, da die Verordnung eine Verlängerung der Freifrist nicht zuläßt. Die Länder werden aber die zuständigen Behörden anweisen, nach dem Beispiele der badischen und braunschweigischen Praxis in solchen Fällen die Entlassung der Arbeitnehmer während der neuen Sperrfrist für den neuen Zeitpunkt zu genehmigen, an dem die Beschäftigung zu Ende geht, um nicht den Betriebsinhaber abzuschrecken, von solcher Beschäftigungsmöglichkeit Gebrauch zu machen. In solchen Fällen kann von einer nochmaligen Aufklärungsverhandlung abgesehen werden." (Aus der „Niederschrift".)

Häufig wird eine über die Freifrist hinaus erfolgende Beschäftigung von Arbeitnehmern erfolgen, wenn es sich um Angestellte handelt, die unter dem Schutze des Kündigungsschutzgesetzes stehen. Über dieses Verhältnis der Stillegungsverordnung zu dem Angestelltenkündigungsschutzgesetze hat der RAM. den nachstehenden Bescheid vom 26. 8. 26 erteilt: „Benutzt der Arbeitgeber die Betriebsanlage, für die er die Stillegungsanzeige erstattet hat, über die Freifrist hinaus weiter, so können die Außerbetriebsetzung dieser Anlage und die damit zusammenhängenden Entlassungen nur nach erneuter Anzeige und erst nach Beginn der neuen Freifrist erfolgen. Wird dagegen die Anlage unter Einhaltung der Bestimmungen der Stillegungsverordnung während der Freifrist stillgelegt, so ist eine weitere Anzeige vor der Entlassung der dadurch überzählig gewordenen Angestellten, deren Dienstverhältnis infolge des Kündigungsschutzes erst nach Ablauf der Freifrist endigt, nicht erforderlich, und zwar einerlei, ob der Arbeitgeber diese Angestellten in der Zwischenzeit anderweitig oder überhaupt nicht beschäftigt. Denn die Verordnung schreibt die Anzeige nur für Stillegungen, die Entlassungen zur Folge haben, nicht schon für Entlassungen als solche vor. Ist aber die Betriebsanlage einmal unter Beachtung der Vorschriften der Verordnung außer Gebrauch gesetzt worden, so fehlt, wenn nach Ablauf der Freifrist nur noch Entlassungen erfolgen sollen, für eine neue Anzeige die Voraussetzung einer bevorstehenden Stillegung. Die Verordnung kann daher in diesem Falle überhaupt keine Anwendung finden." (Unveröffentlicht, abgedruckt NZA. 1926 Sp. 763.)

Die Frage, ob ein Unternehmer, der während der vierwöchigen Freifrist eine neue Stillegungsanzeige erstattet, damit eine neue Sperrfrist in Gang setzt, und ob diese neue Sperrfrist den Arbeitgeber trotz der noch laufenden Freifrist an Entlassungen ohne Genehmigung hindert, hat der RAM. im Einverständnis mit dem RWM. dahin entschieden: „Man wird nicht zulassen können, daß, wenn nach Ablauf einer Sperrfrist eine neue Anzeige erstattet wird, die laufende Freifrist den Beginn einer neuen Sperrfrist verhindert. Dadurch würde eine Umgehung der Verordnung ermöglicht werden. Jeder Unternehmer, der einmal nach einer Stillegungsanzeige eine vierwöchige Sperrfrist eingehalten hätte, könnte dann alle Schranken des Gesetzes dadurch beseitigen, daß er zum erstenmal nach Ablauf der ersten Sperrfrist und von da an regelmäßig alle vier Wochen eine Stillegungsanzeige erstattete. Man wird andererseits die Verordnung nicht so starr anwenden dürfen, daß erst nach Ablauf der beiden Fristen, der vierwöchigen Sperrfrist und der vierwöchigen Freifrist, wieder eine neue Stillegungsanzeige erstattet werden darf. Das wäre eine zu weit gehende Fesselung der Wirtschaft. Nach Wortlaut und Sinn der Verordnung wird man vielmehr zulassen müssen, daß sowohl während der Sperrfrist wie auch während der gemäß § 1 Abs. 2 Satz 2 laufenden Freifrist neue Stillegungsanzeigen erstattet werden dürfen, wenn etwa der Unternehmer festgestellt hat, daß er nach Ablauf der durch die erste Anzeige in Gang gesetzten Sperrfrist noch keine Entscheidung über die von ihm beabsichtigte Stillegung treffen kann. Trifft dann eine Sperrfrist mit einer Freifrist zusammen, so hat die Verfügungssperre den Vorrang. Es ist Sache der ausführenden Behörde, in deren Hand es gelegt ist, in einzelnen Fällen nach pflichtmäßigem Ermessen Entlassungen zu genehmigen oder nicht, den Bedürfnissen des Wirtschaftslebens Rechnung zu tragen.

Besondere Aufmerksamkeit verlangt der Fall, daß sich dem Unternehmer, nachdem er die behördliche Genehmigung zur Stillegung erhalten hat, eine vorübergehende Beschäftigungsgelegenheit bietet. Dabei erhebt sich die Frage, ob die neue Beschäftigungsmöglichkeit den Arbeitgeber zwingt, gemäß der Stillegungsverordnung von neuem Anzeige zu erstatten und eine weitere vierwöchige Entlassungssperre zu beachten. Eine solche Auslegung der Verordnung könnte den Unternehmer veranlassen, einen Auftrag, der ihm ermöglicht, seine Arbeitnehmer noch einige Zeit zu beschäftigen, abzulehnen, weil er befürchten muß, durch die StillVO. gezwungen zu werden, die Arbeitnehmer nachher noch mehrere Wochen zu bezahlen, ohne Arbeit für sie zu haben. Diese Möglichkeit muß vermieden werden. Die Frage ist meines Erachtens wie folgt zu entscheiden. Wenn sich einem Unternehmer, dem die Stillegung mit Rücksicht auf die wirtschaftliche Lage seines Betriebes genehmigt ist, eine Beschäftigungsmöglichkeit bietet, die klar erkennbar nach Zweck, Zeit und Umfang vorübergehender Natur ist und die allgemeine Wirtschaftslage des Betriebes nicht ändert, so ist der Unternehmer nicht zu erneuter Anzeige gemäß der StillVO. verpflichtet. Je länger eine solche nachträgliche Beschäftigungsmöglichkeit andauert, desto schwieriger wird es allerdings in der Praxis sein, zu entscheiden, ob die allgemeine wirtschaftliche Lage des Betriebes noch unverändert ist. Man wird deshalb als Grenze für eine vorübergehende Beschäftigungsmöglichkeit den Zeitpunkt des Ablaufs der beiden Vierwochenfristen, der vierwöchigen Sperrfrist und der vierwöchigen Freifrist, wählen müssen. Wenn also der nachträgliche Auftrag noch über den Ablauf von acht Wochen vom Tage der Anzeigeerstattung an dauert, hat der Unternehmer in allen Fällen eine neue Anzeige zu erstatten. Es ist dann Sache der Behörde, wenn klar erkennbar ist, daß der Auftrag vorübergehender Natur war, sofort nach Erledigung des Auftrags die bereits früher erteilte Genehmigung zur Stillegung und zu Entlassungen zu erneuern." (Bescheid vom 27. 8. 24 — RABl. S. 358 —.)

48. D. h. nach Ablauf von sechs Wochen im Falle eines Betriebsabbruches, von vier Wochen im Falle einer Betriebsstillegung.

49. Gemäß § 4 kann die Sperrfrist bei Abbrüchen um einen bzw. um drei Monate verlängert werden. (Beachte die Differenzierung der Fristen, die bei der Sperre nach Wochen, bei der Freizeit nach Monaten, bei der Verlängerung der Sperre ebenfalls nach Monaten bemessen sind.)

50. D. h. wenn es sich um einen Betriebsabbruch, der eine wesentliche Verringerung der gewerblichen Leistungsfähigkeit mit sich bringt, oder um eine Betriebsstillegung handelt, welche die Entlassung einer bestimmten Arbeitnehmerzahl zur Folge hat.

51. D. h. also eine Betriebsstillegung. Ein Betriebsabbruch dagegen ist trotz unvorhersehbarer Ereignisse ohne vorherige Anzeige nicht statthaft.

52. Unvorhersehbare Ereignisse. Die Ereignisse müssen plötzlich und unvermutet eintreten und unvermeidbar sein, also unabhängig vom Willen des Betriebsinhabers geschehen. „Unvorhersehbar" bedeutet demnach mehr als „unvorhergesehen". Unvorhersehbar sind Ereignisse, die auch bei Anwendung der im Verkehr üblichen Sorgfalt nicht vorhergesehen werden können.

Wenn aber auch die unvorhersehbaren Ereignisse unabhängig vom Willen des Betriebsinhabers eintreten, so ist doch auch hier zur Stillegung selbst der Entschluß des Unternehmers nötig. Andere als vom Unternehmer gewollte Stillegungen fallen überhaupt nicht unter die VO. Deshalb gehören Naturereignisse und Unglücksfälle (Feuersbrunst, Überschwemmung, Erdbeben, Explosion), also Ereignisse, die von selbst den Betrieb teilweise oder völlig stillegen, ohne daß der Inhaber dabei in Aktion tritt, nicht hierher; das sind vielmehr Betriebsstörungen oder Betriebszerstörungen, aber keine Stillegungen im Sinne der VO. Dagegen kann das Ausbleiben von Betriebs- und Rohstoffen sehr wohl den Tatbestand des unvorhersehbaren Ereignisses erfüllen, indem hier durch unerwartete Zufälle eine zwingende wirtschaftliche Situation geschaffen wird, die den Entschluß des Unternehmers zur Betriebsstillegung herbeiführt. (Ähnlich auch Weigert, Nachtrag S. 8.) Siehe auch Anm. 25 D 2 und F.

Solche durch eine unerwartete Situation veranlaßten Stillegungen sind ebenfalls, wenn auch nachträglich, anzeigepflichtig für den Fall, daß eine über den Rahmen des Abs. 1 Ziff. 2 hinausgehende Entlassung von Arbeitnehmern erfolgt. Diese Entlassungen bedürfen aber, um wirksam zu werden, nicht der Genehmigung der Behörde gemäß § 2, sondern können sofort erfolgen, sofern sie nach dem Arbeitsvertrag zulässig sind. Ebenso die „Niederschrift" und Häußner S. 32; a. A. Weigert S. 36.

Die Stillegung gemäß Abs. 2 unterscheidet sich also von der des Abs. 3 nur dadurch, daß die letztere sofort erfolgt, eine Anzeige also vorher nicht erstattet werden und demzufolge auch die Zustimmung der Behörde nicht abgewartet werden kann, so daß auch die Innehaltung der Freifrist notwendigerweise fortfällt. Im übrigen sind die Voraussetzungen für beide Arten von Stillegung und ihre Wirkungen dieselben, d. h.:

a) es müssen spätestens innerhalb von drei Tagen nach Erstattung der Anzeige die Vorräte an Roh- und Betriebsstoffen sowie an Halbfabrikaten angezeigt werden;
b) es darf innerhalb vier Wochen keine Veränderung der Sach- und Rechtslage vorgenommen werden;
c) die Demobilmachungsbehörde muß die in § 3 vorgesehene Aufklärung herbeiführen;
d) es kann im Rahmen des § 4 eine Beschlagnahme und Enteignung erfolgen;
e) Zuwiderhandlungen unterliegen den Strafbestimmungen des § 7.

Vgl. auch die Anm. 11 zu § 3.

53. „Sofort" bedeutet in unmittelbarer Zeitfolge des Eintritts des Ereignisses und der Stillegung, d. h. des Entschlusses zur Stillegung und ihres Beginns. Der Akt der Stillegung selbst kann bis zu seiner Vollendung einige Zeit in Anspruch nehmen.

54. Diese Anzeige setzt ebenfalls eine Sperrfrist in Lauf, indem nämlich gemäß § 2 Abs. 1 innerhalb vier Wochen nach Erstattung, d. h. nach Eingang der Anzeige eine Änderung der Sach- und Rechtslage nicht vorgenommen werden darf. Zu einer Veränderung der Rechtslage gehört aber nicht die Entlassung von Arbeitnehmern. Das konnte vor Einführung der Abs. 2 bis 5 (siehe Anm. 7 zu § 2), welche die Entlassung der Arbeitnehmer besonders regeln, zweifelhaft sein, die neue Fassung der VO. läßt für eine solche Auslegung keinen Raum mehr.

55. D. h. ohne schuldhaftes Zögern. Schuldhaft ist das Zögern, wenn es vorsätzlich oder fahrlässig geschieht. Fahrlässig handelt, wer die im Verkehr erforderliche Sorgfalt außer acht läßt. (§§ 121, 276 BGB.)

56. D. h. nach Eintritt der Stillegung, wobei der Tag der Stillegung nicht mitzurechnen ist. Der Tag des Ereignisses selbst wird für die Fristbestimmung auch dann nicht maßgeblich sein, wenn es mit der Stillegung nicht zusammenfällt; es ist nämlich auch denkbar, daß seit dem Ereignis, dessen Eintritt den Unternehmer zu dem Entschluß veranlaßt, seinen Betrieb oder eine selbständige Betriebsabteilung stillzulegen, noch ein Tag oder mehrere Tage bis zur tatsächlichen Stillegung vergehen. Auch in diesem Falle braucht der Inhaber oder Leiter des Betriebes die Anzeige erst nach erfolgter Stillegung zu erstatten. Darauf deutet auch das Wort „nachholen" hin.

Vgl. auch Anm. 53.

57. Der Betriebsleiter hat glaubhaft zu machen (eine Versicherung an Eides Statt ist nicht zulässig, siehe Anm. 67) und eventuell zu beweisen, daß er die Stillegung sofort hat treffen müssen. Denn während die Stillegung gemäß Abs. 2 von Motiven unabhängig ist, muß im Falle des Abs. 3 die erfolgte Maßnahme begründet sein. Wird die Stillegung von der Demobilmachungsbehörde nicht für begründet erachtet, so tritt eventuell § 7 in Kraft; auch eine Lohnzahlung kommt gegebenenfalls gemäß § 2 Abs. 5 in Frage. Die Stillegung selbst kann nicht rückgängig gemacht werden.

58. Siehe Anm. 55.

59. Erstattet ist die Anzeige, sobald sie bei der zuständigen Behörde eingegangen ist. Es rechnet die Frist also nicht schon vom Tage der Absendung der Anzeige. Siehe auch Anm. 14.

60. Gemeint ist sowohl die Anzeige gemäß Abs. 1 als auch die gemäß Abs. 3.

61. Wie § 1 Abs. 1 Nr. 2. Siehe dort Anm. 30.

62. Auch die vorhandenen Vorräte müssen für den Betrieb bestimmt sein; etwa für andere Betriebe lagernde Sachen gehören nicht hierher.

63. Außer den bereits im Betriebe vorhandenen Vorräten kommen also auch solche in Frage, die zwar noch nicht örtlich an der Betriebsstätte sich befinden, die aber zur Verwendung und Bearbeitung im Betriebe dienen sollen. Über sie muß der Betriebsinhaber aber tatsächlich verfügen können. „Dagegen kommen

Materialien nicht in Betracht, deren Lieferung der Betriebsinhaber noch von einem Dritten erlangen kann, wenn er noch nicht (z. B. durch Konnossement, Frachtbrief) über sie verfügen kann." (Weigert S. 37.)

64. Rohstoffe und Fertigfabrikate. Rohstoffe sind solche Gegenstände, die erst durch Verarbeitung zu Gebrauchsgegenständen (Fertigfabrikaten) werden. Der Begriff ist also relativ. Während z. B. in einer Schuhfabrik die gegerbten Tierhäute als Rohmaterialien gelten, haben sie für eine Gerberei die Bedeutung des Fertigfabrikates.

Fertigfabrikate, d. h. solche verarbeitete Materialien, die für den betreffenden Betrieb als Fertigfabrikate anzusehen sind, bedürfen nicht der Anzeige.

65. Betriebsstoffe. Hierzu gehören alle Stoffe, die zur Führung des Betriebes nötig sind und zur Herbeiführung des Arbeitsergebnisses m i t t e l b a r dienen, also außer den Brennstoffen (Benzin, Benzol, Kohle usw.) z. B. auch Schmieröl.

66. Halbfabrikate. Im Gegensatz zu den Fertigfabrikaten. Ob die teilweise Fertigstellung im selben oder in einem anderen Betriebe erfolgt ist, begründet keinen Unterschied. Allerdings wird man annehmen müssen, daß für einen Betrieb, der nur Halbfabrikate herstellt (z. B. eine Schuhschäftefabrik), diese Halbfabrikate als Fertigfabrikate im Sinne der VO. zu gelten haben, also nicht in die Anzeige aufzunehmen sind. Es kommt also für die Erklärung eines Produktes als Halb- oder Fertigfabrikat lediglich auf das Fabrikationsprogramm des Betriebes an. (Weigert S. 38.) Vgl. auch die Anm. 64.

67. Eine Versicherung an Eides Statt ist nicht zulässig und belanglos, da die Demobilmachungsbehörde nicht als eine zur Abnahme einer Versicherung an Eides Statt zuständige Behörde im Sinne des § 156 StGB. gilt.

Erstattet der Betriebsinhaber oder -leiter die Anzeige nicht wahrheitsgemäß, so kommt eventuell nur eine Bestrafung gemäß § 7 in Frage.

68. Siehe Anm. 13.

69. Begriff des Arbeitnehmers. Arbeitnehmer ist nach Kaskel (S. 66), „wer auf Grund eines Vertrages unselbständig und für Rechnung eines andern berufsmäßig Lohnarbeit verrichtet". Ähnlich definiert auch das RAG.: „Die Arbeitnehmerschaft wird aber immer dann vorhanden sein, wenn ein persönlich und wirtschaftlich von dem Arbeitgeber abhängiger Dienstverpflichteter innerhalb des Rahmens eines privatrechtlichen Dienstvertrages nach dessen Bestimmungen eine unselbständige Tätigkeit für den Dienstherrn auszuüben hat." (Urteil vom 7. 11. 28 — Bens.Samml. Bd. 4, RAG. S. 143 —.) Hueck (in seiner Note zu diesem Urteil) hält diese Begriffsbestimmung insofern für zu eng, als sie neben der persönlichen auch noch eine wirtschaftliche Abhängigkeit des Arbeitnehmers verlangt, während eine solche wirtschaftliche Abhängigkeit zwar die Regel, aber doch nicht begriffsnotwendig mit der Arbeitnehmerstellung verbunden sei. Dieser Auffassung kann nicht beigepflichtet werden. Der Arbeitnehmer ist auch wirtschaftlich vom Arbeitgeber abhängig, ebenso wie der Hausgewerbetreibende (Haus- oder Heimarbeiter), von dem er sich im übrigen nur dadurch unterscheidet, daß er auch rechtlich nicht selbständig ist, während der Hausgewerbetreibende dem Unternehmer gegenüber seine rechtliche Selbständigkeit bewahrt.

Eine Definition des Arbeitnehmers kennt die den Dienstvertrag regelnde Gesetzgebung nicht. Auch das neue kollektive Arbeitsrecht weist nirgends die entscheidenden Kriterien für den Arbeitnehmerbegriff auf, vielmehr werden in den einzelnen Gesetzen die verschiedenen Arten von Arbeitnehmern aufgezählt, auf welche die betreffenden Gesetze gerade Anwendung finden. Die Reichsverfassung spricht in Art. 160 und 165 von „Arbeitern und Angestellten", der Entwurf eines Allgemeinen Arbeitsvertragsgesetzes (aufgestellt vom Arbeitsrechtsausschuß beim Reichsarbeitsministerium und abgedruckt RABl. 1923 S. 498 ff.) sagt in seinem § 2: „Arbeitnehmer sind Arbeiter, Angestellte und Lehrlinge", ebenso § 2 des dem Reichstag auf Nr. 753 der Drs. der IV. WP. vorliegenden Entwurfs eines Arbeitsschutzgesetzes, der die öffentlichen Beamten und Beamtenanwärter ausdrücklich ausnimmt. Als erstes großes Gesetz auf dem Gebiete des Arbeitsrechts weist das

BRG. eine gemeinsame Begriffsbestimmung des Arbeitnehmers auf: §§ 10 bis 12, auf die sich die StillVO. bezieht, lauten:

„§ 10.

1. Arbeitnehmer im Sinne dieses Gesetzes sind Arbeiter und Angestellte mit Ausnahme der Familienangehörigen des Arbeitgebers.
2. Nicht als Arbeitnehmer gelten
   1. die öffentlichen Beamten und Beamtenanwärter,
   2. Personen, deren Beschäftigung nicht in erster Linie ihrem Erwerbe dient, sondern mehr durch Rücksichten der Heilung, der Wiedereingewöhnung, der sittlichen Besserung oder Erziehung oder durch Beweggründe karitativer, religiöser, wissenschaftlicher oder künstlerischer Art bestimmt wird.

§ 11.

1. Arbeiter im Sinne dieses Gesetzes sind die im Dienste anderer gegen Entgelt oder als Lehrlinge beschäftigten Personen mit Ausschluß der Angestellten.
2. Arbeiter im Sinne dieses Gesetzes sind ferner die in der Gemeinde des Betriebes oder in wirtschaftlich mit ihr zusammenhängenden, nahe bei ihr liegenden Gemeinden wohnenden Hausgewerbetreibenden (§ 2), welche in der Hauptsache für denselben Betrieb arbeiten und selbst keine Arbeitnehmer beschäftigen.
3. Ist für diese ein besonderer Betriebsrat gemäß § 3 zu errichten, so scheiben sie als Arbeitnehmer aus der Zahl der im Betrieb beschäftigten aus.

§ 12.

1. Angestellte im Sinne dieses Gesetzes sind Personen, welche eine der im § 1 Abs. 1 des Versicherungsgesetzes für Angestellte angeführten Beschäftigungen gegen Entgelt ausüben, auch wenn sie nicht versicherungspflichtig sind. Außerdem gelten als Angestellte die in einer geregelten Ausbildung zu einer dieser Beschäftigungen befindlichen Lehrlinge und die mit niederen oder lediglich mechanischen Dienstleistungen beschäftigten Büroangestellten.

2. Nicht als Angestellte im Sinne dieses Gesetzes gelten die Vorstandsmitglieder und gesetzlichen Vertreter von juristischen Personen und von Personengesamtheiten des öffentlichen und privaten Rechtes, ferner die Geschäftsführer und Betriebsleiter, soweit sie zur selbständigen Einstellung oder Entlassung der übrigen im Betriebe oder in der Betriebsabteilung beschäftigten Arbeitnehmer berechtigt sind oder soweit ihnen Prokura oder Generalvollmacht erteilt ist."

Also auch die Lehrlinge fallen unter die VO. Der „Entwurf" hatte die Lehrlinge und die Personen ausgenommen, die zu vorübergehender Aushilfe, für einen vorübergehenden Zweck oder versuchsweise eingestellt worden sind, es sei denn, daß die Beschäftigung über sechs Monate dauert. (Der Wortlaut ist dem § 17 des Schwerbeschädigtengesetzes nachgebildet.) In dem unten zitierten Erlaß vom 29. 2. 24 ist mit Recht noch einmal ausdrücklich hervorgehoben, daß auch die Lehrlinge als Arbeitnehmer gelten. Der Lehrlingsvertrag ist nach herrschender Ansicht ein (wenn auch besonderer) Arbeitsvertrag. „Ursprünglich den Charakter eines reinen Erziehungs- und Lernvertrages tragend, bei dem Ausbildung, Erziehung und Aufnahme in die Familie des Lehrherrn als eigentliche Zwecke des Vertrages weit überwiegend im Vordergrunde standen, während die Arbeitsleistung des Lehrlings nur eine unwesentliche Rolle spielte, ist der Lehrvertrag im Laufe der Entwicklung der Gewerbe- und Geschäftsverhältnisse immer mehr zu einem Vertrage geworden, bei dem auch die Arbeitsleistungen eines Lehrlings eine nicht unwesentliche Rolle spielen und der Lehrherr darauf bedacht ist, als Gegenwert für die von ihm gegebene Ausbildung auch Nutzen für sein Gewerbe oder für sein Geschäft aus der Arbeitsleistung des Lehrlings zu ziehen." Urteil des RAG. vom 14. 3. 28 (Bens.Samml. Bd. 2 — RAG. — S. 149). Ebenso Urteil LAG. Essen vom 30. 11. 27; LAG. Jena vom 23. 11. 27; LAG. Erfurt, sämtlich a. a. O. S. 17, 30, 198; Kaskel S. 185; a. A. Urteil OLG. Kiel vom 26. 6. 23 (abgedruckt RABl. 1924 S. 394).

Da auch Werkzeuge als Betriebsanlagen im Sinne der StillVO. gelten (Anm. 16), rechnen Heimarbeiter ebenfalls unter die VO., wenn ihnen die Werkzeuge von dem Unternehmer gestellt werden,

So Urteil des Landgerichts Berlin vom 16. 12. 26 (JAR. Band VIII S. 337).

„Für eine weitere unterschiedliche Behandlung der Arbeitnehmer etwa in der Richtung, ob die von ihnen ausgeübte Tätigkeit mehr gewerblicher oder mehr kaufmännischer Natur ist, besteht nach der vom Herrn Reichsarbeitsminister und vom Herrn Reichswirtschaftsminister vertretenen und auch von mir geteilten Auffassung weder die rechtliche Möglichkeit noch ein praktisches Bedürfnis. Diese Rechtsauffassung wird auch dadurch gestützt, daß im umgekehrten Falle die Stillegungsverordnung auf die an sich zum Handelsgewerbe gehörigen Betriebe auch dann keine Anwendung findet, wenn in ihnen Arbeitnehmer mit gewerblichen Funktionen (z. B. Heizer, Transportarbeiter usw.) beschäftigt werden und ihre Anzahl die im § 1 Abs. 1 festgelegte Mindestzahl von 20 erreicht." (Aus dem Erlaß des Preuß. Ministers für Handel und Gewerbe vom 29. 2. 24, abgedruckt S. 199.)

§ 2.

Innerhalb der im § 1 Abs. 2 festgesetzten Fristen[1] und im Falle des § 1 Abs. 3[2] innerhalb von vier Wochen nach Erstattung der Anzeige[3] darf ohne Genehmigung[4] der zuständigen Demobilmachungsbehörde[5] eine die ordnungsmäßige[6] Führung des Betriebs beeinträchtigende Veränderung der Sach- oder Rechtslage[7] nicht vorgenommen werden. Insbesondere darf über die im § 1 Abs. 4 genannten Vorräte[8] nur im Rahmen der ordnungsmäßigen Führung des Betriebs verfügt werden.[9]

Entlassungen,[10] die über die Grenzen des § 1 Abs. 1 Ziffer 2[11] hinausgehen,[12] sind innerhalb der Fristen des § 1 Abs. 2[13] nur mit Genehmigung[14] der Demobilmachungsbehörde[15] wirksam.[16] Ist der Arbeitgeber[17] nicht in der Lage,[18] die Arbeitnehmer während der bezeichneten Fristen[19] voll[20] zu beschäftigen, so kann[21] die Demobilmachungsbehörde für die Dauer der Fristen[22] eine Ver-

kürzung der Arbeitszeit[23] (Streckung der Arbeit)[24] anordnen. Hierbei darf jedoch die Wochenarbeitszeit[25] eines Arbeitnehmers nicht unter 24 Stunden[26] herabgesetzt werden.

Der Arbeitgeber[27] ist im Falle der Arbeitsstreckung[28] berechtigt, Lohn[29] oder Gehalt[30] der mit verkürzter Arbeitszeit beschäftigten Arbeitnehmer[31] entsprechend zu kürzen, jedoch erst von dem Zeitpunkt an,[32] in dem ihr Arbeitsverhältnis nach den allgemeinen gesetzlichen[33] oder den vertraglichen[34] Bestimmungen enden würde.[35]

Das Recht zur fristlosen[36] Kündigung aus einem Grunde, der nach dem Gesetze zur Kündigung des Arbeitsverhältnisses ohne Einhaltung einer Kündigungsfrist berechtigt, bleibt unberührt.

Entlassungen,[37] die bei Einhaltung der Anzeigepflicht unwirksam wären, sind auch dann unwirksam, wenn der Anzeigepflicht nicht genügt ist.

Vorbemerkung.

Dem § 2, der ursprünglich nur den jetzt als Abs. 1 bezeichneten Teil enthielt, sind auf Grund der VO. vom 15. 10. 23 (RGBl. S. 983) die Abs. 2 bis 5 angefügt worden. Diese Bestimmungen entsprechen den nunmehr aufgehobenen §§ 12 bis 15 der VO. über Einstellung und Entlassung von Arbeitern und Angestellten während der Zeit der wirtschaftlichen Demobilmachung vom 12. 2. 20 (RGBl. S. 218 — abgedruckt unten S. 203 —); ihre Wirkungen sind naürlich im Rahmen der StillVO. teilweise andere als in ihrem bisherigen Gefüge. Vor allem steht jetzt unzweifelhaft fest, daß Arbeitsstreckung auch gegen den Willen der Arbeitnehmer behördlicherseits angeordnet werden kann. Außerdem ist sowohl die Entlassungssperre als auch die Arbeitsstreckung zeitlich an die Sperrfristen der VO. gebunden. Im übrigen kennzeichnet die Anwendbarkeit der Abs. 2 bis 5 der Preußische Minister für Handel und Gewerbe in seinem Erlaß vom 1. 12. 23 (Ministerialblatt der Handels- und Gewerbeabteilung 1923 S. 379) folgendermaßen:

„Nach der von dem Herrn Reichsarbeitsminister im Einverständnis mit dem Herrn Reichswirtschaftsminister vertretenen Auffassung gelten die durch Artikel I der Verordnung vom 15. Oktober 1923 (Reichsgesetzbl. I S. 983) eingefügten Absätze 2 bis 5 des § 2 ebenso wie die übrigen Bestimmungen der Stillegungsverordnung nur in denjenigen Fällen, auf welche sich die Stillegungsverordnung nach ihrem § 1 überhaupt bezieht. Die Entlassungsbeschränkungen des § 2 Abs. 2 der Stillegungsverordnung kommen also nur in Betracht,

1. wenn es sich um gewerbliche Betriebe (§ 105 b Abs. 1 der GO.) einschließlich des Verkehrsgewerbes handelt, in denen in der Regel mindestens 20 Arbeitnehmer beschäftigt werden (vgl. Runderlaß vom 29. Oktober 1923 — III 11061, I 10339 —),
2. wenn ein Betriebsabbruch vorliegt oder Betriebsanlagen ganz oder teilweise außer Benutzung gesetzt und die Entlassungen hierdurch veranlaßt werden.

Ferner gilt die Beschränkung des § 2 Abs. 2 der Stillegungsverordnung nur dann, wenn die im § 1 Abs. 1 Ziffer 2 a und b genannten Mindestzahlen erreicht werden, das heißt, wenn in Betrieben

a) mit in der Regel weniger als 200 Arbeitnehmern 10 Arbeitnehmer,
b) mit in der Regel mindestens 200 Arbeitnehmern 5 v. H. der im Betriebe beschäftigten Arbeitnehmerzahl, jedenfalls aber wenn mehr als 50 Arbeitnehmer zur Entlassung kommen.

Werden weniger Arbeitnehmer, als vorstehend angegeben, entlassen, so findet § 2 Abs. 2 der Stillegungsverordnung keine Anwendung. Die Entlassungen sind in diesem Falle, abgesehen von den Bestimmungen des Betriebsrätegesetzes und des Schwerbeschädigtengesetzes, freigestellt.

Ich mache jedoch noch besonders darauf aufmerksam, daß nach der gemeinsamen Ausführungsanweisung des Reichswirtschaftsministers und des Reichsarbeitsministers vom 8. November 1920 zur Stillegungsverordnung (Deutscher Reichsanzeiger vom 24. November 1920, Nr. 267) eine Anmeldepflicht bei Betriebsstillegungen und eine Entlassungsbeschränkung nach § 2 Abs. 2 auch dann besteht, „wenn die im § 1 Abs. 1 Nr. 2 festgesetzte Mindestzahl von Arbeitnehmern in zeitlichen Zwischenräumen zur Entlassung kommt, sofern nur der ursächliche Zusammenhang mit der ganzen oder teilweisen Nichtbenutzung der Betriebsanlagen feststeht". Die im letzten Absatz zitierte Ausführungsanweisung vom 8. 11. 20 ist unten S. 186 abgedruckt.

Daß die Entlassungsbeschränkungen des § 2 Abs. 2 bis 5 in gleicher Weise für Betriebsabbrüche wie für Betriebsstillegungen gelten, sofern die übrigen Voraussetzungen der VO. gegeben sind, hat auch der Preußische Minister in seinem (unten S. 199 abgedruckten) Erlasse vom 29. 2. 24 nochmals ausdrücklich betont.

Während § 1 den Unternehmer verpflichtet, einen Betriebsabbruch und eine Betriebsstillegung vorher der zuständigen Behörde anzuzeigen und die beabsichtigte Maßnahme innerhalb der gesetzlichen Sperrfrist auszusetzen, legt ihm § 2 tief in seine Vertrags- und Verfügungsfreiheit einschneidende Beschränkungen auf: Er darf

a) innerhalb der Sperrfristen des § 1 ohne behördliche Genehmigung keine die Führung des Betriebes beeinträchtigende Veränderung der Sach- und Rechtslage vornehmen;

b) über die im Betriebe vorhandenen und für diesen bestimmten Vorräte nur im Rahmen der ordnungsmäßigen Betriebsführung bestimmen;

c) Entlassungen, die über die Grenzen des § 1 Abs. 1 Ziff. 2 hinausgehen, nur mit behördlicher Zustimmung vornehmen.

Dieser Zustimmung zur Kündigung bedarf es aber nur, soweit sie zu einem Zeitpunkt wirksam wird, der innerhalb der Sperrfrist, also innerhalb von vier bzw. sechs Wochen nach Erstattung der Anzeige über die beabsichtigte Maßnahme, liegt. Wird die Kündigung erst nach Ablauf der Wartezeit wirksam, so ist sie unbeschränkt zulässig. Die auf Vereinbarung oder gesetzlichen Vorschriften beruhenden Kündigungszeiten bleiben bestehen, und auch die Bestimmungen über einen erhöhten Kündigungsschutz (für ältere Angestellte, Schwerbeschädigte) werden nicht berührt.

Die Kündigung ist also in gleichem Umfange wie die Stillegung selbst beschränkt. Das hat auch der RAM. in einem Schreiben vom 22. 11. 23 (RABl. S. 771) ausdrücklich betont: „Es kann kein Zweifel darüber bestehen, daß die durch Artikel I der VO. vom 15. Oktober 1923 eingeführte Ergänzung des § 2 der Stillegungsverordnung nur auf die Fälle Anwendung findet, in welchen der Tatbestand des § 1 der Stillegungsverordnung gegeben ist. Entlassungen, die über die Grenzen des § 1 Abs. 1 Ziffer 2 der Stillegungsverordnung hinausgehen, ohne indes im Rahmen einer ganzen oder teilweisen Betriebsstillegung zu erfolgen, sind daher ohne Genehmigung der Demobilmachungsbehörde wirksam.“ Vgl. auch den obigen Erlaß vom 1. 12. 23.

Ferner ist der Arbeitgeber auf Anordnung verpflichtet, die Arbeitnehmer zu verkürzter Arbeitszeit zu beschäftigen, falls die Behörde die Zustimmung zur Kündigung einer genügenden Anzahl von Arbeitnehmern versagt und die vorhandene Arbeit nicht ausreichend ist, die Arbeitnehmer voll zu beschäftigen.

Das ist nunmehr der einzige Fall der „gebotenen“ Arbeitsstreckung, nachdem der § 12 der VO. vom 12. 2. 20 aufgehoben ist, der für jeden Fall der Verminderung der Arbeitnehmerzahl die Arbeitsstreckung vorsah.

Wenngleich auch § 12 der VO. vom 12. 2. 20 bei seinem Wiederaufleben in der StillVO. teilweise, wie bereits oben dargetan ist, ganz andere rechtliche Wirkungen aufweist, so können doch in mancher Beziehung die zu seiner Auslegung ergangenen Bescheide des RAM. herangezogen werden, soweit sie noch im Anschluß an die alte Rechtsentwicklung entsprechend anwendbar sind.

1. Gemeint ist die sogenannte Sperrfrist (siehe Anm. 40 zu § 1). Sie beträgt im Falle der Stillegung vier Wochen, im Falle des Abbruchs sechs Wochen. Die letztere Frist kann gemäß § 4 um einen Monat bzw. um drei Monate verlängert werden. Die Verlängerungen stellen ein Höchstmaß dar; die Behörde kann auch gegebenenfalls kürzere Verlängerungsfristen anordnen, sie kann auch mehrere Verlängerungen nacheinander erfolgen lassen, die zusammen das Höchstmaß ergeben, es aber nicht überschreiten dürfen.

Die sogenannte Freifrist des § 1 Abs. 2 Satz 2 (siehe Anm. 40 zu § 1) fällt nicht hierunter. Ebenso Bescheid des RAM. vom 22. 11. 23 (RABl. S. 771).

2. § 1 Abs. 3 handelt von der Stillegung, die sofort vorgenommen werden muß, und die daher erst hinterher angezeigt zu werden braucht. In diesem Falle läuft also die sogenannte Sperrfrist hinter der erfolgten Maßnahme. Siehe im übrigen Anm. 52 zu § 1.

3. Wegen Erstattung der Anzeige siehe Anm. 14 zu § 1.

4. Nach strengem gesetzlichem Sprachgebrauch (§ 184 BGB.) müßte es eigentlich heißen „Einwilligung“, da die Zustimmung grundsätzlich vorher nachgesucht werden muß, während „Genehmigung“ die nachträgliche Zustimmung bedeutet.

5. Siehe Anm. 13 zu § 1.

6. Ob ein Betrieb ordnungsmäßig geführt wird, ist eine Tatfrage, die nur im Einzelfalle zu entscheiden ist. Maßgebend bei der Beurteilung dieser Frage ist der Betriebszweck des Unternehmers sowie die Art der Führung im regelmäßigen Zustande.

7. Nach einer mehrfach vertretenen Ansicht gehörte früher zu den Veränderungen der Sach- und Rechtslage auch die Auflösung des Arbeitsverhältnisses, also die Entlassungen von Arbeitnehmern. Nachdem jetzt die Entlassungen in dem neueingefügten Abs. 2 selbständig geregelt sind, gehören sie unzweifelhaft nicht mehr zu den Veränderungen der Sach- und Rechtslage, von denen Abs. 1 handelt.

8. Siehe Anm. 64 bis 66 zu § 1.

9. Ein Verstoß gegen die Vorschriften des Abs. 1 kann die Bestrafung des Zuwiderhandelnden und Einziehung der betreffenden Gegenstände gemäß § 7 nach sich ziehen.

Da die Vorschriften des Abs. 1 durch die Worte „darf nicht“ eingeführt sind, handelt es sich um Ordnungsvorschriften. Eine Verletzung dieser Ordnungsvorschriften hat also nicht die Nichtigkeit der vorgenommenen Akte zur Folge, soweit diese rechtlicher Art sind. Dagegen ist gemäß § 4 die Vornahme unbefugter Veränderungen an beschlagnahmten Gegenständen rechtsunwirksam, und rechtsgeschäftliche Verfügungen über solche Gegenstände sind nichtig. Siehe auch Anm. 42 zu § 1.

10. Bedeutung des Wortes „Entlassungen".

A. Die Entlassung ist die auf Grund einer rechtsgeschäftlichen Erklärung des Arbeitgebers erfolgende Kündigung eines Arbeitnehmers. Die StillVO. schränkt also nur das Kündigungsrecht des Arbeitgebers ein, während das Kündigungsrecht des Arbeitnehmers durch sie in keiner Weise berührt wird. Die Kündigungsbeschränkung gemäß Abs. 2 besteht nun darin, daß die Kündigung der Zustimmung bedarf, deren Wirkung innerhalb der Sperrfrist liegt; eine Kündigung hingegen, die erst nach Ablauf der Sperrfrist wirksam wird, bedarf nicht der Zustimmung der Demobilmachungsbehörde. Eine solche Kündigung kann auch während der Sperrfrist ausgesprochen werden. Ist die Kündigung, deren Wirkung in die Sperrfrist fällt, von der Behörde nicht genehmigt, so darf die Entlassung erst vorgenommen werden, wenn die (bei einem Abbruch eventuell verlängerte) Sperrfrist abgelaufen ist, da sich in diesem Falle die Kündigungsfrist nur bis zu diesem Zeitpunkt verlängert, sofern nicht etwa aus Gründen, die außerhalb der StillVO. liegen, die Unwirksamkeit fortdauert.

Dieselbe Entlassungssperre gilt auch bei Kündigungen, die der Behörde gar nicht angezeigt sind. In diesem Falle ist aber die Sperrfrist noch gar nicht in Lauf gesetzt; sie beginnt nicht, wie Wedler, Sp. 596, Häußner, S. 44, und Göppert, Sp. 269, annehmen, mit dem Augenblick der tatsächlichen, im Sinne des § 1 Abs. 1 Nr. 2 erfolgten Stillegung, und die Entlassungsbeschränkung endigt nicht schon innerhalb von vier Wochen nach der Stillegung. Die Entlassungen sind vielmehr trotz der bereits durchgeführten Maßnahme so lange unwirksam, bis die unterlassene Anzeige nachgeholt ist und die damit einsetzende Sperrfrist ihr Ende erreicht hat. Allerdings kann die Behörde nach freiem Ermessen die bereits durchgeführten Entlassungen nachträglich genehmigen. Vgl. hierzu dieselbe Anm. unter lit. D. Ebenso Kaskel S. 175.

B. Aus dem Wortlaut Satz 1 Abs. 1 könnte vielleicht geschlossen werden, daß Entlassungen, die unter der Schutzgrenze § 1 Abs. 1 Ziff. 2 liegen, erst während der Sperrfrist und nicht schon vorab rechtswirksam vorgenommen werden dürfen. Das würde aber dem Sinn der VO. widersprechen. Im Begriff der Stillegung liegt die Entlassung einer durch § 1 Abs. 1 Ziff. 2 bestimmten Anzahl von Arbeitnehmern. Bleibt diese Zahl unter dieser Schutzgrenze, so liegt gar keine Stillegung im Sinne der VO. vor, der Unternehmer braucht also weder eine Anzeige zu erstatten noch eine Wartezeit vorübergehen zu lassen. Er kann also, ohne sich strafbar zu machen, die unter der Schutzgrenze liegende Anzahl von Arbeitnehmern ohne weiteres entlassen und braucht, wenn ihn die Verhältnisse zu einer weiteren Stillegung zwingen, dann erst zur pflichtmäßigen Anzeige zu schreiten. In diesem Falle würden allerdings die früher entlassenen und die nun zur Entlassung kommenden Arbeitnehmer zusammenzurechnen sein; überschreitet diese Gesamtzahl die Grenze des § 1, so bedarf es zur Entlassung auch der nunmehr betroffenen Arbeitnehmer, selbst wenn ihre Anzahl unter der Schutzgrenze bleibt, der behördlichen Genehmigung.

Etwas anderes ist es, wenn der Arbeitgeber von vornherein beabsichtigt, eine Anzahl von Arbeitnehmern zu entlassen, die über die Grenze des § 1 hinausgeht. Die Entlassungen bilden dann ein einheitliches Ganzes, und der Arbeitgeber darf innerhalb der Sperrfrist ohne Genehmigung der Behörde auch nicht den Teil der Arbeitnehmer vorab zur Entlassung bringen, der zahlenmäßig unter der bestimmten Grenze bleibt. Die Frage ist strittig und noch nicht entschieden. Den Ländern ist hierin also freie Hand belassen. (Siehe „Niederschrift“ S. 4.)

Ist entgegen § 1 eine Anzeige nicht erstattet, die Maßnahme vom Unternehmer aber trotzdem durchgeführt, so sind alle Entlassungen zusammenzurechnen, auch die, welche nach Ablauf von vier bzw. sechs Wochen (d. h. der Frist, für die bei Erstattung der Anzeige die Entlassungssperre gilt) erfolgen, da ohne eine Anzeige eine Sperrfrist gar nicht in Gang gesetzt wird. A. A. Göppert, Sp. 272. Vgl. auch dieselbe Anm. unter lit. A.

C. Abs. 2 findet nur Anwendung auf Arbeitsverträge, die auf unbestimmte Zeit abgeschlossen sind. Ausgenommen sind also

a) Arbeitsverträge von bestimmter Zeitdauer;

b) Probedienstverträge;
c) Arbeitsverträge zur Erreichung eines bestimmten Zweckes.
d) Arbeitsverhältnisse, deren Beendigung bei Eintritt einer auflösenden Bedingung erfolgt.

Zu a: Abs. 2 spricht nur von Entlassungen, d. h. von der Auflösung eines Arbeitsverhältnisses durch rechtsgeschäftliche Erklärung seitens des Arbeitgebers. Ist ein Arbeitsvertrag auf eine bestimmte Zeit abgeschlossen, so bedarf es der einseitigen Willenserklärung einer der Vertragsparteien überhaupt nicht, vielmehr endet das Arbeitsverhältnis durch Zeitablauf von selbst ohne Kündigung. Wird aber das Arbeitsverhältnis nach Ablauf der bestimmten Zeit ohne Vereinbarung einer neuen Frist fortgesetzt, so gilt es nunmehr als auch auf unbestimmte Zeit abgeschlossen und kann daher nur noch nach erfolgter Aufkündigung endigen. Auch ein Lehrlingsverhältnis, das innerhalb der Sperrfrist sein Ende erreicht, unterliegt nicht den Bestimmungen des Abs. 2, da ein Lehrvertrag in der Regel von bestimmter Dauer ist. Über das Wesen des Lehrvertrages siehe Anm. 69 zu § 1.

Zu b: Auch Probedienstverträge sind von vornherein von begrenzter Dauer, erreichen ihr Ende von selbst ohne Kündigung mit dem Fristablauf. Ist ein Arbeitnehmer erst auf Probe, sodann stillschweigend auf unbestimmte Zeit eingestellt worden, so greifen die Entlassungsbeschränkungen ein, sofern die übrigen Voraussetzungen für die Anwendbarkeit der VO. vorhanden sind.

Zu c: Ebenso erlischt ein Arbeitsverhältnis, das nur zur Erreichung eines bestimmten Zweckes eingegangen ist, ohne Kündigung von selbst, und zwar, sobald das bestimmte einzelne Arbeitsergebnis erzielt ist, selbst wenn der Vertrag auf eine noch so lange bestimmte Zeit abgeschlossen ist; denn ein Dienstverhältnis gilt nach § 620 Abs. 2 BGB. auch dann auf bestimmte Zeit abgeschlossen, wenn seine Dauer aus der Beschaffenheit oder dem Zwecke des Dienstes zu entnehmen ist (z. B. Herstellung eines Baues). Fällt also die Erreichung des Arbeitsergebnisses in die Sperrfrist, so findet Abs. 2 keine Anwendung, denn von einer „Entlassung“ im juristischen Sinne kann hier überhaupt nicht gesprochen werden, und füt Vorschriften, welche die Kündigung einschränken, ist daher hier kein

Raum. Etwas anderes ist es natürlich, wenn der Arbeitgeber vor Erreichung des Zweckes den Arbeitnehmer entlassen will; hier greift gegebenenfalls Abs. 2 Platz.

Zu d) Die VO. ist für die Fälle des Ausscheidens bedingt eingestellter Arbeitnehmer nicht anwendbar. Eine solche Bedingung darf aber keine Umgehung der VO. selbst darstellen. Das würde aber ohne Zweifel zutreffen, wenn der Tatbestand der Stillegung selbst als auflösende Bedingung vereinbart ist.

Vgl. hierzu auch die „Niederschrift": „Bei zweifelsfrei vorübergehender Beschäftigung soll die Stillegungsverordnung ebensowenig Anwendung finden wie bei Beschäftigung auf Grund befristeten oder auflösend bedingten Vertrages oder bei Beschäftigung zur Probe. Von vorübergehender Beschäftigung wird man aber dann nicht mehr sprechen können, wenn sie länger als vier Wochen dauert."

Ebenso hat der RWM. diese Frage in einem Schreiben behandelt, das seiner grundsätzlichen Bedeutung wegen nachstehend abgedruckt wird:

Der Reichswirtschaftsminister.
I A Nr. 13 923.

Berlin, den 23. Dezember 1926.

An den Herrn Preußischen Minister für Handel
und Gewerbe, Berlin.

Auf das Schreiben vom 7. September 1926 — II 7213. —

Betr.: **Stillegungsverordnung.**

In der Eingabe des Regierungspräsidenten in M. wird die Frage aufgeworfen, ob die Stillegungsverordnung anzuwenden ist, wenn Arbeitskräfte entlassen werden sollen, die bei einer vorübergehenden Belebung des Geschäfts für bestimmte Frist eingestellt worden sind. Zu dieser Frage, der gegenwärtig erhöhte praktische Bedeutung zukommt, nehme ich im Einverständnis mit dem Herrn Reichsarbeitsminister wie folgt Stellung:

Der § 2 Abs. 2 der Stillegungsverordnung bestimmt, daß Entlassungen, die über die im § 1 Abs. 1 Ziffer 2 dieser Verordnung genannten Grenzen hinausgehen, ohne Genehmigung der Demobilmachungsbehörde unwirksam sind. „Entlassung" ist rechtlich die Beendigung des Arbeitsverhältnisses durch einseitige Willenserklärung des Arbeitgebers. Daraus folgt, daß in den Fällen, in denen die Beendigung des Arbeitsverhältnisses nicht durch eine einseitige Willenserklärung des Arbeitgebers, sondern entsprechend der bei Vertragsabschluß getroffenen Abrede durch Eintritt eines bestimmten Ereignisses wie Fristablauf oder Eintritt einer auflösenden Bedingung erfolgt, eine Entlassung nicht vorliegt und die Stillegungsverordnung somit nicht anwendbar ist. Diese Auffassung findet ihre Begründung nicht nur in der aus der Fassung der Verordnung sich ergebenden Rechtslage, sondern vor allen Dingen auch in dem Zweck der Verordnung, der darauf abzielt, die allgemeine Produktionsfähigkeit der Betriebe zu erhalten, und deshalb nur so weit gehen kann, eine Unterbrechung der regelmäßigen Betriebsführung unter gesetzliche Vorbehalte zu stellen. Eine Einschränkung der regelmäßigen Betriebsführung liegt aber nicht vor, wenn aus Gründen produktionstechnischer oder konjunkturmäßiger Natur eine befristete oder bedingte Einstellung von Arbeitnehmern und demnächst die Entlassung dieser Arbeitnehmer erfolgt. Daß die Stillegungsverordnung für die Fälle des Ausscheidens befristet oder bedingt eingestellter Arbeitskräfte nicht anwendbar ist, entspricht durchaus der herrschenden Lehre (vgl. die Kommentare zur Stillegungsverordnung von Weigert, 2. Aufl., Anm. 13 zu § 1, Erdmann-Anthes, Anm. 38 zu § 1 und Anm. 6 zu § 2; ebenso Häußner, Kartenauskunftei des Arbeitsrechts, Karte Betriebsstillegung; IV. Entlassungen). Auch hinsichtlich der in anderen Gesetzen enthaltenen Bestimmungen, die einen Entlassungsschutz bedeuten, steht Literatur und Rechtsprechung auf dem Standpunkt, daß der Entlassungsschutz entfällt, soweit befristete oder bedingte Einstellungen in Frage kommen. Das gilt sowohl für das Betriebsräte- und Schwerbeschädigtengesetz als auch für das Gesetz über die Fristen für die Kündigung von Angestellten vom 9. Juli 1926 (vgl. insbesondere Kaskel, Arbeitsrecht, 2. Aufl., S. 119; Flatow, Kommentar zum Betriebsrätegesetz, 11. Aufl., Anm. 3 zu § 84).

Nur in den Fällen, in denen die Form der befristeten oder bedingten Einstellung zu dem Zwecke gewählt wird, um einen gesetzlichen Entlassungsschutz zu umgehen, ohne daß bei Vertragsabschluß von beiden Parteien ernstlich eine vorübergehende Beschäftigung beabsichtigt wird, wird beim Ausscheiden dieser Arbeitnehmer die betreffende gesetzliche Schutzbestimmung, also auch die Stillegungsverordnung, anwendbar sein. Das gilt besonders dann, wenn der Tatbestand der Stillegung selbst als auflösende Bedingung für ein Arbeitsverhältnis vereinbart ist oder wenn ein ursprünglich befristetes Arbeitsverhältnis verlängert wird.

Ich wäre Ihnen dankbar, wenn Sie diese Ausführungen bei einem Bescheid an den Herrn Regierungspräsidenten in M. berücksichtigen wollten.

Abschrift vorstehenden Schreibens habe ich sämtlichen Landesregierungen zugehen lassen." (RABl. 1927 S. 11.)

Dagegen fallen Entlassungen, die auf Grund der sogenannten „entfristeten" Kündigung erfolgen, unter die Bestimmungen des § 2 der VO. Denn auch eine entfristete Kündigung ist eine regelmäßige Kündigung, und zwar aus einem Arbeitsverhältnis, für das eine Kündigungsfrist vertraglich ausgeschlossen ist, eine sofortige Kündigung ohne besonderen Kündigungsgrund (im Gegensatz zur fristlosen Kündigung, siehe Anm. 36) also jederzeit vertraglich zulässig ist.

D. Die Frage, ob im Falle einer nachträglich angezeigten (nicht plötzlichen) Stillegung die bereits vor der Anzeige ausgesprochenen Entlassungen rückwirkend rechtswirksam gestaltet werden können, hat der RAM. in seinem Bescheide vom 5. 2. 25 (RABl. S. 69) zutreffend dahin beantwortet:

Es ist um ein Gutachten darüber gebeten worden, ob die behördliche Genehmigung einer ohne die Beachtung der Stillegungsverordnung vorgenommenen, aber nachträglich angezeigten Stillegung die bereits vor der Anzeige ausgesprochenen Entlassungen rückwirkend rechtswirksam gestaltet, ferner für den Fall der Bejahung darüber, ob die Genehmigung nur bis zum Tage der Anzeige oder auch bis zum Tage der tatsächlich vorgenommenen Entlassung zurückwirkt. Es handelt sich im vorliegenden Falle nicht um eine plötzliche Stillegung infolge unvorhergesehener Ereignisse, sondern um eine gewöhnliche Stillegung. Die Frage ist nach § 2 Abs. 2 der Verordnung, betr. Maßnahmen gegenüber Betriebsabbrüchen und -stillegungen, vom 8. November 1920 und der Verordnung über Betriebsstillegungen und Arbeitsstreckung vom 15. Oktober 1923 zu entscheiden. Danach können Entlassungen, auf die die Stillegungsverordnung Anwendung findet, vor der Erstattung der Anzeige nicht wirksam vorgenommen werden. Nur innerhalb der durch die Anzeige in Lauf gesetzten Sperrfrist kann die Behörde Entlassungen durch ihre Genehmigung wirksam gestalten. Es liegt dabei völlig in der Hand der Behörde, je nach dem Ergebnis ihrer Feststellungen zu entscheiden, für welchen Zeitpunkt sie Stillegung und Entlassungen genehmigen will. Wenn sie bereits vorgenommene Entlassungen rückwirkend genehmigt, so kann diese Genehmigung aber höchstens bis zum Beginn der durch die Anzeige in Lauf gesetzten Sperrfrist zurückwirken.

A. A. Preußischer Minister für Handel und Gewerbe, der die Demobilmachungskommissare angewiesen hat, nur im Falle des § 1 Abs. 3 die nachträgliche Genehmigung zur Entlassung zu erteilen, sie andernfalls aber zu versagen. (Siehe Erlaß vom 29. 2. 24, Ziff. 5, abgedruckt unten S. 199.)

Vgl. im übrigen auch die Anm. 37 und 52 zu § 1.

E. Die Entlassungsbeschränkungen des Abs. 2 gelten sowohl für Betriebsstillegungen als auch für Betriebsabbrüche, wie auch der Wortlaut der VO. (...sind innerhalb d e r F r i s t e n ...) erkennen läßt. A. A. Hueck (S. 17), der das Entlassungsverbot nur für die Stillegung gelten läßt.

Der Klageanspruch entlassener Arbeitnehmer auf Lohn oder Gehalt ist bei den Arbeitsgerichten geltend zu machen. Diese entscheiden auch über die Wirksamkeit der Entlassungen. Dagegen ist für die Gerichte die Entscheidung der Demobilmachungsbehörde, daß keine Stillegung im Sinne der StillVO. vorliege, bindend. Siehe auch die Anm. 13 zu § 1. So auch Häußner S. 36. Wegen der Reihenfolge der Entlassungen siehe Anm. 16 B I a.

11. § 1 Abs. 2 handelt von der Betriebsstillegung, die anzeigepflichtig ist, sobald eine gewisse Anzahl Arbeitnehmer durch sie zur Entlassung kommt. Siehe Anm. 25 zu § 1.

12. Eine Zusammenrechnung der Zahlen von Arbeitnehmern, die in verschiedenen selbständigen Betriebsabteilungen entlassen werden, findet nicht statt, da die selbständigen Betriebsteile den Betrieben gleicherachtet werden. (RABl. 1924 S. 36.)

Dagegen sind die Zahlen der an verschiedenen Entlassungstagen entlassenen Arbeitnehmer des Betriebes oder desselben Betriebsteiles dann zusammenzurechnen, wenn die einzelnen Entlassungen im ursächlichen Zusammenhange stehen.

Wird die Grenze des § 1 Abs. 1 Ziff. 2 überschritten, so bedürfen alle Entlassungen, auch die, die innerhalb der Grenze liegen, der Genehmigung, um wirksam zu sein. Siehe auch Anm. 30 zu § 1.

13. Mit den Fristen des Abs. 2 ist, wie sich aus dem Zusammenhang ergibt, nur die sogenannte Sperrfrist (Anm. 40 zu § 1) gemeint, die in Satz 1 des § 1 Abs. 2 bezeichnet ist, die für die Stillegung stets nur vier Wochen, für den Abbruch sechs Wochen beträgt und um einen bzw. drei Monate verlängert werden kann. Die sogenannte Freifrist des § 1 Abs. 2 Satz 2 fällt nicht hierunter. (So auch RAM. im Schreiben vom 22. 11. 23, s. Anm. 1 zu § 1.)

14. „Für die Entschließungen der Behörde über die Genehmigung von Entlassungen während der Sperrfrist kann nur die Wirtschaftlichkeit des Betriebsteiles oder Betriebes, der stillgelegt werden soll, entscheidend sein, nicht die Lage des gesamten Unternehmens oder gar die persönlichen Verhältnisse des Betriebsinhabers.“ (Aus der „Niederschrift“.) Siehe auch Anm. 4.

15. Siehe Anm. 13 zu § 1.

16. A. **Verzicht auf die Schutzbestimmungen.** Der Arbeitnehmer kann nicht im voraus auf die Anwendung der zu seinem Schutze bestehenden Bestimmungen wirksam verzichten. Ein solcher Verzicht wäre nichtig. Denn die Vorschriften der VO. sind öffentlich-rechtlicher Natur. Abs. 2, der zwingendes Recht enthält, ist nicht nur zum Schutz des einzelnen Arbeitnehmers, sondern auch zur Regelung des gesamten Arbeitsmarktes erlassen. „Dagegen

wird der Arbeitnehmer durch nichts gehindert, auf Geldansprüche zu verzichten, die auf Grund der Verordnung entstanden sind." (Aus der „Niederschrift".)

Auch kann das Arbeitsverhältnis auf Grund übereinstimmender Erklärungen sowohl des Arbeitgebers als auch des Arbeitnehmers jederzeit gelöst werden, und eine solche beiderseitige Vereinbarung ist keine Kündigung, hat auch keine Entlassung im Sinne der VO. zur Folge, wird also von ihr gar nicht berührt.

B. **Verhältnis zu anderen Schutzbestimmungen.**

I. Betriebsrätegesetz.

a) Für Entlassungen, die den Bestimmungen der VO. unterworfen sind, die also nur mit Genehmigung der zuständigen Behörde wirksam werden können, gelten neben der VO. unter gewissen Voraussetzungen auch die §§ 74, 84 BRG. Das Einspruchsrecht gemäß § 84 a. a. O. ist selbstverständlich aber bereits gegen die Kündigung, nicht erst gegen die Entlassung gegeben, denn die VO. ist nur auf die Wirkung der Kündigung, also auf die Entlassung abgestellt, und zwar nur sofern diese Wirkung in die Sperrfrist fällt. Zeitlich sich anders auswirkende Kündigungen sind dem Geltungsbereich der VO. entzogen, wie auch Kündigungen, deren Wirkung in die Sperrfrist fällt, selbst wenn ihnen die Demobilmachungsbehörde nicht zustimmt, nicht hinfällig sind, sondern nach Ablauf dieser Frist wirksam werden und nur noch durch die allgemeinen Grundsätze (Kündigungszeiten) beschränkt sind. Da nun das Recht des Einspruchs des § 84 BRG. gemäß § 85 a. a. O. nicht bei Entlassungen besteht, die durch gänzliche oder teilweise Stilllegung des Betriebs erforderlich werden, so ist in jedem Einzelfalle zu untersuchen, ob die Voraussetzungen sowohl des BRG. als auch der VO. für eine Stillegung vorliegen. Denn der Begriff der Stillegung ist in beiden Schutzbestimmungen verschieden. Der Begriff der gänzlichen Stillegung des BRG. deckt sich insofern nicht mit dem der VO., sondern geht darüber hinaus, als im BRG. ohne Rücksicht auf die Zahl der zu Entlassenden alle Betriebe in Frage kommen, die dem BRG. unterstehen; bei völliger Stillegung also entfällt das Einspruchsrecht. Der Begriff der teilweisen Stillegung des BRG. umfaßt nach herrschender Meinung nur die Stillegung einer Abteilung des Betriebes, während die VO. schon in der Nichtbenutzung einer einzelnen Betriebsanlage ein Tatbestandsmerkmal der teilweisen Stillegung erblickt. Insofern ist der Begriff der teilweisen Stillegung im BRG. enger als in der VO.; es sind also Fälle denkbar, in denen das Einspruchsrecht entgegen § 85 BRG. gemäß § 84 a. a. O. besteht, obgleich die Entlassungen gemäß § 2 Abs. 2 der VO. innerhalb der Sperrfrist nicht wirksam sind.

Kommt es also unter Anwendung der VO. innerhalb der Sperrfrist (siehe Anm. 40 zu § 1) mit Genehmigung oder in der anschließenden Freifrist ohne Genehmigung der Behörde zur gänzlichen oder teilweisen Stillegung im Sinne des § 85 BRG., so entfällt das Einspruchsrecht. Erfolgen aber innerhalb der Sperrfrist oder der Freifrist Entlassungen, ohne daß damit eine gänzliche oder teilweise Stillegung im Sinne des § 85 den ursächlichen Zusammenhang bildet, so besteht das Einspruchsrecht. (So auch Flatow S. 369.)

In der Entlassung, der die Behörde zustimmt, erblickt der § 21 des „Entwurfs" keine unbillige, nicht durch die Verhältnisse des Betriebs bedingte Härte im Sinne des § 84 Abs. 1 Nr. 4, soweit die Zahl der Arbeitnehmer in Frage steht. Dagegen kann nach dem „Entwurf" in der Auswahl der Arbeitnehmer, die entlassen werden, eine unbillige Härte liegen. § 13 der VO. vom 12. 2. 20 (abgedruckt S. 203; siehe auch die Einleitung S. 21), der für den Fall, daß Arbeitnehmer zur Verminderung der Arbeitnehmerzahl entlassen werden sollen, gewisse Rücksichtnahmen auf das Lebens- und Dienstalter sowie Familienstand des Arbeitnehmers vorschreibt, ist vom Gesetzgeber „in der Überzeugung aufgehoben worden, daß sein Inhalt bereits allgemein anerkannter Grundsatz und Rechtspflicht sei, weil bei seiner Verletzung eine unbillige Härte im Sinne des § 84 Nr. 4 BRG. vorliegt". (Aus dem Bescheid des RAM. vom 15. 11. 24 — RABl. S. 461 —.)

b) § 96 BRG., der den Kündigungsschutz des Betriebsratsmitglieds behandelt, macht in Abs. 1 die Kündigung von der Zustimmung der Betriebsvertretung abhängig. Nach Abs. 2 ist diese Zustimmung aber nicht erforderlich bei Entlassungen, die durch Stillegungen des Betriebes erforderlich sind. Im Gegensatz zu

§ 85 Abs. 2 Nr. 2 BRG. ist in § 96 a. a. O. nur schlechthin von Stillegungen, nicht von einer gänzlichen oder teilweisen, die Rede. Mit Flatow (S. 414) ist anzunehmen, daß die in § 85 erst nachträglich eingefügten Worte „gänzliche oder teilweise“ in § 96 nur vergessen worden sind, daß also auch § 96 bei einer teilweisen Stilllegung anwendbar ist. Auch der RAM. hat wiederholt die Ansicht vertreten, daß die von § 85 Abs. 2 abweichende Fassung des § 96 nicht absichtlich gewählt sei und daß im Sinne des § 96 die teilweise Stillegung der gänzlichen gleichzusetzen sei. (Bescheid vom 5. 6. 20, 25. 8. 20 und 2. 12. 20, RABl. 1921 S. 97, 524 und 485.) Ebenso Urteil des KG. vom 27. 6. 23 (RABl. S. 711). Für das Verhältnis von BRG. und VO. gelten danach bezüglich der Stillegung die oben zu §§ 84, 85 BRG. gemachten Ausführungen.

Vgl. auch die Anm. 25 und 27 zu § 1.

II. Schwerbeschädigtengesetz. Das Gesetz über die Beschäftigung Schwerbeschädigter in der Fassung vom 12. 1. 23 (RGBl. S. 57) bezweckt, den Arbeitnehmern, die im Sinne des Gesetzes Schwerbeschädigte sind, nicht nur Arbeit zu beschaffen, sondern sie ihnen auch zu erhalten. Zu diesem Zwecke bestimmt es, daß einem Schwerbeschädigten nur mit Zustimmung der Hauptfürsorgestelle unter Einhaltung einer Frist von mindestens vier Wochen gekündigt werden kann (§ 13). Die Zustimmung zur Kündigung darf die Hauptfürsorgestelle nach § 16 dann nicht versagen, wenn der Betrieb eines privaten Arbeitgebers nicht nur vorübergehend vollständig eingestellt oder wesentlich eingeschränkt wird und zwischen dem Tage der Kündigung und dem Tage, bis zu dem Gehalt oder Lohn weitergezahlt wird, mindestens drei Monate liegen. Den Betrieben stehen selbständige Betriebsabteilungen gleich. Konkurrieren diese Schutzbestimmungen mit denen der StillVO., sind also die Tatbestände beider Vorschriften erfüllt, so ist sowohl die Zustimmung der Demobilmachungsbehörde als auch die der Hauptfürsorgestelle nebeneinander erforderlich.

Wegen des Verhältnisses der StillVO. zum „Kündigungsschutzgesetz“ siehe lit. D.

D. **Entlassungen, die außerhalb der Sperrfrist wirksam werden.** Kündigungen, deren Wirkung nicht in die Sperrfrist fällt, unterliegen nicht den Vorschriften des § 2. In Frage kommen also nicht Arbeitsverträge mit langfristigen Kündigungsterminen, wie sie mit Angestellten abgeschlossen werden, und die entweder auf Vereinbarung oder auf gesetzlicher Grundlage (§ 621 BGB., § 56 HGB., § 133 a GO.) beruhen. Solche Arbeitsverhältnisse werden durch die VO. gar nicht berührt, sofern ihre Auflösung nicht in die Sperrfrist fällt. Der Arbeitgeber ist verpflichtet, auch im Falle einer Stillegung oder eines Abbruches von Betriebsanlagen die Kündigungszeiten, d. h. die Kündigungsfristen und die Kündigungstermine, innezuhalten. Auch eine auf Grund gesetzlicher Vorschriften beruhende Hinausschiebung dieser Kündigungszeiten wird durch die Stillegung nicht gehemmt. Eine solche Hinausschiebung der Kündigungszeiten schreiben das Gesetz über die Fristen für die Kündigungen von Angestellten (allgemein „Kündigungsschutzgesetz" genannt) vom 9. 7. 26 (RGBl. S. 399) und das Gesetz über die Beschäftigung vor und nach der Niederkunft vom 16. 7. 27 (RGBl. S. 184) vor. Diese Schutzvorschriften werden durch die StillVO. nicht berührt, sie bestehen vielmehr unvermindert fort. Siehe auch Anm. 33 und den in Anm. 47 zu § 1 abgedruckten Bescheid des RAM. vom 26. 8. 26.

17. Während die VO. in § 1 vom Betriebsinhaber, d. h. dem Unternehmer als Träger wirtschaftlicher Verhältnisse, spricht, wird hier der Arbeitgeber im arbeitsrechtlichen Sinne als Gegenkontrahent des Arbeitnehmers genannt, da die Abs. 2 bis 5 das Arbeitsverhältnis zwischen Arbeitgeber und Arbeitnehmer behandeln.

18. Ob dies der Fall ist, ergibt sich aus sämtlichen zu berücksichtigenden Umständen, deren Prüfung Sache der Behörde ist. „In der Regel wird es nicht erforderlich sein, daß es dem Arbeitgeber objektiv unmöglich ist, die Arbeitnehmer voll zu beschäftigen; es genügt vielmehr, daß es ihm schlechterdings nicht zugemutet werden kann." (Weigert S. 43.)

19. Siehe Anm. 13.

20. D. h. in dem bisherigen Umfange, jedoch ohne Leistung von Überzeitarbeit. Vgl. auch Anm. 20.

21. Das Wort „kann" bedeutet, daß die Demobilmachungsbehörde unter der Voraussetzung, daß der Arbeitgeber die Arbeitnehmer in der Sperrfrist nicht voll zu beschäftigen in der Lage ist, die Wahl hat, entweder die Entlassungen zu genehmigen oder Arbeitsstreckung anzuordnen, wenn der Betrieb sie verträgt. Sie kann auch gleichzeitig beide Maßnahmen zugleich verfügen, sowohl die Anordnung von Arbeitsstreckung als auch die Entlassung von Arbeitnehmern, wenn nämlich nicht soviel Arbeit vorhanden ist, daß sämtliche Arbeitnehmer 24 Stunden in der Woche beschäftigt werden können. Vgl. Satz 3.

22. D. h. längstens für die Dauer der Fristen (siehe Anm. 13), bei einem Betriebsabbruch aber auch für die verlängerte Sperrfrist, da § 4 Abs. 1 ausdrücklich auch im Falle einer Verlängerung dieser Sperrfrist § 2 für anwendbar erklärt. Ebenso Bescheid des RAM. vom 22. 12. 23, bei Weigert S. 44 zitiert. Es bleibt aber der Demobilmachungsbehörde unbenommen, die Arbeitsstreckung auch für einen kürzeren Zeitraum anzuordnen.

23. Unter Arbeitszeit ist regelmäßig der Normalarbeitstag von 8 Stunden zu verstehen (§ 1 der VO. über die Arbeitszeit in der Fassung vom 14. 4. 27 — RGBl. S. 110 —). Es ist aber auch denkbar, daß der Betrieb bereits — auf Grund einer Vereinbarung zwischen Arbeitgeber und Arbeitnehmern — weniger als durchschnittlich 8 Stunden täglich arbeitet. Auch in diesem Fall kann die Behörde eine weitere Verkürzung der Arbeitszeit anordnen.

Ist während der Sperrfrist Arbeitsstreckung angeordnet, so dürfen Entlassungen während dieser Zeit ohne Zustimmung der Behörde nicht vorgenommen werden, es sei denn, daß die Arbeitnehmer, die nicht mit verkürzter Arbeitszeit arbeiten wollen, auf die Schutzbestimmung des § 2 nachträglich verzichten. (Vgl. auch die Anm. 16.) In diesem Falle bedarf es nicht der Zustimmung der Behörde.

24. Arbeitsstreckung. A. Gebotene Arbeitsstreckung. Arbeitsstreckung ist die Vermehrung der Arbeitsgelegenheit durch Verkürzung der Arbeitszeit. (So auch § 19 des „Entwurfs".) Das vorhandene Arbeitsquantum, das nicht ausreicht, um alle Arbeitnehmer voll zu beschäftigen, wird auf sie verteilt, so daß jeder nur eine geringere Anzahl von Stunden täglich beschäftigt werden kann. Ist die Verkürzung der Arbeitszeit behördlicherseits angeordnet, so spricht man von „gebotener" Arbeitsstreckung, während man die freiwillig eingeführte Arbeitsstreckung üblicherweise Kurzarbeit nennt. Es gibt jetzt nur noch den einzigen Fall gebotener Arbeitsstreckung auf Grund der StillVO.

Erfolgt die Arbeitsstreckung auf Anordnung der Behörde, so ist diese Entscheidung für den Arbeitnehmer bindend. Er darf die Arbeitsstreckung nicht ablehnen, sonst muß er ausscheiden. Deshalb ist sie ihm so zeitig anzukündigen, daß er sich ausdrücklich oder stillschweigend damit einverstanden erklären oder das Arbeitsverhältnis kündigen kann. (Siehe den Bescheid des RAM. vom 25. 8. 20, abgedruckt in Anm. 32.) „Stellt sich nach Ablauf dieser Frist heraus, daß unter Einhaltung der gekürzten Arbeitszeit nicht mehr genügend Arbeitsgelegenheit vorhanden ist, und sollen demzufolge Entlassungen erfolgen, so muß den Arbeitnehmern ausdrücklich fristgemäß zur Entlassung gekündigt werden. Die Kündigung ist durch die vorher erfolgte Ankündigung der Arbeitsstreckung nicht überflüssig geworden." (Bescheid des RAM. vom 6. 10. 20, RABl. 1921 S. 93.) Vgl. auch lit. B.

Scheidet der Arbeitnehmer aus dem Vertragsverhältnis aus, weil er nicht mit verkürzter Arbeitszeit arbeiten will, so entfällt für ihn ein Einspruchsrecht aus § 84 BRG.

Eine Arbeitsstreckung kann dem Arbeitgeber nicht zugemutet werden, wenn sie durch Entlassung solcher Arbeitnehmer vermieden werden kann, die an ihrer Arbeitsstelle entbehrlich, an anderen Stellen des Wirtschaftslebens aber dringend notwendig sind. Diese Voraussetzungen werden hauptsächlich bei Facharbeitern gegeben sein. In diesem Falle wird die Behörde die Entlassung solcher Arbeiter genehmigen müssen, um eine Arbeitsstreckung ganz oder in größerem Umfange zu vermeiden. Vgl. hierzu auch den Bescheid des RAM. vom 2. 12. 21 (RABl. 1921 S. 1031).

Der Arbeitgeber seinerseits ist nicht verpflichtet, von der Erlaubnis zur Arbeitsstreckung Gebrauch zu machen. Er kann länger arbeiten lassen, als die Demobilmachungsbehörde es vorsieht, er kann die Arbeitnehmer auch voll beschäftigen; natürlich muß er ihnen dann den entsprechenden Lohn zahlen.

B. Kurzarbeit. Die „gebotene“ Arbeitsstreckung ist also auf die Fälle beschränkt, in denen eine Betriebsstillegung im Sinne der VO. selbst vorliegt. Aber auch wenn diese Voraussetzungen gegeben sind, so steht es jederzeit im Belieben des Arbeitgebers, außerhalb des Stillegungsverfahrens eine Kürzung der Arbeitszeit auch während der Sperrfrist mit den Arbeitnehmern zu vereinbaren. In diesem Falle kann die wöchentliche Arbeitszeit auch auf weniger als 24 Stunden (siehe Anm. 26) herabgesetzt werden. (So auch Schreiben des RAM. vom 22. 11. 23 — RABl. S. 771 — und vom 14. 12. 23 — RABl. 1924 S. 6 —.)

Die auf beiderseitigem Einverständnis beruhende Kurzarbeit kann auch nach erfolgter behördlicher Anordnung oder Genehmigung einer Arbeitsstreckung erfolgen, wenn nämlich die vorhandene Arbeitsgelegenheit so weit herabsinkt, daß die Arbeitnehmer nicht einmal mehr 24 Stunden wöchentlich beschäftigt werden können, und der Arbeitgeber auch in diesem Falle davon absehen will, die Genehmigung der Behörde zur Entlassung einer entsprechenden Anzahl von Arbeitnehmern nachzusuchen, sofern dies nach den Bestimmungen der StillVO. erforderlich ist.

Stimmen die Arbeitnehmer, sofern die StillVO. nicht in Frage kommt, der Einführung der freiwilligen Kurzarbeit nicht zu, so muß der Arbeitgeber zur Kündigung schreiten; denn nicht nur zur Auflösung des Arbeitsverhältnisses, sondern auch zur Abänderung der Arbeitsbedingungen bedarf es nach herrschender Ansicht der Kündigung. Diese erfordert zwar keine bestimmte Form, soweit dies nicht vertraglich vereinbart ist, sie wird aber als einseitiges empfangsbedürftiges Rechtsgeschäft erst wirksam, wenn sie dem andern Teil zugeht (§ 130 BGB.). Deshalb ist in dem bloßen Angebot der Kurzarbeit eine Kündigung ohne weiteres noch nicht zu erblicken, vielmehr ist zu verlangen, daß sie für die Beteiligten zweifelsfrei als solche erkennbar ist. Dies kann auch durch Aushang im Betrieb geschehen, aber auch bei diesem Verfahren muß unzweideutig zum Ausdruck kommen, daß es sich um eine Kündigung handelt. (Vgl. das diesen besonderen Fall behandelnde Urteil des LG. Dresden vom 6. 6. 25 — abgedruckt NZA. 1925 Sp. 751 —.) Das Wort „Kündigung" selbst braucht dabei nicht angewandt zu sein. Auch ohne den Gebrauch dieses Wortes kann in der Ankündigung einer Arbeitszeitverkürzung unter Einhaltung der Kündigungsfrist eine Kündigung gesehen werden, sofern der Kündigungswille des Arbeitgebers genügend zum Ausdruck kommt. Dadurch, daß die Arbeitnehmer das Arbeitsverhältnis auf der Grundlage der Arbeitszeitverkürzung fortsetzen, nehmen sie das entsprechende Vertragsangebot des Arbeitgebers an. Eine bloß wörtliche Verwahrung ist bei Widerspruch mit dem eigenen Verhalten ohne Bedeutung. (Urteil des RAG. vom 19. 12. 28, Bens.Samml. Bd. 5 — RAG. — S. 103.) Sind die Arbeitnehmer mit der sofortigen Einführung der Kurzarbeit einverstanden — das Einverständnis kann stillschweigend durch Weiterarbeit in verkürzter Zeit erfolgen —, so braucht der Arbeitgeber nur den verkürzten Lohn zu zahlen, im andern Fall muß der unverkürzte Lohn bis zum Ablauf des ursprünglichen Vertrages gezahlt werden.

C. Personelle und räumliche Ausdehnung der Arbeitsstreckung. Von der Verkürzung der Arbeitszeit müssen alle gleichartigen Arbeitnehmer gleichmäßig betroffen werden. Sie kann nicht nur auf die Arbeitnehmer ausgedehnt werden, die zur Entlassung kommen sollen. Dagegen kann sie für verschiedenartige Berufsgruppen von Arbeitnehmern verschieden angeordnet werden. Es lassen sich Fälle denken, in denen z. B. die Büroangestellten des Betriebes trotz Rückganges der eigentlichen gewerblichen Arbeit voll beschäftigt werden müssen, während die Arbeiter desselben Betriebes oder Betriebsteiles nur in verkürzter Zeit arbeiten.

Wie die Arbeitsstreckung in Betrieben mit Angestellten mit verschiedenen Kündigungsfristen zu regeln ist, hat der RAM. in seinem Bescheide vom 5. 10. 20 (über die Anwendbarkeit auch auf den vorliegenden Abs. 3 vgl. die Vorbemerkung) zum Ausdruck gebracht.

„Der Sinn der Bestimmung des § 12 Abs. 2 Satz 2 der Verordnung vom 12. Februar 1920 (Reichs-Gesetzbl. S. 218) geht dahin, daß dem Arbeitnehmer die Weiterbeschäftigung mit verkürztem Lohn oder Gehalt erst nach Ablauf eines Zeitraumes zugemutet werden soll, der der vertraglichen oder nach allgemeinen Gesetzen geltenden Kündigungsfrist gleichkommt. Hierdurch soll der Arbeitnehmer in die Lage versetzt werden, sich rechtzeitig darüber zu entscheiden, ob er die Weiterbeschäftigung mit verkürztem Lohn oder Gehalt vorziehen oder das Arbeitsverhältnis kündigen will. Wenn der Arbeitgeber den betreffenden Arbeitnehmern die bevorstehende Streckung der Arbeit so rechtzeitig mitteilt, daß die vertragliche oder nach allgemeinen Gesetzen geltende Kündigungsfrist gewahrt ist, so ist er nach Ablauf dieser Frist im Falle der Arbeitsstreckung nur zur Zahlung des entsprechend verkürzten Lohnes oder Gehaltes verpflichtet. Ist also die beabsichtigte Arbeitsstreckung den Arbeitnehmern so rechtzeitig mitgeteilt, daß die Fristen des § 12 Abs. 2 Satz 2 bereits bei Einführung der Arbeitsstreckung abgelaufen sind, so haben die Arbeitnehmer schon bei Beginn der Arbeitsstreckung nur Anspruch auf verkürzten Lohn oder verkürztes Gehalt. Nach diesen Grundsätzen wird zu beurteilen sein, von wann ab im Falle der Arbeitsstreckung die Lohnkürzung der Angestellten mit verschiedenen Kündigungsfristen vorgenommen werden kann.

Arbeiten in einem Betriebe Angestellte mit verschiedenen Kündigungsfristen, so wird im Regelfall eine verschiedene Arbeitszeitkürzung für die Angestellten mit verschiedenen Kündigungsfristen nicht durchführbar sein. Die Arbeitsverkürzung wird im ganzen Betrieb einheitlich geregelt werden müssen. Würden die mit längerer Kündigungsfrist Angestellten die Arbeiten der mit kürzerer Kündigungsfrist Angestellten mit erledigen, so würde dadurch eine Benachteiligung der mit kürzerer Kündigungsfrist Angestellten herbeigeführt werden. Denn die Arbeitszeit und damit Lohn oder Gehalt würden bei solchem Vorgehen für die Arbeitnehmer mit kürzerer Kündigungsfrist mehr herabgesetzt werden, als es nötig sein würde, wenn für sämtliche Arbeitnehmer die Arbeit in gleichem Umfange gestreckt würde. Reichen beispielsweise die Aufträge eines Betriebes aus, um zwei Angestellte täglich zwölf Stunden zu beschäftigen, so müßte die Arbeitszeit für beide gleichmäßig auf sechs Stunden herabgesetzt werden; es dürfte nicht der eine Angestellte acht, der andere nur vier Stunden beschäftigt werden, ohne Rücksicht darauf, ob im Hinblick auf die Kündigungsfristen die Kürzung des Gehaltes bereits gegenüber beiden Angestellten möglich ist oder nur gegenüber dem einen. Durch die einheitliche Arbeitszeitverkürzung wird jedoch die Berechtigung des Arbeitgebers, nach Ablauf der verschiedenen Kündigungsfristen das Gehalt der Angestellten entsprechend ihrer Arbeitszeit zu kürzen, nicht berührt." (RABl. 1921 S. 93.)

Hat ein Betrieb mehrere selbständige Betriebsteile, so darf die Arbeitsstreckung nur für den Teil angeordnet werden, in dem eine Verminderung der Arbeitnehmerzahl stattfinden soll, dagegen kann die Demobilmachungsbehörde diese Anordnung nicht für einzelne unselbständige Betriebsabteilungen aussprechen, die zusammen einen Betrieb ausmachen.

25. Die wöchentlichen Arbeitszeiten können auf die einzelnen Tage der Woche beliebig verteilt werden, es können dabei auch einzelne Tage ganz freigelassen werden. Es wird sogar in analoger Anwendung des § 1 der Arbeitszeitverordnung in der Fassung vom 14. 7. 27 (RGBl. S. 110) anzunehmen sein, daß die Arbeitsstunden auf die Werktage der gleichen und der folgenden Woche verteilt werden können.

26. **Wochenarbeitszeit unter 24 Stunden.** Hat der Betrieb bereits vor der Anzeige unter 24 Stunden in der Woche gearbeitet, so darf die Behörde diese Stundenzahl nicht heraufsetzen. Dies hat auch das Bayerische Staatsministerium in dem nachstehenden Bescheide vom 8. 11. 23 (RABl. S. 771) deutlich zum Ausdruck gebracht:

„Im Einverständnis mit dem Staatsministerium für Handel, Industrie und Gewerbe vertrete ich folgende Auffassung:

„Bei einem Betrieb, der bereits vor Anmeldung der geplanten Betriebsstillegung infolge ungünstiger wirtschaftlicher Verhältnisse zu einer Kürzung der Arbeitszeit bis unter 24 Stunden in der Woche schreiten mußte, kann nach Eintreten der Sperrfrist eine Heraufsetzung der Arbeitszeit auf 24 Stunden durch die Demobilmachungsbehörde nicht angeordnet werden.

Das ergibt sich schon aus dem Wortlaut der Verordnung,

betreffend Maßnahmen gegenüber Betriebsabbrüchen und -stilllegungen, vom 8. November 1920 in der Fassung der Verordnung vom 15. Oktober 1923 (Reichsgesetzbl. I S. 983). Nach § 2 Abs. II Satz 2 der genannten Verordnung kann die Demobilmachungsbehörde für die Dauer der Fristen eine Verkürzung der Arbeitszeit anordnen; eine Befugnis zur Verlängerung der Arbeitszeit steht ihr nicht zu.

Diese Anschauung rechtfertigt sich auch aus dem Zweck der Vorschrift, daß die Wochenarbeitszeit eines Arbeitnehmers durch die Demobilmachungsbehörde nicht unter 24 Stunden herabgesetzt werden darf. Sie bedeutet einen Schutz für den Unternehmer, da erfahrungsgemäß die allgemeinen Unkosten sich nicht in demselben Maße verringern, als die Arbeitszeit herabgesetzt wird. Hat der Unternehmer selbst die Arbeitszeit herabgesetzt, so besteht keine Veranlassung, ihm diesen Schutz aufzudrängen."

Derselben Ansicht ist auch der RAM. (Bescheid vom 14. 12. 23 — RABl. 1924 S. 6).

Die Behörde kann auch die Arbeitszeit mehrmals herabsetzen, im ganzen natürlich nicht unter 24 Stunden wöchentlich. Siehe hierüber auch die Anm. 32.

27. Siehe Anm. 17.

28. D. h. der behördlich angeordneten. Findet auf Vereinbarung zwischen Arbeitgeber und Arbeitnehmer eine Verkürzung der Arbeitszeit statt, so wird der verkürzte Lohn während der ganzen Dauer der Kurzarbeit gezahlt. Vgl. im übrigen wegen der Arbeitsstreckung Anm. 24.

29. Lohn ist der Entgelt für geleistete Arbeit der Arbeiter (GO. §§ 115 bis 119 b), während Gehalt den Entgelt für eine höhere Arbeitsleistung, besonders aus längeren Dienstverträgen, darstellt (z. B. Gehalt der Handlungsgehilfen, § 63 HGB.).

30. Siehe Anm. 29.

31. Siehe Anm. 69 zu § 1.

32. **Zeitpunkt des Beginns der Lohnkürzung.** Bei den gewerblichen Arbeitern wird dieser Zeitpunkt regelmäßig in die Sperrfrist, bei den Angestellten, für die in der Regel eine längere Kündigungsfrist in Frage kommt, außerhalb dieser Frist fallen, sofern nicht der Arbeitgeber vorsorglich schon so lange vorher die Kündigung ausspricht, daß ihre Wirkung mit dem ersten Tage der Sperrfrist zusammenfällt, oder sofern die Sperrfrist im Falle eines beabsichtigten Betriebsabbruchs gemäß § 4 Abs. 1 verlängert worden ist.

Mit der Frage, von welchem Zeitpunkt ab und in welchem Maße der Arbeitgeber bei Arbeitsstreckung berechtigt ist, eine entsprechende Lohn- oder Gehaltskürzung vorzunehmen, beschäftigt sich eingehend folgender Bescheid des RAM. vom 25. 8. 20 (wegen der Anwendbarkeit dieser Auslegung auf den vorliegenden Abs. 3 siehe die Vorbemerkung): „Die in meinem Schreiben vom 29. Juni 1920 — VI 6686 —, abgedruckt in Nr. 126 des „Kämpfers" vom 27. August 1920, vertretene Auslegung des § 12 Abs. 2 Satz 2 der Verordnung über die Einstellung und Entlassung von Arbeitern und Angestellten während der Zeit der wirtschaftlichen Demobilmachung vom 12. Februar 1920 (Reichs-Gesetzbl. S. 218) kann ich nach nochmaliger Prüfung der Rechtslage nicht aufrechterhalten. Teilt der Arbeitgeber den Arbeitnehmern rechtzeitig, d. h. unter Innehaltung der vereinbarten oder gesetzlichen Kündigungsfrist, die beabsichtigte Arbeitsstreckung und Lohnkürzung vorher mit, so ist er im Falle der Arbeitsstreckung nach Ablauf der Kündigungsfrist zur entsprechenden Lohnkürzung berechtigt.

Die Frage, wieviel der Arbeitgeber an Gehalt zu kürzen berechtigt ist, wenn er den Arbeitnehmern rechtzeitig bei 48 stündiger wöchentlicher Arbeitszeit die Herabsetzung der Arbeitszeit z. B. auf 40 Stunden und entsprechende Lohnkürzung ankündigt, nach Ablauf der Kündigungsfrist jedoch tatsächlich eine weitere Herabsetzung der Arbeitszeit z. B. auf 32 Stunden vornimmt, dürfte dahin zu entscheiden sein, daß der Arbeitgeber zunächst nur Lohn für acht Stunden zu kürzen berechtigt ist. Eine Lohnkürzung für 16 Stunden würde gegen den Grundsatz verstoßen, daß dem Arbeitnehmer die Möglichkeit gewährt werden muß, sich rechtzeitig darüber zu entschließen, ob er sich mit der angekündigten Abänderung des Arbeitsvertrages ausdrücklich oder stillschweigend einverstanden erklären oder das Arbeitsverhältnis kündigen will.

War dem Arbeitnehmer also keine Gelegenheit gegeben, sich vor Ablauf der Kündigungsfrist über die Fortsetzung des Arbeitsvertrages mit nur 32 Stunden Arbeitszeit zu erklären, so ist der Arbeitgeber nicht berechtigt, nur für 32 Stunden Lohn zu zahlen, er ist vielmehr zunächst zur Zahlung der 40 Lohnstunden verpflichtet. Zu der weiteren Lohnkürzung (also für 16 Stunden) ist der Arbeitgeber erst dann berechtigt, wenn dem Arbeitgeber wiederum Gelegenheit gegeben ist, sich rechtzeitig über die Fortsetzung des Arbeitsvertrages mit der erneuten Abänderung beziehungsweise über die Kündigung zu entschließen." (RABl. 1921 S. 12.)

Hat sich der Arbeitnehmer mit der Einführung von Kurzarbeit einverstanden erklärt, so erstreckt sich das Einverständnis auch auf die Vornahme der entsprechenden Lohnkürzung, selbst wenn dies nicht besonders zum Ausdruck gebracht ist. (So auch das Urteil des LAG. Chemnitz vom 15. 9. 27, Bens.Samml. Bd. 1 Nr. 46 — LAG. — S. 152.) Vgl. zur Frage der freiwillig eingeführten Arbeitsstreckung und der damit zusammenhängenden Rechtsfragen auch das Urteil des LAG. Mannheim vom 7. 3. 28 (Bens.Samml. Bd. 3 Nr. 2 — LAG. — S. 4 ff.), das mit Recht ausführt, daß die Ankündigung von Kurzarbeit nicht ohne weiteres die Kündigung der Arbeitnehmer bedeutet, die mit der Kürzung der Arbeitszeit nicht einverstanden sind, da ein so wichtiger Akt, wie ihn die Kündigung als ein einseitiger Eingriff in das Vertragsverhältnis darstellt, unzweideutig zum Ausdruck gebracht werden muß, während das LAG. Krefeld in seinem Urteile vom 11. 4. 28 (a. a. O. S. 9 ff.) entschieden hat, daß in der einseitigen Ankündigung der Arbeitsstreckung eine bedingte Kündigung der mit derselben nicht einverstandenen Arbeitnehmer liege. Arbeitet der Arbeitnehmer in der verkürzten Arbeitszeit weiter, so ist darin ein stillschweigendes Einverständnis mit der Arbeitskürzung zu erblicken, und der Arbeitnehmer muß sich ohne weiteres auch die Kürzung des Lohnes gefallen lassen.

Fällt ein Urlaub, auf den der Arbeitnehmer Anspruch hat, in die Zeit der Arbeitsstreckung, so ist der volle Lohn zu zahlen. Denn der Berechnung der Urlaubszeit liegt der normale Arbeitstag von 48 Wochenstunden zugrunde. Der Arbeitnehmer soll von den normalen Jahresarbeitsstunden, die sich aus der Summe der Wochenarbeitsstunden ergeben, einen bestimmten Teil vergütet erhalten, ohne tatsächlich Arbeit zu leisten.

Im Falle der Arbeitsstreckung müßte also dem Arbeitnehmer mindestens ein der verkürzten Arbeitszeit entsprechend verlängerter Urlaub zugestanden werden, wenngleich er hierbei immer noch einen Lohnausfall haben würde. Wollte man (wie Erdmann-Anthes S. 115) annehmen, daß der Arbeitslohn als Ersatz desjenigen Arbeitslohnes geleistet wird, den der Arbeitnehmer verdienen würde, wenn er während der Ferienzeit arbeitete, so müßte man in analoger Anwendung dieser Theorie auch im Falle der Arbeitshäufung im Betrieb dem während dieser Zeit beurlaubten Arbeitnehmer die gesetzlich vorgeschriebene Überstundenvergütung (§ 6 a der Arbeitszeitverordnung vom 14. 4. 27 — RGBl. S. 110 —) zubilligen, eine Auffassung, die mit Recht abzulehnen ist. Vgl. zu dieser Frage das Urteil des LAG. Hagen vom 11. 9. 28, Bens. Samml. Bd. 5 — LAG. — S. 28), in dem ebenfalls ausgeführt wird, daß die Urlaubsvergütung ohne Rücksicht auf Kurzarbeit und Überstunden nach dem normalen Arbeitstage zu berechnen ist.

Dagegen hat der Arbeitnehmer bei Erkrankung nur den verkürzten Arbeitslohn zu beanspruchen, falls er überhaupt Lohn für die Krankheitstage erhält.

Sind im Tarifvertrage oder Einzelvertrage über die Lohnzahlung bei Urlaub oder Krankheit besondere Vereinbarungen getroffen, so gelten diese.

Bezüglich der Lohnkürzung im allgemeinen und der Akkordlohnarbeiter im besonderen hat der RAM. folgenden Bescheid erteilt (da § 12 Abs. 2 der VO. vom 12. 2. 20 dem vorliegenden Abs. 3 im allgemeinen entspricht, ist eine Auslegung auch auf die gegenwärtig geltende Bestimmung anwendbar; siehe auch die Vorbemerkung): „Teilt der Arbeitgeber den Arbeitnehmern die beabsichtigte Arbeitsstreckung und Lohnkürzung vorher mit, so ist er im Falle der Arbeitsstreckung nach Ablauf der vereinbarten oder gesetzlichen Kündigungsfrist zur entsprechenden Lohnkürzung berechtigt. Durch § 12 Abs. 2 Satz 2 wird dem Arbeitnehmer die Möglichkeit gewährt, sich rechtzeitig darüber zu entschließen, ob er sich mit der angekündigten Abänderung des Arbeitsvertrages ausdrücklich oder stillschweigend einverstanden erklären oder das Arbeitsverhältnis kündigen will.

Hinsichtlich der im Akkordlohn stehenden Arbeiter wird der Regelfall sein, daß diesen Arbeitern ein bestimmter Zeitlohn garantiert und daher auch im Falle der Arbeitsstreckung bis zum Ablauf der Kündigungsfrist zu zahlen ist. Das entspricht auch dem Zweck der im § 12 Abs. 2 der Verordnung vom 12. Februar 1920 gegebenen sozialen Vorschrift." (Bescheid vom 24. 8. 20 — RABl. 1921 S. 93 —.)

Arbeitet ein Arbeitnehmer nur in Akkord, so ist der Lohn ohne weiteres zu kürzen. (So auch Weigert S. 46.)

33. Die allgemeinen gesetzlichen Bestimmungen über Kündigungsfristen sind u. a. im BGB., in der GO. und im HGB. enthalten.

Die Frage, ob auch die längeren Kündigungsfristen, die in besonderen gesetzlichen Vorschriften vorgesehen sind, für die Verpflichtung des Arbeitgebers zur vollen Lohnzahlung während der Zeit der Arbeitsstreckung gelten und die Arbeitnehmer, zu deren Gunsten die besonderen Vorschriften erlassen sind, infolgedessen Anspruch auf den vollen Lohn auch während der verlängerten Kündigungsfrist haben, ist strittig. Ihre Beantwortung hängt davon ab, ob man die für die besonders geschützten Arbeitnehmer erlassenen Bestimmungen zu den „allgemeinen" Bestimmungen rechnen kann oder nicht. Bei den durch das Schwerbeschädigtengesetz (vom 12. 1. 23 — RGBl. S. 53) begünstigten Arbeitnehmern dürfte es zweifelhaft sein. Es ist aber mit der herrschenden Meinung in Lehre und Rechtsprechung anzunehmen, daß Schwerbeschädigte im Falle der Arbeitsstreckung keinen Anspruch darauf haben, daß ihnen diese vier Wochen vorher angezeigt wird, daß sie vielmehr nur den vollen Lohn bis zu dem Zeitpunkte verlangen können, an dem ihr Arbeitsverhältnis ohne Anwendung des Schwerbeschädigtengesetzes endigen würde. Haben sie aber vertraglich eine längere Kündigungsfrist vereinbart, als sie nach den für sie besonders getroffenen Bestimmungen des Schwerbeschädigtengesetzes sein würde, so gilt die vertraglich bedungene Kündigungsfrist. Vgl. auch die Anm. 16 B II.

Anders verhält es sich bei den älteren Angestellten, die durch das sogenannte „Kündigungsschutzgesetz" (siehe die Anm. 16) geschützt sind. Sie haben Anspruch auf den vollen Lohn während der ganzen erhöhten Kündigungsfrist. Denn das Kündigungsschutzgesetz ist nach herrschender Ansicht kein Ausnahmegesetz, sondern stellt seinem Sinne nach nur eine Abänderung der entsprechenden allgemeinen Vorschriften des BGB., des HGB. und der GO. dar. Es nimmt also insoweit in seiner Wirkung an der einschränkenden Bestimmung der StillVO. teil, daß die Gehaltskürzung erst mit dem Tage der fingierten Beendigung des Arbeitsverhältnisses eintritt. Auch in diesem Falle gehen natürlich vereinbarte Kündigungsfristen, wenn sie noch länger als die durch das Kündigungsschutzgesetz ausgedehnten Kündigungsfristen sind, vor. Über vereinbarte Kurzarbeit siehe die Anm. 24 B.

34. Das wird die Regel sein. In Frage kommen Einzelverträge und Tarifverträge.

35. Nach Ablauf der Kündigungsfrist braucht der Arbeitgeber nicht etwa noch für die Dauer einer weiteren Kündigungsfrist den vollen Lohn zu zahlen. Dahin hat sich auch der RAM. in seinem (Anm. 32 abgedruckten) Bescheide vom 25. 8. 20 entgegen seiner früheren, u. a. im Schreiben vom 29. 6. 20 vertretenen Ansicht ausgesprochen.

36. **Fristlose Entlassung.** Im Gegensatz zur regelmäßigen Kündigung, die von Kündigungsgründen unabhängig ist, bedarf es zur außerordentlichen Kündigung eines besonderen Grundes, der die fristlose Beendigung des an sich vertraglich oder gesetzlich befristeten Arbeitsverhältnisses rechtfertigt. Als allgemeiner Kündigungsgrund gilt hierbei nach § 626 BGB. jeder wichtige Grund. Was ein wichtiger Grund ist, muß nach den Umständen des Falles entschieden werden. § 16 der VO., betr. eine vorläufige Landarbeitsordnung, vom 24. 1. 19 (RGBl. S. 111) erklärt als wichtigen Grund begrifflich jeden Umstand, mit Rücksicht auf den die Fortsetzung des Dienstvertrages einer Vertragspartei nicht mehr zugemutet werden kann. Ebenso bestimmen § 70 HGB., §§ 124 a, 133 b GO., daß jeder der beiden Teile vor Ablauf der vertragsmäßigen Kündigungsfrist ohne Inne-

haltung einer Kündigungsfrist dann die Aufhebung des Vertragsverhältnisses verlangen kann, wenn ein wichtiger, nach den Umständen des Falles die Aufhebung rechtfertigender Grund vorliegt. Die in §§ 70 HGB. und 133 b GBO. behandelten Personen (Handlungsgehilfen, Betriebsbeamte, Werkmeister, Techniker) werden regelmäßig mit einer für den Schluß eines Kalendervierteljahres wirksamen Kündigungsfrist von 6 Wochen angestellt. Deshalb wird dem Arbeitgeber nicht zugemutet, beim Vorhandensein eines wichtigen Grundes das Arbeitsverhältnis solange fortzusetzen. Das gleiche trifft auf die gewerblichen Arbeiter zu. Da sie aber regelmäßig mit einer sehr kurzen Kündigungsfrist beschäftigt werden, besagt der für sie geltende § 124 a GO. allgemein, daß sie außer den in § 123 GO. bezeichneten Fällen wegen eines beliebigen wichtigen Grundes nur dann fristlos entlassen werden können, wenn das Arbeitsverhältnis mindestens auf vier Wochen oder wenn eine längere als vierzehntägige Kündigungsfrist vereinbart ist. Während also die Vorschrift bzl. der fristlosen Entlassung aus einem beliebigen wichtigen Grunde als clausula generalis für alle Arbeitnehmer mit langfristigem Arbeitsvertrage gilt (§ 70 HGB., §§ 124 a, 133 b GO.), können die gewerblichen Arbeiter und die ihnen gleichgestellten Arbeitnehmer im übrigen fristlos nur aus den in § 123 GO. einzeln aufgeführten acht Gründen entlassen werden, die also nicht etwa als Beispiele von Kündigungsgründen genannt werden, wie es für die technischen Angestellten in § 133 c GO. und für die Handlungsgehilfen in § 72 HGB. geschieht, die vielmehr die exklusiven Auflösungsgründe des Vertrages darstellen. Sie können gemäß § 134 c GO. nur durch die Arbeitsordnung, nicht aber durch den Arbeitsvertrag vermehrt werden. (Vgl. auch Kaskel S. 178.) Auch die übrigen Vorschriften über den „wichtigen Grund" enthalten zwingendes Recht und können durch Parteiabrede nicht ausgeschlossen werden.

Über den Begriff des wichtigen Grundes vgl. auch noch das Urteil des RAG. v. 11. 1. 28, wonach ein wichtiger Grund zur fristlosen Entlassung dann vorliegt, wenn Umstände eingetreten sind, die nach verständigem Ermessen dem einen oder andern Teil die Fortsetzung des Verhältnisses nicht mehr zumuten lassen, da durch sie das Interesse eines Teiles in unbilliger Weise geschädigt werden würde. Ein Verschulden einer Partei ist dabei nicht erforderlich.

Ein wichtiger Grund im Sinne des § 626 BGB. ist auch gegeben, wenn der eine Teil nach einem Vertrag mit einem Dritten auf dessen Verlangen verpflichtet ist, den Arbeitsvertrag zu kündigen.

„Die Parteien können zwar im Arbeitsvertrag vereinbaren, daß gewisse Ereignisse einen wichtigen Grund zur fristlosen Entlassung abgeben sollen, ist aber die fristlose Entlassung nur auf Grund gesetzlicher Bestimmungen zugelassen, dann ist eine solche Vereinbarung nicht maßgebend; allerdings kann diese Vereinbarung bei der richterlichen Auslegung, ob ein wichtiger Grund vorliegt, von Bedeutung sein." (Bens.Samml. Bd. 2 Nr. 8 — RAG. — S. 27.)

In diesem Sinne ist auch die Frage, ob ausdrücklich vereinbart werden kann, daß Betriebsstillegung ein wichtiger Grund zur fristlosen Entlassung sein soll, zu beantworten. Ebenso hat das RG. (Kommentar der Reichsgerichtsräte zu § 626 BGB. Anm. 2, im unten genannten Aufsatz von Potthoff zitiert) entschieden, daß zwar Vereinbarungen über Wichtigkeit oder Unwichtigkeit bestimmter Gründe zuzulassen seien, ihre Wirksamkeit aber dahin beschränkt sei, daß solche Vereinbarungen nur als Momente bei der Entscheidung über die Wichtigkeit in Betracht kämen, während die Gestaltung der Verhältnisse im praktischen Falle eine andere Beurteilung erfahren könnte.

Dagegen kann ein Verzicht auf das außerordentliche Kündigungsrecht niemals vertraglich vereinbart werden, denn ein solcher Verzicht wäre nichtig. Doch ist das bereits entstandene Kündigungsrecht verzichtbar.

Der Arbeitgeber ist verpflichtet, unverzüglich nach Erlangung der Kenntnis von einem bestimmten Ereignisse, das einen wichtigen Kündigungsgrund bildet, von seinem gesetzlichen Kündigungsrecht Gebrauch zu machen, widrigenfalls in der Nichtausübung des Kündigungsrechts ein stillschweigender Verzicht auf den wichtigen Grund erblickt werden muß. (So auch Urteil des RAG. vom 7. 3. 28, Bens.Samml. Bd. 2 Nr. 43 — RAG. — S. 141.) Dasselbe gilt, wenn der Arbeitgeber trotz Kenntnis eines wichtigen Grundes nicht fristlos, sondern mit Kündigungsfrist kündigt. Will der Arbeitgeber aus sozialen Gründen trotz Vorliegens eines wichtigen Grundes den Arbeitnehmer nicht sofort entlassen, so muß er ihm fristlos kündigen und gleichzeitig mit ihm einen entfristeten oder einen Arbeitsvertrag auf bestimmte Zeit abschließen, der von selbst ohne Kündigung sein Ende erreicht (vgl. auch Anm. 10), andernfalls ist er an die gesetzliche oder vertragliche Kündigungsfrist gebunden.

Wichtige Gründe können sowohl im Falle einer regelmäßigen Kündigung während der Kündigungsfrist den Arbeitsvertrag zur sofortigen Aufhebung bringen als auch bei unrechtmäßiger vorzeitiger Entlassung noch nachträglich zur sofortigen Auflösung des Arbeitsverhältnisses führen. So hat auch das RAG. in seinem Urteil vom 6. 6. 28 — RAG. 2/28 — entschieden. (Das Urteil ist in der JW. 1928 S. 2921 und Bens.Samml. Bd. 3 — RAG. — S. 76 abgedruckt.)

Eine fristlose Entlassung kann auch bei Arbeitsverhältnissen in Frage kommen, die auf bestimmte Zeit, auf Probe und zwecks Erreichung eines bestimmten Arbeitsergebnisses eingegangen sind. Siehe auch die Anm. 10.

Die Stillegung bildet nach der herrschenden Rechtsprechung regelmäßig keinen „wichtigen Grund" zur fristlosen Entlassung im Sinne der StillVO.

Selbst in dem Falle, daß die Betriebsstillegung infolge wirtschaftlichen Niederganges erfolgt (das ist das typische Beispiel einer Betriebsstillegung), rechtfertigt sie nicht ohne weiteres die fristlose Entlassung, da der Arbeitgeber grundsätzlich die wirtschaftliche Gefahr seines Betriebes zu tragen hat. Zu diesem Betriebsrisiko gehört zweifellos auch die Konjunktur. Vgl. zu dieser Frage den Aufsatz von Potthoff (RABl. 1926, Nichtamtlicher Teil S. 815), wo auch Literatur und Judikatur angegeben sind.

Von der Bestimmung über die fristlose Kündigung aus einem wichtigen Grunde sind auch die Arbeitnehmer nicht ausgeschlossen, die im übrigen einen besonderen Kündigungsschutz genießen (Schwerbeschädigte, ältere Angestellte, Frauen vor und nach der Niederkunft). Siehe auch die Anm. 16.

Von der fristlosen Kündigung ist die entfristete und die vorzeitige Kündigung zu unterscheiden.

Die sogenannte entfristete Kündigung ist die Kündigung aus einem Arbeitsverhältnis, für das eine Kündigungsfrist ausgeschlossen ist; hier kann also eine sofortige Kündigung erfolgen, ohne daß es eines besonderen Grundes bedarf. Diese Kündigung gilt als regelmäßige; doch kann auch aus diesen entfristeten Arbeitsverhältnissen eine außerordentliche Kündigung aus einem wichtigen Grunde mit Rücksicht auf den verschiedenen Umfang des Mitbestimmungsrechts im Falle der regelmäßigen bzw. außerordentlichen Kündigung praktisch werden (Kaskel S. 176 Anm. 4).

Eine vorzeitige Kündigung kommt im Konkursfalle des Arbeitgebers in Frage, während hier ein Recht auf fristlose Kündigung nicht besteht.

37. Diese Vorschrift soll verhüten, daß der Arbeitgeber durch Unterlassung der Anzeige, zu der er gemäß § 1 verpflichtet ist, erst gar keine Sperrfrist in Lauf setzt, also Entlassungen auch über die Grenzen des § 1 Abs. 1 Ziff. 2 hinaus vornehmen könnte, da mangels der Sperrfristen auch die Bestimmungen des Abs. 2 nicht in Frage kämen, wonach innerhalb dieser Sperrfristen Entlassungen nur mit Zustimmung der Behörde zulässig sind. Vgl. im übrigen die Anm. 10 A und D sowie Ziff. 6 des Erlasses vom 29. 2. 24 (abgedruckt S. 199).

§ 3.

Die zuständige Demobilmachungsbehörde[1] hat im Benehmen[2] mit Betriebsleitung[3] und Betriebsvertretung,[4] geeignetenfalls unter Heranziehung von Sachverständigen,[5] insbesondere der zuständigen Fachorganisationen[6] (z. B. wirtschaftliche Selbstverwaltungskörper, Außenhandelsstellen) und der amtlichen Berufsvertretungen,[7] unverzüglich[8] aufzuklären,[9] welche Umstände[10] die beabsichtigte Maßnahme[11] veranlassen; die Aufklärung muß innerhalb der im § 2 genannten Fristen[12] durchgeführt sein. Die Aufklärung hat sich auch darauf zu erstrecken, welche

Hilfsmaßnahmen[13] zur Behebung wirtschaftlicher Schwierigkeiten des Betriebs angezeigt erscheinen.

Die Landeszentralbehörden[14] und die zuständigen Demobilmachungsbehörden[15] werden ermächtigt, alle Anordnungen[16] zu treffen, die geeignet erscheinen, die tatsächlichen Verhältnisse des Betriebs aufzuklären und Zuwiderhandlungen[17] gegen § 2 zu verhindern.

Vorbemerkung.

Während § 1 dem Betriebsleiter im Falle eines Abbruchs oder einer Stillegung des Betriebes, soweit diese Maßnahmen begrifflich unter diese VO. fallen, eine Anzeigepflicht und eine gewisse Wartezeit auferlegt, in der er gemäß § 2 den Betrieb in seinem bisherigen Zustande belassen muß, bestimmt § 3 die Obliegenheiten, welche die Behörde innerhalb der Sperrfrist zu erfüllen hat. Zu diesen Maßnahmen, die lediglich vorbereitender und prohibitiver Natur sind, gehört

a) die unverzügliche Aufklärung der Gründe, welche die Stillegung oder den Abbruch veranlassen;

b) die Untersuchung, ob und in welchem Umfange Hilfsmaßnahmen zur Behebung der wirtschaftlichen Schwierigkeiten zu ergreifen sind.

Verhandlungen gemäß § 3 sind auch dann erforderlich, wenn die angezeigte Betriebsstillegung erst nach Ablauf der vierwöchigen Sperrfrist durchgeführt werden soll und innerhalb dieser Frist keine Arbeitnehmer zur Entlassung kommen sollen. Vgl. hierzu den Erlaß vom 29. 2. 24, abgedruckt S. 199.

Bei den Aufklärungsverhandlungen ist Rücksicht zu nehmen auf die Gefahr, den Kredit des Betriebsinhabers zu erschüttern und ihn dadurch vielleicht erst zur Stillegung zu zwingen, die andernfalls vermeidbar gewesen wäre. (Aus der „Niederschrift".)

Abs. 2 stattet die Untersuchungsbehörde mit den nötigen Vollmachten aus, die ihr durch Abs. 1 auferlegten Pflichten zu erfüllen, indem sie ausdrücklich zur Vornahme der Amtshandlungen ermächtigt wird, welche die tatsächlichen Verhältnisse des Betriebes aufzuklären sowie den Betrieb beeinträchtigende Veränderungen in der Sach- und Rechtslage und unnötige Entlassungen von Arbeitnehmern zu verhindern geeignet sind. Hilfsmaßnahmen zur Behebung der wirtschaftlichen Schwierigkeiten schreibt die VO. selbst nicht vor, eine Anweisung hierzu enthält vielmehr die Ausführungsanweisung vom 8. 11. 20 (unten S. 186 abgedruckt). Sie betont aber ausdrücklich, daß die Tätigkeit der Behörde in dieser Hinsicht lediglich eine unterstützende sein soll. Eine Stützungsaktion anzuordnen, ist die Behörde nicht befugt. Praktisch kommt eine Unterstützung infolge der schlechten Finanzlage des Reichs kaum noch in Frage.

Im Gegensatz zu § 2, der in seinen Abs. 2 bis 5 hauptsächlich sozialpolitische Gesichtspunkte verfolgt, ist § 3 von rein wirtschaftspolitischen Interessen bestimmt.

Mit den nötigen Befugnissen sind sowohl die oberste Landesbehörde als auch die zuständigen Demobilmachungsbehörden ausgestattet, während die übrigen Vollmachten nur in den Händen der Demobilmachungsbehörden ruhen.

1. Die Maßnahmen dieser Behörde sind endgültig. Ausnahmen enthalten § 4 Abs. 2 und 5, die ein förmliches Verfahren im Einspruchs- bzw. ordentlichen Rechtswege zulassen. Im übrigen siehe die Anm. 13 zu § 1.

2. Im Gegensatz zu „Einvernehmen", das soviel wie Einverständnis bedeutet, heißt „im Benehmen" Herbeiführung einer Erörterung, bei der Ansichten, Anregungen und Wünsche zwar gehört, aber nicht berücksichtigt zu werden brauchen. Die Entscheidung selbst liegt also bei der Demobilmachungsbehörde.

3. Die Herbeiziehung des Betriebsinhabers, sofern er nicht zugleich Betriebsleiter ist, ist Sache der Betriebsleitung.

4. D. i. der Betriebsrat, Betriebsobmann, Gruppenrat (Angestellten- und Arbeiterrat). §§ 1, 2, 6 BRG.

Die Betriebsvertretungen sind unter allen Umständen zu Verhandlungen auf Grund des § 3 heranzuziehen, und zwar vor Fällung einer etwaigen Entscheidung. (Vgl. den Erlaß vom 29. 10. 23, S. 195.)

Es ist nicht angängig, daß etwa nur die Gewerkschaft geladen wird und es dann dieser überlassen bleibt, ihrerseits die Betriebsvertretung zu der Verhandlung mitzubringen. (Erlaß vom 29. 2. 24, abgedruckt S. 199.)

Eine Verpflichtung des Arbeitgebers, sich mit dem Betriebsrat bzw. dem Betriebsausschuß ins Benehmen zu setzen, wenn infolge von Einschränkung oder Stillegung des Betriebs die Entlassung einer größeren Zahl von Arbeitnehmern erforderlich wird, besteht schon nach § 74 BRG.

5. Sachverständige werden insbesondere auch dann zu hören sein, wenn eine Übereinstimmung zwischen der Betriebsleitung und der Betriebsvertretung nicht zu erzielen ist.

Die Sachverständigengebühren trägt die Staatskasse. Die Sachverständigen sind zur Verschwiegenheit verpflichtet. Eine Verletzung dieser Pflicht zieht eine Bestrafung gemäß § 7 nach sich, sofern die Demobilmachungsbehörde die Sachverständigen zur Amtsverschwiegenheit verpflichtet hat. (Weigert S. 49.)

Als Sachverständige können auch Gewerkschaftsangestellte zugezogen werden (Häußner S. 45).

6. In Zweifelsfragen ist die zuständige Berufs- und Wirtschaftsorganisation telegraphisch vom Reichswirtschaftsministerium zu erfragen. (Siehe die Ausführungsanweisung, Ziff. 1, S. 186.)

7. Den Gewerkschaften ist auf alle Fälle durch rechtzeitige Benachrichtigung Gelegenheit zu geben, sich an den Verhandlungen zu beteiligen. (Siehe den Erlaß vom 29. 10. 23, S. 195.)

8. D. h. ohne schuldhaftes Zögern, wie in § 1; siehe dort die Anm. 55.

9. Verhandlungen gemäß § 3 sind auch dann erforderlich, wenn die angezeigte Betriebsstillegung erst nach Ablauf der vierwöchigen Sperrfrist durchgeführt werden soll. Vgl. auch die Vorbemerkung.

Die Aufklärung dient auch dazu, eine Verschleierung des Tatbestandes zu verhüten.

10. Diese Umstände können veranlaßt sein:

a) durch Mangel an Roh- und Betriebsstoffen;

b) durch finanzielle Not;

c) durch Mangel an Aufträgen oder Absatz;

d) durch Schwierigkeiten anderer Art, die auch sozialer Natur sein können. Hierher gehören z. B. solche Schwierigkeiten, wie sie sich beim Inkrafttreten der auf Grund der Verordnung über die Arbeitszeit in der Fassung vom 14. 4. 27 (RGBl. S. 110) erlassenen Verordnung über die Arbeitszeit in Stahlwerken, Walzwerken und anderen Anlagen der Großindustrie vom 16. 7. 27 (RGBl. S. 221) infolge der Wiedereinführung des Dreischichtensystems ergeben haben.

Die Hilfsmaßnahmen, die zur Behebung der Schwierigkeiten angebracht erscheinen, müssen sich also in diesem Kreise bewegen.

Außerdem wird die Demobilmachungsbehörde für verpflichtet angesehen, dem zuständigen Arbeitsamt Mitteilung über die durch die etwaige Stillegung des Betriebs arbeitslos werdenden Arbeitnehmer zu machen. Hierdurch wird der Arbeitgeber von seiner diesbezüglichen Anzeigepflicht aber nicht befreit. (§ 65 des Gesetzes über Arbeitsvermittlung und Arbeitslosenversicherung vom 16. 7. 27 — RGBl. S. 187 —.)

11. D. i. Betriebsabbruch und Betriebsstillegung. Auch die Gründe der Stillegung, die infolge unvorhersehbarer Ereignisse sofort erfolgen muß und daher erst nachträglich angezeigt werden kann (§ 1 Abs. 3), sind von der Behörde aufzuklären. Der Wortlaut des § 3, „welche Umstände die beabsichtigte Maßnahme veranlassen“, spricht allerdings gegen diese Auffassung, da er nur künftige, noch nicht vollzogene Stillegungen oder Abbrüche von Betrieben erfaßt; der ganze Sinn der StillVO. läßt aber nur die Auslegung zu, daß auch die bereits vorgenommenen Maßnahmen der Nachprüfung der Behörde unterliegen, und zwar sowohl die bei Eintritt unvorhersehbarer Ereignisse gesetzlich ohne vorherige Anzeigeerstattung zugelassenen Stillegungen als auch die entgegen der Anzeigepflicht des § 1, also verbotswidrig vorgenommenen Stillegungen und Abbrüche. Siehe Anm. 15, 25, 52 zu § 1.

12. Die Frist (sogenannte Sperrfrist) beträgt bei der Stillegung vier Wochen, bei dem Abbruch sechs Wochen und kann im letzteren Fall gemäß § 4 um einen Monat bzw. drei Monate verlängert werden. Vgl. auch Anm. 40 zu § 1 und § 5, wonach die Behörde an die Frist nicht gebunden ist, falls eine Anzeige entgegen § 1 nicht erstattet ist.

13. Die Tätigkeit soll lediglich eine unterstützende sein. Sie darf daher nicht auf ein dauerndes Verbot des Abbruchs oder der Stillegung hinzielen. (AusfVO. vom 8. 11. 20, abgedruckt unten S. 186.) Vgl. auch die Vorbemerkung.

14. Während im übrigen die Demobilmachungsbehörde im Mittelpunkt der VO. steht, werden hier die Landeszentralbehörden, denen die Demobilmachungsbehörden unterstehen, noch besonders zur Vornahme von Anordnungen zwecks erfolgreicher Durchführung der Aufklärung und Verhinderung von Zuwiderhandlungen ermächtigt.

15. Diese Behörden handeln also nach eigenem Ermessen und unter voller Verantwortlichkeit. In besonders bedeutsamen Fällen können sie eine Rückäußerung der obersten Zentralbehörde (RWM.) herbeiführen, der sie diese Fälle telegraphisch mitzuteilen haben. (Vgl. die Ausführungsanweisung S. 186.)

16. Die Anordnungen beziehen sich also nur auf die Aufklärung der tatsächlichen Verhältnisse des Betriebes und auf die Verhütung von Zuwiderhandlungen gegen § 2. Es gehört dagegen nicht zur Amtsbefugnis der Behörde, von sich aus Stützungsmaßnahmen anzuordnen. Weitere Befugnisse der Demobilmachungsbehörde enthält § 4. Vgl. auch die Vorbemerkung.

Die Länder werden, soweit sie dies nicht schon getan haben, auf Grund des Abs. 2 den Vertretern der Berufsverbände, die zu den Aufklärungsverhandlungen zugezogen werden, die Verpflichtung der Geheimhaltung der Geschäfts- und Betriebsgeheimnisse auferlegen, die bei den Verhandlungen zu ihrer Kenntnis gelangen. Die Verletzung dieser Pflicht ist nach § 7 strafbar. Vgl. auch die Anm. 5.

17. Zuwiderhandlungen ziehen eine Bestrafung aus § 7 nach sich. Vgl. dort die Anm. 2.

§ 4.

Die zuständige Demobilmachungsbehörde[1] ist ermächtigt,[2]

1. im Falle des § 1 Abs. 1 Nr. 1[3] die im § 1 Abs. 2[4] festgesetzte Frist aus zwingenden Gründen[5] um einen Monat und, falls weiterhin zwingende Gründe vorliegen, um weitere zwei Monate zu verlängern. Die Vorschriften der §§ 2, 3 bleiben entsprechend anwendbar;[6]
2. im Falle des § 1 Abs. 1 Nr. 1 und 2[7] die im § 1 Abs. 4 genannten Vorräte,[8] im Falle des § 1 Abs. 1 Nr. 1[9] auch die vom Abbruch oder der Entziehung[10] bedrohten oder betroffenen Gegenstände[11] (Sachen und Rechte)[12] zu beschlagnahmen[13] und zugunsten des Landesfiskus zu enteignen.[14] Statt der Enteignung kann die Übertragung[15] der Gegenstände auf eine von der Demobilmachungsbehörde zu bestimmende andere Person ausgesprochen werden. Die Beschlagnahme darf nur innerhalb der in §§ 2, 4 Abs. 1 Nr. 1 genannten Fristen[16] erfolgen; die Enteignung[17] oder Übertragung muß spätestens binnen 2 Wochen nach Ablauf dieser Fristen erfolgt sein.

Die Beschlagnahme[18] hat die Wirkung, daß ohne Genehmigung der Demobilmachungsbehörde die Vornahme von Veränderungen[19] an den betroffenen Gegenständen[20] verboten ist und daß rechtsgeschäftliche Verfügungen[21] über sie nichtig[22] sind. Den rechtsgeschäftlichen Verfügungen[23] stehen Verfügungen gleich, die im Wege der Zwangsvollstreckung oder Arrestvollziehung erfolgen. Der von der Beschlagnahme Betroffene[24] ist verpflichtet, die Gegenstände während der Dauer der Beschlagnahme zu verwahren[25] und pfleglich zu behandeln. Die Beschlagnahme verliert ihre Wirkung[26] mit der Enteignung[27] oder Übertragung oder, falls eine solche[28] nicht stattfindet, mit dem Ablauf der im Abs. 1 Nr. 2 genannten Fristen.[29]

Die Ausübung[30] der im Abs. 1 festgesetzten Befugnisse erfolgt durch Zustellung[31] eines entsprechenden[32] Beschlusses an den Inhaber oder Leiter[33] des Betriebs. Sobald die Enteignungs- oder Übertragungsanordnung dem Betroffenen[34] zugeht,[35] geht das Eigentum an der Sache oder das entzogene Recht auf den Landesfiskus oder die in der Anordnung bezeichnete Person über.[36] Gegen die Fristverlängerung nach Abs. 1 Nr. 1 kann Einspruch[37] bei der Landeszentralbehörde[38] erhoben werden.

Die Beschlagnahme und Überweisung von Brennstoffen im Sinne der Verordnung vom 24. Februar 1917 (Reichs-Gesetzbl. S. 167) erfolgt lediglich durch den Reichskommissar für die Kohlenverteilung und die von diesem ermächtigten Stellen entsprechend den hierfür geltenden Vorschriften.[39]

Die Enteignung[40] oder Übertragung[41] an eine andere Person nach Abs. 1 Nr. 2 hat gegen angemessene Entschädigung,[42] die den Tagespreis[43] des Tages der Beschlagnahme[44] nicht übersteigen darf, zu erfolgen; entgangener Gewinn[45] ist nicht zu erstatten. Durch die Enteignung oder Übertragung darf die ordnungsmäßige Führung der übrigen Teile des Betriebs nicht beeinträchtigt werden, sofern nach Lage der Sache eine Weiterführung[46] des Betriebs in Frage kommt. Gegen die Festsetzung der Entschädigung[47] ist innerhalb von sechs Monaten von der Zustellung[48] des Festsetzungsbeschlusses an der ordentliche Rechtsweg[49] zulässig.

Die Bestimmungen der Verordnung zur Behebung der dringendsten Wohnungsnot vom 9. Dezember 1919 (Reichs-Gesetzbl. S. 1968) bleiben unberührt.[50]

Vorbemerkung.

§ 4 stattet die Demobilmachungsbehörde mit weitgehenden Vollmachten zur erfolgreichen Durchführung der VO. aus. Abs. 1 Ziff. 1 läßt eine Verlängerung der Sperrfrist (Anm. 40 zu § 1) im Falle des Betriebsabbruches zu; Ziff. 2 gibt der Behörde das Recht der Beschlagnahme und Enteignung. Abs. 2 bis 5 regeln die bei Vornahme dieser Zwangsmaßnahmen sich ergebenden materiellen Rechtsverhältnisse und enthalten außerdem gewisse Verfahrensvorschriften.

Wie schon oben erwähnt ist, liegt der Schwerpunkt der VO., soweit wirtschaftspolitische Momente in Frage kommen, in der eingehenden behördlichen Untersuchung der Gründe des wirtschaftlichen Niederganges des abzubrechenden oder stillzulegenden Betriebes. Nur um den Anreiz zu nehmen, in konjunkturschwachen Zeiten den Betrieb abzubrechen und die Betriebsmittel zu verkaufen oder stillzulegen, wird die Behörde, sofern ihre Unterstützungsaktion zu keinem Erfolge führt, sondern der Betriebsleiter die beabsichtigte Maßnahme vornimmt, ermächtigt, die vom Abbruch bedrohten Gegenstände sowie die vorhandenen Vorräte zu beschlagnahmen und zugunsten des Landesfiskus oder eines Dritten gegen eine angemessene Entschädigung zu enteignen.

Die Enteignung stellt also bei dem amtlichen Eingriff das endgültige Mittel dar, während die Beschlagnahme diese Maßnahme nur vorbereitet. Von der Enteignungsbefugnis wird die Behörde aber nur dann Gebrauch machen, wenn hierdurch eine produktive Verwendung der betreffenden Gegenstände sichergestellt wird. (Siehe auch Ziff. 4 der Ausführungsanweisung S. 186.) Die Beschlagnahme und Enteignung bilden das äußerste Zwangsmittel, das jedoch nur in ganz besonderen Fällen zur Anwendung kommen wird. Aber schon die Androhung dieser Maßnahmen wirkt auf den Entschluß zur Stillegung oder zum Abbruch hemmend, und gerade diese psychologische Wirkung der Verordnung ist nicht zu unterschätzen. (Siehe auch die Einleitung S. 32.) „Von der Enteignung ist seit Bestehen der Stillegungsverordnung in kaum nennenswertem Umfange Gebrauch gemacht." (Häußner S. 50.)

1. Siehe Anm. 13 zu § 1.

2. Während die Demobilmachungsbehörde zur Vornahme der ihr gemäß § 3 Abs. 1 vorgeschriebenen Aufklärung verpflichtet ist, wird sie gemäß § 3 Abs. 2 und § 4 mit den zur erfolgreichen Durchführung ihrer obrigkeitlichen Maßregeln nötigen Befugnissen versehen, von denen sie nach pflichtmäßigem Ermessen Gebrauch machen kann. Vgl. auch die Vorbemerkung.

3. § 1 Abs. 1 Nr. 1 behandelt den Betriebsabbruch. Bei der Betriebsstillegung kommt also eine Verlängerung der Sperrfrist gar nicht in Frage, also auch nicht bei der (§ 1 Abs. 3) infolge unvorhersehbarer Ereignisse sofort vorzunehmenden Stillegung.

Die Verlängerung der Frist muß durch schriftlichen Beschluß der Demobilmachungsbehörde erfolgen. Der Beschluß muß dem Inhaber oder Leiter des Betriebes zugestellt werden. (Vgl. hierzu die Anm. 31.) Gegen die Fristverlängerung kann Einspruch bei der Landeszentralbehörde erhoben werden. (§ 4 Abs. 3.)

4. Gemeint ist die in § 1 Abs. 2 Satz 1 genannte Sperrfrist, nicht die in Satz 2 genannte Freifrist. Die Sperrfrist beträgt nach § 1 Abs. 2 sechs Wochen. Sie beginnt mit dem Tage nach Eingang der gemäß § 1 zu erstattenden Anzeige bei der Demobilmachungsbehörde zu laufen. Vgl. Anm. 14 und 40 zu § 1.

5. Von der Befugnis, die Sperrfrist im Falle eines beabsichtigten Betriebsabbruches über den Zeitraum von sechs Wochen hinaus zu verlängern, soll die Behörde nur aus zwingenden Gründen, und zwar nur dann Gebrauch machen, wenn zu erwarten ist, daß die beabsichtigten Maßnahmen zur Verhinderung des Abbruchs führen werden.

Die Verfügung, durch welche die Fristverlängerung erfolgt, muß in jedem Falle mit genauen Gründen versehen sein. (Vgl. Ziff. 4 c der Ausführungsanweisung, S. 186.)

6. Ebenso wie während der regelmäßigen Frist von sechs Wochen darf auch in der verlängerten Wartezeit ohne Genehmigung der zuständigen Behörde weder eine wesentliche Veränderung der Sach- und Rechtslage vorgenommen noch über die Vorräte anders als im Rahmen der ordnungsmäßigen Führung des Betriebes

verfügt werden. Auch die Entlassungsbeschränkungen und die Bestimmungen über die Arbeitsstreckung (§ 2 Abs. 2 bis 5) gelten für die ganze Dauer der verlängerten Frist. Vgl. auch Ziff. 6 des Erlasses vom 29. 2. 24 (abgedruckt S. 199).

7. Ziff. 1 bezieht sich auf Betriebsabbrüche, Ziff. 2 auf Betriebsstillegungen. Bei einer Betriebsstillegung können also nur die Vorräte, bei einem Betriebsabbruch neben den Vorräten auch die vom Abbruch bedrohten oder betroffenen Sachen beschlagnahmt und enteignet und die von der Entziehung bedrohten oder betroffenen Rechte beschlagnahmt und entzogen werden. Die Beschlagnahme und Enteignung bzw. Entziehung erfolgt zugunsten des Landesfiskus.

8. D. h. die Vorräte an Roh- und Betriebsstoffen und Halbfabrikaten, die im betroffenen Betriebe oder selbständigen Betriebsteil vorhanden oder für ihn bestimmt sind, also nicht nur die mitgeteilten Vorräte, sondern alle, die tatsächlich vorhanden sind, mithin auch diejenigen, die während der Sperrfristen hinzukommen. Die Vorräte gehören gesetzessprachlich ebenfalls zu den „Gegenständen“, und zwar zu den körperlichen (also zu den Sachen); deshalb formuliert auch der „Entwurf“ (§ 8): „Die Behörde ist berechtigt, im Falle eines Betriebsabbruchs oder einer Betriebsstillegung die im § 4 Abs. 3 genannten Vorräte, im Falle eines Betriebsabbruchs auch die übrigen vom Abbruch bedrohten oder betroffenen Gegenstände (Sachen und Rechte) zu beschlagnahmen und zugunsten des Landesfiskus oder einer andern Person zu enteignen.“

Fertigfabrikate können weder beschlagnahmt noch enteignet werden.

Nicht beschlagnahmt und enteignet können auch solche Vorräte werden, über die gemäß § 2 Satz 2 mit Genehmigung der Behörde im Rahmen der ordnungsmäßigen Führung des Betriebes verfügt worden ist.

„Rohstoffe, die noch mit dem Grund und Boden verbunden und deshalb unbewegliche Sachen sind (ungebrochene Steine im Steinbruch), können nicht beschlagnahmt oder enteignet werden.“ (Weigert S. 53.)

9. Also im Falle eines Betriebsabbruchs, wie auch aus den folgenden Worten ohne weiteres hervorgeht.

10. Die Entziehung kann durch Veräußerung oder Betriebsuntauglichmachung erfolgen. Sie gehört unter den Begriff des Abbruchs, stellt aber eine besondere Art des Abbruchs dar.

11. § 1 Abs. 1 Ziff. 1 unterscheidet zwischen Betriebsanlagen einerseits und zum Betriebe gehörigen Sachen und Rechten andererseits. Hier wird gemäß dem BGB. terminologisch zwischen körperlichen Gegenständen (Sachen) und nicht körperlichen (Rechten) unterschieden. Unter den vom Abbruch betroffenen oder bedrohten Sachen sind alle die Gegenstände zu verstehen, deren Abbruch oder Entziehung begriffsmäßig den vollständigen oder teilweisen Betriebsabbruch im Sinne der VO. darstellen, also Maschinen, Werkzeuge usw. (Vgl. hierzu Anm. 15, 16 zu § 1.)

Das Unternehmen als solches kann ebensowenig wie eine ganze Fabrik beschlagnahmt oder enteignet werden.

12. Das BGB. kennt Eigentum nur an körperlichen Gegenständen (Sachen), nicht auch an Rechten (siehe Anm. 11). Eine „Enteignung“ von Rechten gibt es also eigentlich nicht; sie können vielmehr nur entzogen werden, wie auch Abs. 3 von entzogenen Rechten spricht. Vgl. im übrigen Anm. 23 zu § 1.

13. **Beschlagnahme.** Innerhalb der Sperrfrist wird die Behörde von der Beschlagnahme nur zu Sicherungszwecken Gebrauch machen, während eine Enteignung erst dann in Frage kommt, wenn die behördlichen Maßnahmen, die den Abbruch oder die Stillegung beseitigen sollen, erfolglos verlaufen und der Abbruch oder die Stillegung mit Wahrscheinlichkeit zu erwarten ist.

Vor der Beschlagnahme der Vorräte (eine Zwangwirtschaft kommt jetzt nicht mehr in Frage; wegen der Beschlagnahme von Brennstoffen siehe Anm. 39) muß die Demobilmachungsbehörde rechtzeitig die zuständigen Stellen (wirtschaftliche Selbstverwaltungskörper, zentrale Fachorganisationen u. a.) benachrichtigen, um über eine Absetzungsmöglichkeit Klarheit zu erhalten und sich im Falle der Enteignung für die Zuführung dieser Vorräte zu weiterer produktiver Verwendung der Unterstützung dieser Stellen bedienen zu können. (Siehe die Ausführungsverordnung S. 186.)

Eine der Beschlagnahme ähnliche Wirkung wird bereits durch die Bestimmungen des § 2 Abs. 1 erzielt.

Im übrigen gilt für die Beschlagnahme noch folgendes:

a) Formvorschriften für das Beschlagnahmeverfahren:

1. Die Beschlagnahme erfolgt durch schriftlichen Beschluß der zuständigen Behörde an den Inhaber oder Leiter des Betriebes.
2. Der Beschluß ist zuzustellen. (Siehe die Anm. 31.)
3. Die Beschlagnahme darf nur innerhalb der Wartezeit (Sperrfrist) erfolgen. Im Falle eines Betriebsabbruchs kann diese regelmäßig sechs Wochen betragende Frist bis um drei Monate verlängert werden. Vgl. Anm. 40 zu § 1 und Anm. 4 zu § 4.

b) Umfang der Beschlagnahme.

Die Beschlagnahme erfaßt nicht den ganzen Betrieb, sondern:

1. im Falle der Betriebsstillegung nur die Vorräte an Roh- und Betriebsstoffen sowie die Halbfabrikate, also nicht die Fertigfabrikate;
2. im Falle des teilweisen Betriebsabbruchs außer diesen Vorräten auch noch die davon betroffenen oder bedrohten Gegenstände;
3. im Falle des gänzlichen Betriebsabbruchs, sofern sämtliche Anlagen und alle zum Betriebe gehörigen Sachen und Rechte betroffen werden, wenn auch nicht rechtlich, so doch tatsächlich im Endergebnis das ganze Unternehmen. Vgl. hierzu Anm. 11.

c) Wirkungen der Beschlagnahme.

1. Sie hat die Wirkung des Verbots tatsächlicher Veränderungen und rechtsgeschäftlicher Verfügungen. Freiwillige Veränderungen und Zwangsverfügungen, die diesem Verbot zuwiderlaufen, sind nichtig. Die Beschlagnahme schafft also eine andere Rechtsgrundlage, als es die Vorschriften der §§ 1, 2 Abs. 1 tun. Die entgegen diesen Bestimmungen vorgenommenen Handlungen ziehen nur eine Bestrafung gemäß § 7 nach sich, sind aber an sich nicht rechtsunwirksam. Dagegen sind wiederum genehmigungspflichtige Entlassungen, die ohne Erlaubnis der Behörde erfolgen, unwirksam. Siehe hierzu Anm. 37 zu § 1 und Anm. 10 zu § 2.

2. Der von der Beschlagnahme Betroffene ist verpflichtet, die beschlagnahmten Gegenstände zu verwahren und pfleglich zu behandeln.

3. Die Beschlagnahme verliert ihre Wirkung

α) mit der Enteignung (Übertragung) oder

β) mit dem Zeitpunkt, bis zu dem die Enteignung spätestens erfolgen kann, d. h. zwei Wochen nach Ablauf der (eventuell verlängerten) Sperrfrist.

d) Verstoß gegen die Beschlagnahmebestimmungen.

Wer gegen die Vorschriften über die Beschlagnahme (Veränderungs- und Verfügungsverbot, Pflicht zur Verwahrung und pfleglichen Behandlung) verstößt, macht sich nach § 7 strafbar. Außerdem kann gegebenenfalls gegen den Zuwiderhandelnden ein zivilrechtlicher Schadensersatzanspruch geltend gemacht werden.

14. **Enteignung.** Die Enteignung ist das endgültige Mittel im Rahmen der behördlichen Eingriffsbefugnis. Eine Enteignung von Vorräten (und auch von Maschinen und anderen Produktionsmitteln) kommt mit Rücksicht auf den Fiskus nur dann in Frage, wenn ein erhebliches volkswirtschaftliches Interesse vorliegt. Vgl. Ziff. 4 der Ausführungsanweisung (S. 186).

Dem Enteignungsverfahren mißt die Begründung zum Entwurf (S. 8) große Bedeutung zu: „Zweifellos werden diese Bestimmungen auch in Zukunft ein äußerstes Zwangsmittel darstellen, das nur in den seltensten Fällen zur praktischen Durchführung gelangen wird. Die vielfach gerühmten psychologischen Wirkungen der Stillegungsverordnung sind aber sicher nicht zuletzt darauf zurückzuführen, daß den Behörden die Befugnis zur Beschlagnahme und Enteignung zur Verfügung steht. Wenn das Gesetz nicht seine praktische Wirkung erheblich einbüßen soll, so wird auf diese Bestimmungen ebensowenig wie auf die Strafbestimmungen verzichtet werden können. In Zeiten allgemeiner Betriebsstoffknappheit, die sich in den letzten Jahren periodisch wiederholt haben, kommt diesen Bestimmungen übrigens gerade vom Standpunkt äußerster produktiver Ausnutzung aller vorhandenen Produktionsmittel eine volkswirtschaftlich wichtige Aufgabe zu."

Von der Enteignung ist die Einziehung gemäß § 7 zu unterscheiden. Für diese kommt eine Entschädigung (Anm. 42) nicht in Frage.

Bezüglich der Enteignung (bzw. Übertragung) ist im einzelnen noch folgendes zu sagen:

A. Die Verfassung des Deutschen Reichs vom 11. 8. 19 bestimmt in Art. 7, daß das Reich die Gesetzgebung über das Enteignungsrecht hat, und sagt in Art. 153 Abs. 2 von der Enteignung: „Eine Enteignung kann nur zum Wohle der Allgemeinheit und auf gesetzlicher Grundlage vorgenommen werden. Sie erfolgt gegen angemessene Entschädigung, soweit nicht ein Reichsgesetz etwas anderes bestimmt. Wegen der Höhe der Entschädigung ist im Streitfall der Rechtsweg bei den ordentlichen Gerichten offenzuhalten, soweit Reichsgesetze nichts anderes bestimmen. Enteignung durch das Reich gegenüber Ländern, Gemeinden und gemeinnützigen Verbänden kann nur gegen Entschädigung erfolgen."

B. Begriffsbestimmung der Enteignung. „Enteignung ist die Entziehung oder Beschränkung eines bestimmten privaten Rechts durch einen öffentlich-rechtlichen Akt der Staatsgewalt für ein dem allgemeinen Wohl dienendes Unternehmen unter gleichzeitiger Einräumung eines entsprechenden Rechts auf einen andern. Gegenstand der Enteignung kann jedes private Recht sein." (Marwitz im Handwörterbuch der Rechtswissenschaften von Stier-Somlo und Elster, 1927, Bd. 2 S. 272.) Die Enteignung stellt also nicht ein erzwungenes, nach privatrechtlichen Grundsätzen zu beurteilendes Veräußerungsgeschäft dar. „Allerdings hatte in früherer Zeit die Ansicht allgemeine Geltung, daß die Enteignung den Charakter eines Zwangskaufs oder richtiger eines Zwangsverkaufs trage. Allein nachdem unter dem Vortritt von Burckhard (Zeitschrift für Zivilrecht und Prozeß, n. F. Bd. 6 S. 221 ff.) und von Zachariä (Göttinger gelehrte Anzeigen 1861 Bd. 1 S. 119 ff.) in eingehenden, bis zur Gegenwart fortgesetzten Untersuchungen das wahre Wesen der Enteignung, wie diese sich im Laufe des 19. Jahrhunderts in Deutschland ausgestaltet hatte, erforscht worden ist, ist jetzt die Erkenntnis Gemeingut der in der Gegenwart herrschenden Rechtslehre geworden, daß im Mittelpunkt des Enteignungsverfahrens ein öffentlich-rechtlicher Akt der Staatsgewalt steht, nämlich die Verleihung des Eigentums der Grundstücke, die für in dem öffentlichen Wohl und Nutzen dienendes Unternehmen erforderlich sind, an den Unternehmer. Damit ist der Zwangskauftheorie jeder Boden entzogen.

... Jener Eigentumsverleihungsakt begründet für den Unternehmer vollständig neues, selbständiges, ursprüngliches Eigentum; denn es ist für die Zwecke des Unternehmens schlechthin gleichgültig, wer vorher Eigentümer der Grundstücke war; es handelt sich ohne Rücksicht auf die Person des früheren Eigentümers lediglich darum, daß diese Grundstücke für das Unternehmen verwendet werden. Es findet daher keine Übertragung des Eigentums von dem bisherigen Eigentümer auf den Unternehmer statt, sondern diesem wird vom Staat „das" Alleineigentum an den betreffenden Grundstücken verliehen, woraus sich als notwendige logische Folge ergibt, daß das Eigentum des bisherigen Eigentümers daran erlischt und untergeht. Demgemäß erlöschen mit der Verleihung des Eigentums an den Unternehmer auch alle bisher an diesen Grundstücken begründeten sonstigen privaten Rechte; denn diese ziehen ihre Kraft aus dem Recht der bisherigen Eigentümer und müssen daher naturnotwendig untergehen, wenn ein völlig neues, ursprüngliches Eigentum an den Grundstücken entsteht." (Aus dem im Schrifttum oft zitierten, das Wesen der Enteignung behandelnden Urteile des RG. vom 9. 6. 05 — RGZ. Bd. 61 S. 102 ff.)

Diese Wesensbestimmung gilt auch für die durch die StillVO. zugelassene Enteignung.

An die Stelle des Eigentums oder des Rechtes tritt für einen Dritten der Entschädigungsanspruch gemäß Art. 52 des Einführungsgesetzes zum BGB., der bestimmt: „Ist auf Grund eines Reichsgesetzes dem Eigentümer einer Sache wegen der im öffentlichen Interesse erfolgenden Entziehung, Beschädigung oder Benutzung der Sache oder wegen Beschränkung des Eigentums eine Entschädigung zu gewähren und steht einem Dritten ein Recht an der Sache zu, für welches nicht eine besondere Entschädigung gewährt wird, so hat der Dritte, soweit sein Recht beeinträchtigt wird, an dem Entschädigungsanspruche dieselben Rechte, die ihm im Falle des

Erlöschens seines Rechtes durch Zwangsversteigerung an dem Erlöse zustehen."

Aus der Rechtsnatur der Enteignung ergibt sich, daß der Enteignete gegenüber dem Erwerber keinerlei Verpflichtungen hat, wie sie dem Verkäufer einer Sache auferlegt sind (z. B. Gewährleistungspflicht wegen Mängel); auch sind die ordentlichen Gerichte nicht berechtigt, die Rechtmäßigkeit der Enteignung nachzuprüfen, da der Rechtsweg gegen den Enteignungsbeschluß ausgeschlossen ist. Die Entscheidung der Behörde ist vielmehr im Falle eines Rechtsstreites wegen der Höhe der Entschädigung bindend. Vgl. auch die Anm. 13 zu § 1.

C. Zulässigkeit. Die Enteignung ist nur insoweit zulässig wie die Beschlagnahme. Siehe Anm. 13. Sie kann schon während der Sperrfristen, sie kann aber auch noch innerhalb von zwei Wochen nach Ablauf der Sperrfrist (siehe Anm. 16) erfolgen. Eine Beschlagnahme braucht der Enteignung nicht vorauszugehen.

Kommt nach Lage der Sache eine Weiterführung des Betriebes in Frage, so darf durch die Enteignung (oder Übertragung) die ordnungsmäßige Führung der übrigen Teile des Betriebes nicht beeinträchtigt werden.

D. Formvorschriften. Die Enteignung erfolgt durch Beschluß, der zuzustellen ist. Siehe die Anm. 31, 35. Der Beschluß, der die Enteignungs- oder Übertragungsanordnung enthält, muß zum Ausdruck bringen, wer der Erwerber ist. Der Übergang des Eigentums oder des entzogenen Rechts erfolgt, sobald die Enteignungsanordnung dem Betroffenen zugeht. Die Entschädigungssumme selbst (siehe Anm. 42 B, lit. d) braucht nicht im Beschluß angegeben zu sein. Sie kann durch besonderen Beschluß festgesetzt werden, der ebenfalls zuzustellen ist. Vgl. die Anm. 42.

E. Entschädigung. Die Enteignung oder Übertragung hat gegen eine angemessene Entschädigung zu erfolgen. Vgl. die Anm. 42.

F. Streitig ist die Frage, ob die von der Beschlagnahme oder Enteignung betroffenen Vorräte bzw. Sachen und Rechte Eigentum des Betriebsinhabers sein müssen. Sie ist zu verneinen. Für diese

Auffassung spricht der ganze Sinn der VO. Sie bezweckt in erster Linie die Erhaltung der Produktionsmittel und ist hauptsächlich auf wirtschaftliche Weiterverwendung der Betriebseinrichtung (Rohstoffe, Hilfsstoffe, Maschinen, Handwerkzeug usw.) abgestellt, ohne die Eigentumsrechte an diesen Sachen zu berücksichtigen. Der mit der Durchführung beauftragten Behörde kann nicht zugemutet werden, erst die Rechtsverhältnisse nach der genannten Seite hin zu klären. Das würde dem Zwecke der VO. zuwiderlaufen, die von der Demobilmachungsbehörde eine möglichst schnelle Untersuchung der Beriebsverhältnisse und eine ebenso rasche Entscheidung über die zu ergreifenden Maßnahmen fordert. Da also die Behörde nicht verpflichtet ist, die Eigentumsrechte an den betreffenden Vorräten oder Gegenständen vor der Beschlagnahme oder Enteignung festzustellen, hat sie, falls sie von ihrer Beschlagnahme- oder Enteignungsbefugnis Gebrauch machen will, dies nur dem Inhaber oder Leiter des Betriebes durch einen entsprechenden Beschluß mitzuteilen (Abs. 3). Aufgabe dieser Personen wird sein, schon bei der gemäß § 1 zu erstattenden Anzeige der Behörde mitzuteilen, ob die im Betrieb vorhandenen oder für ihn bestimmten Vorräte sowie im Falle eines Abbruchs die von ihm betroffenen Gegenstände Eigentum des Betriebsinhabers sind. Trifft dies nicht zu, so wird Inhaber oder Leiter des Betriebs den Eigentümer benennen, und die Behörde kann diesem einen entsprechenden Bescheid zukommen lassen, wie dies auch dann geschehen wird, wenn Vorräte, die zwar für den Betrieb bestimmt, aber nicht an der Betriebsstätte selbst, sondern an einem andern Orte im Gewahrsam eines Dritten sich befinden; denn § 1 Abs. 4, auf den § 4 Abs. 1 Ziff. 2 ausdrücklich Bezug nimmt, spricht nicht nur von Vorräten, die im Betrieb vorhanden, sondern auch von solchen, die für ihn bestimmt sind. Da also der von der Beschlagnahme Betroffene sowohl der Eigentümer als auch der Besitzer sein kann, muß auch dem letzteren die Beschlagnahme mitgeteilt werden, sonst könnte ihm nicht, wie es in Abs. 2 geschieht, die Verpflichtung auferlegt werden, die Gegenstände während der Dauer der Beschlagnahme zu verwahren und pfleglich zu behandeln. Insofern weist die VO., die auch im übrigen an zahlreichen Stellen recht unklar ist, unzweifelhaft eine empfindliche Lücke auf. Von dem Grundgedanken ausgehend, daß die mit der Durchführung betraute Behörde ihr Augenmerk auf die bedrohten Gegenstände richten soll, rückt sie mehr den Besitzer der Gegenstände, also denjenigen, der die tatsächliche Gewalt über sie hat, in den Vordergrund als den Eigentümer selbst, der das Recht an den Gegenständen hat, dem allein sie also enteignet werden können. Deshalb spricht die VO. auch nur allgemein von dem von der Beschlagnahme oder Enteignung „Betroffenen". Betroffen wird aber zunächst unmittelbar nur der Besitzer, gleichgültig, ob er auch zugleich Eigentümer ist. Erst wenn die Frage der Entschädigung (Abs. 5) akut wird, sind die Eigentumsverhältnisse zu klären; denn insoweit werden Rechte des Eigentümers der betreffenden Gegenstände nicht berührt, als er allein gegen die Festsetzung der Entschädigung den ordentlichen Rechtsweg beschreiten kann. Der Inhaber des Betriebes ist, sofern er nicht das Eigentumsrecht an den enteigneten Sachen besessen hat, zur Erhebung der Zivilklage aktiv ebensowenig wie der Betriebsleiter legitimiert. Daraus, daß auch diesem der Beschlagnahme- oder Enteignungsbeschluß zugestellt werden kann, ergibt sich ohne weiteres, daß sich Beschlagnahme und Enteignung nicht nur gegen den Betriebsinhaber, sondern auch gegen dritte Personen als Eigentümer an den betreffenden Gegenständen richten können, denen aber der Beschluß nicht unbedingt zugestellt werden muß.

Zur Begegnung von Zweifeln, die durch den unklaren Wortlaut entstanden sind, hat der Entwurf in seinem § 9 die Bestimmungen über Beschlagnahme und Enteignung namentlich auch inbezug auf die formale Seite mit größerer Deutlichkeit und Vollständigkeit dahin formuliert:

„§ 9.

Die Beschlagnahme darf nur innerhalb der Fristen der §§ 5 und 6 Abs. 2 erfolgen. Bis zum Ablauf dieser Fristen hat die Behörde dem Unternehmer und dem Leiter des Betriebs mitzuteilen, ob sie eine Enteignung vornehmen will. Die Enteignung muß spätestens zwei Wochen nach Ablauf dieser Fristen erfolgt sein.

Die Anordnung der Beschlagnahme und der Enteignung ist dem Unternehmer und dem Leiter des Betriebs, dem Eigentümer der enteigneten Gegenstände und, falls die von der Anordnung betroffenen Gegenstände im Besitz eines anderen sich befinden, auch dem Besitzer zuzustellen.

Die Beschlagnahme wird wirksam mit der Zustellung der Anordnung an den Besitzer. Sie hat die Wirkung, daß ohne die Zustimmung der Behörde Veränderungen an den Gegenständen verboten und daß rechtsgeschäftliche Verfügungen sowie Verfügungen im Wege der Zwangsvollstreckung oder Arrestvollziehung nichtig sind. Der Besitzer ist verpflichtet, die Gegenstände während der Dauer der Beschlagnahme zu verwahren und pfleglich zu behandeln sowie enteignete Gegenstände dem Erwerber herauszugeben.

Die Beschlagnahme verliert ihre Wirkung mit der Enteignung oder, falls eine solche nicht stattfindet, mit Ablauf der Fristen der §§ 5 und 6 Abs. 2. Hat die Behörde mitgeteilt, daß sie eine Enteignung nicht vornehmen wird, so ist die Enteignung unzulässig und die Wirkungen der Beschlagnahme erlöschen."

Erdmann-Anthes (S. 133 f.) und Weigert (S. 52, 57) vertreten (erstere mit sehr ausführlichen, stichhaltigen Gründen) ebenfalls die Auffassung, daß nicht nur die Gegenstände beschlagnahmt und enteignet werden können, die im Eigentum des Betriebsinhabers stehen. A. A. dagegen Kantorowicz-Kluckhohn (S. 32 f.) und Häußner (S. 49).

15. Die Übertragung ist nur eine besondere Form der Enteignung, mit dem Unterschiede, daß in diesem Falle die Entziehung des Eigentums oder des Rechtes nicht zugunsten des Landesfiskus, sondern eines Dritten erfolgt.

16. Diese Fristen sind

a) im Falle des Betriebsabbruchs: sechs Wochen. Diese Frist kann bis um drei Monate verlängert werden (§§ 1, 4; siehe auch Anm. 40 zu § 1 und Anm. 4, 13 zu § 4);

b) im Falle der Stillegung: vier Wochen. Diese Frist ist dagegen nicht verlängerungsfähig.

Vgl. aber § 5, wonach diese Fristen nicht eingehalten zu werden brauchen, falls der Leiter oder Inhaber entgegen § 1 es unterlassen hat, Anzeige zu erstatten.

17. Die Enteignung (oder Übertragung) kann ohne vorherige Beschlagnahme erfolgen, und zwar schon während der Wartezeit. Doch wird eine vorangehende Beschlagnahme die Regel sein (so auch Weigert S. 55). Durch die Enteignung (oder Übertragung) wird die Beschlagnahme aufgehoben. Vgl. im übrigen die Anm. 14.

18. Vgl. die Anm. 13.

19. Veränderungen, d. h. Maßnahmen tatsächlicher Natur, also nicht im Rechtssinne, im Gegensatz zu rechtsgeschäftlichen Verfügungen. Siehe Anm. 21.

20. Gegenstände können sowohl Sachen als auch Rechte sein. Siehe Anm. 8, 11.

21. Eine rechtsgeschäftliche Verfügung ist ein Rechtsgeschäft, durch das eine Sache oder ein Recht unmittelbar ergriffen wird, im Gegensatz zu solchen Rechtsgeschäften, die nur eine persönliche Verpflichtung hinsichtlich einer Sache oder eines Rechts begründen. Verfügung in diesem Sinne ist also z. B. die Abtretung einer Sache, die Verpfändung, die Stundung und Kündigung einer Forderung, ferner die Übergabe einer Sache zum Miet- oder Pachtbesitz; keine Verfügung ist aber der bloße Abschluß eines Kauf-, Miet- oder Pachtvertrages, denn diese Verträge enthalten nur eine persönliche Verpflichtung, nämlich zur Übertragung des Eigentums oder zur Übergabe zum Miet- oder Pachtbesitz, ergreifen aber nicht die Sache oder das Recht unmittelbar. Bezüglich der beschlagnahmten Gegenstände kann also wohl ein Kaufvertrag geschlossen werden, nur die Eigentumsübergabe ist während der Beschlagnahme unzulässig und unwirksam.

22. Nichtig ist ein Rechtsgeschäft, dem das Gesetz jede Wirksamkeit versagt, und das deshalb pro nihilo habetur im Gegensatz zum anfechtbaren Rechtsgeschäft, dessen Unwirksamkeit erst durch den Berechtigten geltend gemacht werden muß. Die Unwirksamkeit solcher gemäß Abs. 2 verbotswidrigen rechtsgeschäftlichen Verfügungen ist eine absolute, d. h. sie tritt allen Personen gegenüber ein, nicht also nur der Demobilmachungsbehörde, sondern auch gutgläubigen Dritten gegenüber.

Die Vornahme einer Veränderung an beschlagnahmten Gegenständen und rechtsgeschäftlicher Verfügungen über sie ohne Genehmigung der Demobilmachungsbehörde sind durch § 7 mit Strafe bedroht.

23. Wie meist infolge ausdrücklicher Gesetzesvorschrift sind auch hier die rechtsgeschäftlichen Verfügungen einer Person (siehe Anm. 21) über eine Sache oder ein Recht den gegen diese Person als Schuldner erfolgenden Zwangsvollstreckungen oder Arrestvollziehungen gleichgesetzt, da in diesem Falle die gesetzlich bestimmten Organe der Staatsgewalt (Gerichtsvollzieher, Zwangsvollstreckungsgericht) aus dem Rechte der Schuldner über dessen Sachen und Rechte verfügen.

24. Der Betroffene ist zunächst der Inhaber oder Leiter des Betriebes; diesen Personen gegenüber wird die Beschlagnahme durch einen ihnen zugestellten Beschluß ausgesprochen (Abs. 3). Allerdings wird man annehmen müssen, daß die Vorräte, die für den Betrieb bestimmt sind, sich aber nicht an der Betriebsstätte befinden, ebenfalls von der Beschlagnahme betroffen werden. In diesem Falle wäre der „Betroffene" auch der, in dessen Besitz die beschlagnahmten Gegenstände sich befinden, denn er ist zu ihrer Verwahrung und pfleglichen Behandlung verpflichtet (Anm. 25). Der „Entwurf" ist in dieser Hinsicht klarer. Vgl. hierzu Anm. 14 F.

25. Die Pflicht zur Verwahrung und pfleglichen Behandlung der beschlagnahmten Gegenstände ist öffentlich-rechtlicher Natur. Ihre Verletzung ist gemäß § 7 unter Strafe gestellt.

Da die Verwahrung mangels abweichender Bestimmung unentgeltlich geschieht, so haftet der Verwahrer nicht für jede Fahrlässigkeit, sondern er hat nur für die Sorgfalt einzustehen, welche er in eigener Angelegenheit anzuwenden pflegt (§ 690 BGB.).

Daß der Besitzer enteignete Gegenstände dem Erwerber herauszugeben hat, liegt schon in der rechtlichen Wirkung der Enteignung, wird aber vorsorglich im „Entwurf" (§ 9) besonders erwähnt.

26. D. h. das Verbot der Vornahme von Veränderungen, von rechtsgeschäftlichen freiwilligen und Zwangsverfügungen sowie die Verpflichtung zur Verwahrung und pfleglichen Behandlung.

27. Die Enteignung oder Übertragung erfolgt mit dem Zeitpunkt der Zustellung eines entsprechenden Beschlusses an den Inhaber oder Leiter des Betriebes (Abs. 3 Satz 2). Mit diesem Zeitpunkt also verliert die Beschlagnahme ihre Wirkung.

28. D. h. Enteignung oder Übertragung. Siehe die Anm. 13, 14.

29. Da die Enteignung oder Übertragung spätestens binnen zwei Wochen nach Ablauf der für die Anordnung der Beschlagnahme geltenden Fristen erfolgen kann, die Beschlagnahme aber mit dem Zeitpunkt der erfolgten Enteignung aufhört, verliert die Beschlagnahme, auch wenn keine Enteignung oder Übertragung erfolgt ist, spätestens zwei Wochen nach Ablauf der gemäß §§ 2, 4 Abs. 1 Nr. 1 genannten Fristen, d. h. im Falle der Betriebsstillegung nach Ablauf von insgesamt sechs Wochen, im Falle des Betriebsabbruchs nach Ablauf von insgesamt acht Wochen bzw. acht Wochen und einem (drei) Monat(en).

Die Demobilmachungsbehörde kann selbverständlich die Beschlagnahme jederzeit ganz oder teilweise rückgängig machen. Die Enteignung oder Übertragung kann dagegen nicht mehr widerrufen werden. Vgl. im übrigen Anm. 40 zu § 1, Anm. 1 zu § 2, Anm. 4 zu § 4.

30. Wie § 3 Abs. 2 die Demobilmachungsbehörde ermächtigt, alle Anordnungen zu treffen, die geeignet erscheinen, die tatsächlichen Verhältnisse des Betriebes aufzuklären und Zuwiderhandlungen gegen § 2 zu verhindern, so wird man annehmen müssen, daß in dem Rechte der Ausübung der in Abs. 1 festgesetzten Befugnisse auch die Ermächtigung enthalten ist, die erforderlichen Maßregeln zur Sicherstellung beschlagnahmter und zur Herausgabe enteigneter Gegenstände zu ergreifen.

Die der Behörde gemäß Abs. 1 gegebenen Befugnisse sind die Verlängerung der Sperrfristen, die Beschlagnahme, die Enteignung, die Übertragung des Eigentums auf einen Dritten.

Die gänzliche oder teilweise innerhalb der Fristen erfolgende Zurücknahme einer Beschlagnahme muß dem Inhaber oder Leiter ebenfalls zugestellt werden; dagegen bedarf es in dem Falle, daß die Beschlagnahme infolge Fristablaufs (siehe Anm. 13c) ihre Wirkung von selbst verliert, weder einer formlosen noch förmlichen Mitteilung an den Betroffenen.

31. Zustellung. Die Zustellung ist die beurkundete Übergabe eines Schriftstückes. Es muß also der Nachweis des Empfanges und der Zeitpunkt desselben unzweifelhaft vorliegen. Die neueste Gesetzgebung sieht oft von der strengen Form der Zustellung nach den Vorschriften der ZPO. ab, um den Rechtsverkehr zu erleichtern. So schreibt z. B. § 56 des Gesetzes über das Verfahren in Versorgungssachen (in der Fassung vom 20. 3. 28, RGBl. S. 71) vor:

„Zustellungen können in jeder Form geschehen, die den Nachweis der erfolgten Zustellung und ihres Zeitpunktes ermöglicht. Es genügt die Behändigung des zuzustellenden Schriftstücks gegen schriftliches Empfangsbekenntnis oder Übersendung durch eingeschriebenen Brief.

Der Posteinlieferungsschein begründet die Vermutung dafür, daß die Zustellung in der ordnungsmäßigen Frist nach der Einlieferung erfolgt ist."

Ebenso besagt § 228 des Reichsknappschaftsgesetzes vom 1. 7. 26 (RGBl. 1926 S. 369): „Zustellungen, die eine Frist in Lauf setzen, können durch eingeschriebenen Brief geschehen.

Der Postschein begründet nach zwei Jahren seit seiner Ausstellung die Vermutung dafür, daß in der ordnungsmäßigen Frist nach der Einlieferung zugestellt worden ist."

Auch die RVO. läßt in ihrem § 135 Zustellungen, die eine Frist in Lauf setzen, durch „eingeschriebenen Brief" geschehen. Für die Zustellungen von Beschlüssen, die auf Grund der StillVO. erfolgen, genügt ein gewöhnlicher Einschreibebrief nicht, da mit der Zustellung sowohl des Beschlagnahme- als auch des Enteignungs- und Übertragungsbeschlusses neue Rechtsverhältnisse von so großer Bedeutung entstehen, daß von dem Erfordernis des Nachweises auch des Zeitpunktes der Zustellung nicht abgegangen werden kann. Dazu bedarf es aber mindestens des Rückscheines einer Einschreibesendung. Die bloße Vermutung dafür, daß ein gewöhnlicher Einschreibebrief in der ordnungsmäßigen Zeit nach seiner Einlieferung zugestellt worden ist, genügt hier in keinem Falle, die erhebliche Bedeutung der Zustellung der Beschlüsse der Demobilmachungsbehörde erfordert vielmehr, daß der Zeitpunkt der Mitteilung urkundlich in zweifelsfreier Weise festgestellt wird. Dasselbe gilt vor allem für die Zustellung des Festsetzungsbeschlusses (Abs. 5), da mit der Zustellung der Lauf einer Frist beginnt. Auch die Rechtsprechung des Reichsgerichts geht dahin, daß die Formlosigkeit der Zustellung in Verwaltungsangelegenheiten dann ausgeschlossen ist, wenn dem Zeitpunkt der Mitteilung eine besonders rechtliche Bedeutung zukommt (RGZ. 102, 5, Gruchot 67, 675).

32. D. h. der Beschluß muß genaue Angaben über die vorzunehmende behördliche Maßnahme enthalten, im Falle der Übertragung auch die Person genau bezeichnen, der die enteigneten Sachen oder Rechte übertragen werden. Ordnet der Beschluß die Enteignung (Übertragung) an, so kann darin auch gleichzeitig die zu zahlende Entschädigungssumme festgesetzt werden, dies kann aber auch durch besonderen Festsetzungsbeschluß geschehen. Vgl. auch die Anm. 14 D.

33. Inhaber und Leiter sind die durch die Verordnung verpflichteten und verantwortlich gemachten Personen. Vgl. auch die Anm. 1 und 3 zu § 1.

34. Der Ausdruck „Betroffene" ist nicht ganz klar; der durch die Enteigung Betroffene ist eigentlich der Eigentümer. Gemeint sind aber auch hier Inhaber und Leiter des Betriebes. Siehe aber die Anm. 14 F und 24.

35. Zugeht = zugestellt wird. Einen Unterschied zwischen „Zustellung" und „Zugehen" hat der Gesetzgeber wohl kaum machen wollen. A. A. Kantorowicz-Kluckhohn, die aus der Unterscheidung weitgehende rechtliche Folgen ziehen (S. 35), worauf auch Weigert (S. 56) aufmerksam macht. Der Entwurf bestimmt in § 11 Abs. 2, daß das Eigentum an den in der Anordnung bezeichneten Erwerber (Fiskus oder andere Person) erst dann übergeht, sobald die festgesetzte Entschädigung gezahlt oder hinterlegt ist.

36. Ein Widerruf der Enteignung oder Übertragung ist nicht möglich; anders bei der Beschlagnahme. Siehe Anm. 14 I) und 29.

37. Einspruch. Der Einspruch ist also nur gegen die Fristverlängerung zulässig, nicht aber gegen die Beschlagnahme, Enteignung oder Übertragung. Dagegen kann im Falle der Enteignung

die Festsetzung der Entschädigungssumme hinsichtlich ihrer Höhe im ordentlichen Rechtswege angefochten werden.

Der Einspruch ist weder an eine Form noch eine Frist gebunden, er wird aber, um wirksam werden zu können, innerhalb der verlängerten Frist erfolgen müssen. Auch bedarf er einer Begründung.

Sowohl die Beschlagnahme als auch die Enteignung oder Übertragung stellen öffentlich-rechtliche Akte der Staatsgewalt dar, deren Rechtmäßigkeit nicht der Nachprüfung der ordentlichen Gerichte unterliegt. Auch bei einer Nachprüfung der Entschädigungssumme sind die damit befaßten ordentlichen Gerichte an den Enteignungsbeschluß der Behörde gebunden, sofern nicht der Einwand erhoben wird, daß das Wohl der Allgemeinheit nur vorgeschützt sei (Art. 7 der Reichsverfassung), um der Enteignung den Schein des Rechts zu geben. Vgl. auch Anm. 14 B zu § 4 und Anm. 13 zu § 1.

Die Zulassung eines Rechtsmittels auch gegen Beschlagnahme und Enteignung ist in einer vom Reichstag angenommenen Entschließung — RTDrs. Nr. 1006, I. WP. 1920 — gefordert worden. Diese Entschließung lautet: „die Reichsregierung zu ersuchen, den § 4 Abs. 5 Satz 3 der Verordnung, betreffend Maßnahmen gegenüber Betriebsabbrüchen und -stillegungen, vom 8. November 1920 (Reichsgesetzbl. Nr. 223 vom 23. November 1920) wie folgt abzuändern: „Gegen die in diesem Paragraphen zugelassene Beschlagnahme, Enteignung und Übertragung an eine andere Person (§ 4 Abs. 1 Ziffer 2) ist der Einspruch bei dem Reichswirtschaftsgericht binnen sechs Monaten von Zustellung des entsprechenden Beschlusses an den Inhaber und Leiter des Betriebes zulässig. Gegen die Festsetzung der im Falle der Enteignung oder Übertragung an eine andere Person zu gewährenden Entschädigung kann der gleiche Einspruch binnen sechs Monaten von Zustellung des Festsetzungsbeschlusses erhoben werden.“

Die Reichsregierung hat aber, wie die Begründung zum „Entwurf“ S. 8 ausführt, von einer Abänderung der VO. vom 8. November 1920 im Sinne dieses Antrags absehen zu müssen geglaubt und hat auch in der neuen Fassung des Gesetzentwurfs diesem Antrag nur teilweise entsprechen können. „Als Rechtsbehelf gegen die Beschlagnahme ist nach allgemeinen Grundsätzen die gegen behördliche Verwaltungsverfügungen stets zulässige Dienstaufsichtsbeschwerde gegeben. Die Zulassung eines Rechtsmittels gegen die Enteignung würde den mit dieser Maßnahme beabsichtigten Zweck schleunigster produktiver Verwendung der Gegenstände erheblich beeinträchtigen. Dagegen ist, entsprechend dem Antrag, in den vorliegenden Entwurf gegen die Festsetzung der Entschädigung der Enteignung an Stelle des ordentlichen Rechtsweges der Einspruch beim Reichswirtschafsgericht zugelassen worden (§ 10 Abs. 1)."

38. Die Landeszentralbehörde ist das zuständige Ressortministerium, in Preußen das Ministerium für Handel und Gewerbe.

39. Brennstoffe im Sinne der VO. vom 17. 2. 17 sind Steinkohlen, Braunkohlen, Briketts und Koks. Die Beschlagnahme und Überweisung (Übertragung) dieser Erzeugnisse der Steinkohlen- und Braunkohlenwerke ist also dem Geltungsbereich der Demobilmachungsbehörde entzogen und durch die auf Grund der VO. vom 17. 2. 17 erlassene Bekanntmachung über die Bestellung eines Reichskommissars für die Kohlenverteilung vom 28. 2. 17 (RGBl. S. 193) diesem Reichskommissar übertragen, der seinen Sitz bestimmungsgemäß in Berlin hat. Bei Streitigkeiten wegen des Übernahmezweifels entscheidet ein Schiedsgericht; die Zusammensetzung dieses Schiedsgerichts und das Verfahren ist durch die Anordnung über das Schiedsgericht für Kohlenverteilung vom 21. 3. 17 (RGBl. S. 250) geregelt.

Zuwiderhandlungen gegen die Bestimmungen sind mit denselben Strafen bedroht wie Verstöße gegen die Vorschriften der StillVO.

Über die Gründe, welche die VO. vom 17. 2. 17 veranlaßt haben, siehe die Denkschrift der Reichsregierung vom 5. 3. 17 (RTDrs. Nr. 650, 13. Legislaturperiode, II. Session 1914/17 S. 105).

40. Enteignung siehe Anm. 14.

41. Übertragung siehe Anm. 15.

42. **Entschädigung.** Das Entschädigungsverfahren wird billigerweise mit tunlichster Beschleunigung durchgeführt werden. Überhaupt sollen alle Maßnahmen mit der gebotenen Eile und

Rücksichtnahme getroffen werden. (Siehe die Ausführungsanweisung S. 186.)

Im einzelnen sei noch folgendes bemerkt:

a) Entschädigungsberechtigt ist nur der Eigentümer; der Inhaber nur, wenn er zugleich Eigentümer ist.

b) Entschädigungsverpflichtet ist stets auch im Falle der Übertragung auf einen Dritten nur der Landesfiskus, der in Ansehung der Entschädigung dem Eigentümer lediglich auf Grund seiner gesetzlichen Verpflichtung und nicht auf Grund eines privatrechtlichen kaufähnlichen Verhältnisses gegenübertritt. Schuldner der Entschädigungssumme ist dem Eigentümer gegenüber also niemals ein dritter Erwerber. Gegen diesen muß gegebenenfalls der Fiskus seine Ansprüche auf Erstattung der Entschädigung geltend machen.

c) Rechte Dritter an dem Eigentum erlöschen. Ihretwegen braucht kein besonderes Enteignungsverfahren eingeleitet zu werden, ihr Untergang begründet also auch keinen eignen Entschädigungsanspruch. Dritte können ihre Rechte an den Gegenständen (dingliche Rechte) auf Grund des Art. 52 des Einführungsgesetzes zum BGB. (oben S. 149 augedruckt) geltend machen. Bei bloß obligatorischen Ansprüchen Dritter auf die enteigneten Gegenstände kommt § 281 BGB. Abs. 1 in Frage, der lautet: „Erlangt der Schuldner infolge des Umstandes, welcher die Leistung unmöglich macht, für den geschuldeten Gegenstand einen Ersatz oder einen Ersatzanspruch, so kann der Gläubiger Herausgabe des als Ersatz Empfangenen oder Abtretung des Ersatzanspruchs verlangen." Vgl. auch die Anm. 14 A, B.

d) Die Entschädigung braucht nur angemessen zu sein, es wird also voller Ersatz nicht geleistet. Ob die Entschädigung angemessen ist, ist Tatfrage und nur von Fall zu Fall zu entscheiden. Nötigenfalls ist ein Sachverständigengutachten einzuholen. Jedenfalls liegt die Grenze im Tagespreise, der auf keinen Fall überschritten werden darf. „Innerhalb dieser Grenze ist es nicht ausgeschlossen, daß bei der Festsetzung der angemessenen Entschädigung gegebenenfalls nachweisliche Verluste berücksichtigt werden können." (Ziff. 4 d der Ausführungsanweisung vom 8. 11. 20, abgedruckt S. 186.)

Neben den Gestehungskosten oder dem Einkaufspreis sind auch die allgemeinen Geschäftsunkosten zu berücksichtigen (Weigert S. 59), ebenso ist bei gebrauchten Sachen ihre Abnutzung in Rechnung zu stellen.

Entgangener Gewinn ist keinesfalls zu erstatten.

e) Hat eine Beschlagnahme nicht stattgefunden, so ist der Tagespreis des Tages der Enteignung selbst zugrunde zu legen.

f) Eine Entschädigung ist also nur bei der Enteignung (Übertragung) zu zahlen. Bei der Beschlagnahme (Anm. 13) oder Einziehung gemäß § 7 kommt sie nicht in Frage.

43. Haben die Gegenstände keinen Marktpreis, so ist der Tagespreis evtl. durch Auskunfteinholung bei der Handelskammer oder auf Grund anderer sachverständiger Gutachten zu ermitteln.

44. Da der Tag der Beschlagnahme für die Festsetzung der Entschädigung maßgebend ist, so wird die Behörde in Zeiten der Preisschwankungen bei Anordnung ihrer Maßnahme hierauf Rücksicht zu nehmen haben.

45. Siehe Anm. 42d.

46. Da die Verordnung eine Einrichtung der öffentlichen Wirtschaftsfürsorge darstellen soll, hat die Behörde auf eine Weiterführung hinauszustreben, wie ihr ja § 3 Abs. 2 zur Pflicht macht, aufzuklären, welche Hilfsmaßnahmen zur Behebung wirtschaftlicher Schwierigkeiten des Betriebes angezeigt erscheinen. Siehe auch Anm. 14C.

47. Siehe Anm. 42.

48. Siehe Anm. 31.

49. Der Unternehmer muß also, falls er mit der Festsetzung nicht einverstanden ist, Klage gegen Fiskus beim ordentlichen Gericht anstrengen. Das mit der Sache befaßte Gericht ist zur Nachprüfung der Rechtmäßigkeit der Enteignung, die auf einem öffentlich-rechtlichen Verwaltungsakt beruht, nicht berechtigt, hat vielmehr nur zu entscheiden, ob die Entschädigung angemessen ist, und kann evtl. die Entschädigungssumme heraufsetzen. Siehe auch Anm. 14B und 37.

50. Die VO. zur Behebung der dringendsten Wohnungsnot vom 15. Januar 1919 (RGBl. S. 69) in der Fassung der VO. vom 9. Dezember 1919 (RGBl. S. 1968) ist erlassen worden, um zu verhindern, daß mit erheblichen Zuschüssen aus öffentlichen Mitteln unnützerweise weiter große Miethäuser an Stelle von Flachbauten errichtet werden. Die VO. sucht nach Möglichkeit alle die Schwierigkeiten zu beseitigen, die dem Flachbau in den Außenbezirken der Städte und namentlich in den Vororten im Wege stehen." (So die „Denkschrift des RAM. vom 21. 3. 19 über die seit dem 9. 11. 18 auf dem Gebiete der Sozialpolitik getroffenen gesetzgeberischen und sonstigen wichtigen Maßnahmen" — Drs. Nr. 215 der Nationalversammlung —.) Die Befugnisse, welche diese VO. den mit ihrer Durchführung bestellten Bezirkswohnungskommissaren verleiht, sind noch erheblich weitgehender als die der Demobilmachungskommissare auf Grund der StillVO. So bestimmt die VO. vom 9. 12. 19 in ihren §§ 8 bis 11:

„§ 8.

Der Bezirkswohnungskommissar kann die in seinem Bezirke belegenen, der Herstellung von Baumaterialien und Bauteilen aller Art dienenden Werke zur Wiederaufnahme des Betriebs anhalten und, wenn sie der an sie ergangenen Aufforderung nicht nachkommen, die Beschlagnahme des Betriebs und seine Übertragung an einen von ihm zu bestimmenden Dritten anordnen. Über die Auseinandersetzung mit dem Eigentümer und den Eintritt in bestehende Lieferungs- und Ausbeutungsverträge bestimmt mangels Einigung der Beteiligten der Bezirkswohnungskommissar. Über die Höhe einer festgesetzten Entschädigung kann jeder Beteiligte innerhalb eines Monats die Entscheidung des ordentlichen Gerichts anrufen; im übrigen ist die Bestimmung des Bezirkswohnungskommissars unanfechtbar.

§ 9.

Die Landeszentralbehörde oder die von ihr bestimmte Stelle kann die in ihrem Bezirk belegenen, der Herstellung von Baustoffen oder Bauteilen dienenden Werke, deren Inhaber oder Betriebsleiter den Vorschriften über Festsetzung der Richt- oder

Höchstpreise zuwidergehandelt oder beschlagnahmte oder bewirtschaftete Baustoffe der Beschlagnahme oder Bewirtschaftung entzogen haben und deshalb rechtskräftig bestraft sind, beschlagnahmen und die Übertragung des Betriebes an einen von ihr zu bestimmenden Dritten anordnen. § 8 Satz 2 und 3 gilt entsprechend.

§ 10.

Soweit der Unternehmer sich das nötige Bauholz nicht rechtzeitig zu angemessenen Preisen zu beschaffen vermag, kann der Bezirkswohnungskommissar Holzbestände aus Forsten gegen angemessene Entschädigung enteignen. Dabei ist er jedoch an die Anordnungen gebunden, die vom Reiche oder von den Ländern für die Bewirtschaftung des Holzes getroffen werden. Die Enteignung erfolgt zugunsten der Gemeinde, des Gemeindeverbandes oder einer gemeinnützigen Unternehmung, in deren Bezirk der Bau ausgeführt wird; als gemeinnützige Unternehmungen gelten diejenigen, die als solche von der Landeszentralbehörde anerkannt sind. Die Bedingungen der Weiterlieferung an den Unternehmer setzt mangels Einigung der Beteiligten der Bezirkswohnungskommissar fest.

Die gleichen Befugnisse sowie das Recht der Beschlagnahme hat der Bezirkswohnungskommissar für die zur Durchführung des Bauvorhabens erforderlichen Naturerzeugnisse sowie Halb- und Fertigfabrikate.

Für das Enteignungsverfahren gelten die Vorschriften des § 4 entsprechend. Auf Antrag des Eigentümers kann der Bezirkswohnungskommissar den Eintritt der Wirkung der Enteignung davon abhängig machen, daß der Wert der enteigneten Sachen festgestellt wird. Für die Feststellung gelten § 486, § 487 Nr. 1 bis 3, §§ 490 bis 494 der Zivilprozeßordnung entsprechend; die Berufungsbehörde hat die Einleitung des Verfahrens anzuordnen, wenn ihr der diesbezügliche Enteignungsbescheid des Bezirkswohnungskommissars vorgelegt wird.

§ 11.

Werden bei Neubauten, die der Herstellung von Wohnungen dienen können, die Bauarbeiten länger als sechs Monate unterbrochen, so kann der Bezirkswohnungskommissar bei schuldhaftem Verzögern oder bei Leistungsunfähigkeit des Bauherrn das Baugrundstück zugunsten der Gemeinde enteignen, sofern diese bereit und in der Lage ist, den Bau unverzüglich bezugsfähig fertig herzustellen.

Die Enteignung erfolgt nach den Bestimmungen der §§ 3 und 4." Vgl. auch Ziff. 3 der Ausführungsanweisung S. 186.

§ 5.

Ist eine Anzeige[1] entgegen § 1 nicht erstattet,[2] so sind die Befugnisse[3] der Demobilmachungsbehörde[4] aus §§ 3 und 4 an die dort genannten Fristen[5] nicht gebunden.[6]

1. Gemeint ist die Anzeige gemäß § 1 Abs. 1 und 3 der beabsichtigten (bzw. erfolgten) Maßnahme (Betriebsabbruch oder Betriebsstillegung), nicht die Anzeige der Vorräte und Halbfabrikate. (§ 1 Abs. 4.) Siehe die Anm. 11 zu § 3.

2. Ist die Anzeige nicht erstattet und der Abbruch oder die Stilllegung noch nicht erfolgt, so wird die Behörde zweckdienlich ihrerseits die Sperrfrist durch Zustellung an den Inhaber oder Leiter des Betriebes in Lauf setzen, wie es auch § 13 des Entwurfs zuläßt. Der Inhaber oder Leiter kann aber auch selbst noch nachträglich die Anzeige erstatten; dann laufen die Fristen von diesem Zeitpunkt ab.

Entlassungen, die bei Einhaltung der Anzeigepflicht unwirksam wären, sind auch dann unwirksam, wenn der Anzeigepflicht nicht genügt ist. (§ 2 Abs. 5.) Vgl. Anm. 10 A und D zu § 1 und Anm. 37 zu § 2.

3. Diese Befugnisse sind:

a) Aufklärung der Umstände, welche die beabsichtigte Maßnahme veranlassen (§ 3);
b) Beschlagnahme, Enteignung, Übertragung (§ 4).

Bei Verletzung der Anzeigepflicht (siehe Anm. 40 und 52 zu § 1) seitens des Inhabers oder Leiters ist die Demobilmachungsbehörde also an die Fristen nicht gebunden, die ihr sonst zur Vornahme ihrer Amtshandlungen durch die StillVO. vorgeschrieben sind. Sie ist vielmehr bei der Ausübung ihrer Befugnisse zeitlich völlig unbeschränkt, während ihr ohne die Bestimmung des § 5 bei Nichterstattung der Anzeige überhaupt gar keine Möglichkeit gegeben wäre, ihre Befugnisse auszuüben; denn alle ihr verliehenen Befugnisse sind auf die Sperrfrist und andere Fristen abgestellt, die wiederum auf die Sperrfrist zurückgehen.

4. Vgl. hierzu die Anm. 13 zu § 1.

5. Es brauchen also in folgenden Fällen die gesetzlichen Höchstfristen nicht innegehalten zu werden:

a) Aufklärung der Gründe gemäß § 3 bei Betriebsabbruch innerhalb sechs Wochen (evtl. verlängerte Frist), bei Stillegung innerhalb vier Wochen;

b) Beschlagnahme innerhalb der Sperrfristen (Betriebsstillegung vier Wochen, Betriebsabbruch sechs Wochen — evtl. verlängerte Frist —);

c) Enteignung oder Übertragung spätestens binnen zwei Wochen nach Ablauf der (evtl. verlängerten) Sperrfrist.

Wegen dieser Fristen siehe auch Anm. 40 zu § 1, Anm. 12 zu § 3, Anm. 3, 4, 16 zu § 4.

6. Außerdem bedroht § 7 Zuwiderhandlungen gegen die Anzeigepflicht mit Strafe.

§ 6.

Die Bestimmungen[1] dieser Verordnung finden keine Anwendung,

a) wenn die im § 1 Abs. 1 bezeichneten Maßnahmen[2] auf Anordnung oder mit Zustimmung einer dafür zuständigen Behörde[3] oder mit behördlichen Befugnissen ausgestatteten Stelle erfolgen;

b) auf Maßnahmen gemäß § 1 Abs. 1 Nr. 2,[4] die lediglich[5] als Mittel in wirtschaftlichen Kämpfen[6] zwischen Arbeitgebern und Arbeitnehmern verwendet werden.[7, 8]

Vorbemerkung.

§ 6 behandelt in lit. a die Fälle, die an sich zwar nach der Definition unter die Verordnung fallen, also den Tatbestand des Abbruchs oder der Stillegung erfüllen, die aber aus besonderen Gründen von den rechtlichen Wirkungen der Verordnung ausgenommen sind. Lit. a bezieht sich auf Abbrüche und Stillegungen, lit. b nur auf Stillegungen.

Die Bestimmungen des § 6 b, die erst vom Wirtschaftspolitischen und Sozialpolitischen Ausschuß des Vorläufigen Reichswirtschaftsrats in der gemeinsamen Sitzung vom 23. 10. 23 einstimmig aufgenommen worden sind (siehe S. 14 der Denkschrift über den Vorläufigen Reichswirtschaftsrat 1920—1926, verfaßt von Dr. Hauschild, Bürodirektor beim Vorläufigen Reichswirtschaftsrat, 1926), sind für den Inhalt der VO. an sich überflüssig, denn nach § 1 Abs. 1 Ziff. 2 werden nur solche Stillegungen von der VO. erfaßt, welche die Ursache von Entlassungen einer bestimmten Arbeitnehmerzahl sind (siehe Anm. 29 zu § 1), während bei Arbeitskämpfen eine Stillegung die Folge von Entlassungen ist. Denn im Falle der Aussperrung (siehe Anm. 6 B) findet auf jeden Fall eine Kündigung, also eine Entlassung statt, und auch im Falle des Streiks (siehe Anm. 6 A) wird oft die fristlose Entlassung der streikenden Arbeitnehmer seitens des Arbeitgebers erfolgen. Eine hiermit ursächlich zusammenhängende Stillegung fällt also ohne weiteres nicht unter die VO. Wenn dies aber trotzdem ausdrücklich erwähnt wird, so geschieht es nur, um jedem aufkommenden Zweifel von vornherein zu begegnen; der Hauptton bei dieser erst auf Vorschlag des Vorläufigen Reichswirtschaftsrats (siehe oben) eingefügten Ergänzung liegt auf dem nachträglich von der Reichsregierung hinzugesetzten Worte „lediglich“, durch dessen Hinzufügung lit. b auch juristisch erst ihre Daseinsberechtigung erhält. Hat z. B. ein Arbeitgeber, der seine streikenden Arbeiter nicht entlassen hat, seinen Betrieb wegen des Streiks stillgelegt und will er ihn nach Beendigung der Kampfmaßnahme aus anderen — z. B. wirtschaftlichen — Gründen weiter ganz oder teilweise stillliegen lassen, so findet die VO. Anwendung, sofern nunmehr von den streikenden Arbeitnehmern die in § 1 Abs. 1 Ziff. 2 vorgesehene Anzahl zur Entlassung kommen soll. Dasselbe trifft zu, wenn der Arbeitgeber nach einer Aussperrung alle ausgesperrten Arbeitnehmer oder einen Teil von ihnen nicht wieder einstellt, weil er seinen Betrieb ganz oder teilweise nicht wieder eröffnen will. Auch hier ist der Kausalzusammenhang zwischen Stilllegung und Entlassung bzw. Nichtwiedereinstellung gegeben, dergestalt, daß die Stillegung die Ursache der Nichtwiedereinstellung ist. Eine Umgehung der VO. auf diesem Wege ist ebenso unstatthaft wie die Herbeiführung einer anzeigefreien Stillegung durch ein fingiertes wirtschaftliches Kampfmittel. Auch in diesem Falle treten alle Rechtswirkungen der VO. ein, insbesondere zieht die Nichterstattung der Anzeige eine Bestrafung aus § 7 nach sich. Vgl. auch den zu lit. b von Fischer (RABl. 1926, Nichtamtlicher Teil S. 677) zitierten Bescheid des RAM. vom 24. 3. 26, der sich dahin ausspricht, „daß die Stillegungsverordnung an sich auch dann anwendbar ist, wenn Betriebsanlagen nach Beendigung eines Arbeitskampfes ganz oder teilweise nicht benutzt werden. Da aber — so heißt es in dem Bescheid — eine Stillegung im Sinne der Verordnung nur dann vorliegt, wenn durch die Nichtbenutzung der Betriebsanlagen die Entlassung von Arbeitern verursacht wird, kann die Verordnung nur auf solche Fälle Anwendung finden, wo das Arbeitsverhältnis zwischen Arbeitgeber und Arbeitnehmer noch beim Aufhören des Arbeitskampfes besteht und erst mit Rücksicht auf die fernere Arbeitsruhe aufgelöst wird." Daß die Arbeitnehmer, wie der RAM. annimmt, nicht schon entlassen sein dürfen, würde zwar dem Wortlaut des § 1 Abs. 1 Ziff. 2 genau entsprechen, der Sinn erfordert aber im vorliegenden Fall, die Worte „zur Entlassung kommen" dahin auszulegen, daß die infolge der Aussperrung entlassenen Arbeitnehmer normalerweise nach Beendigung der Aussperrung wieder eingestellt werden würden und nur wegen der Nichtwiedereröffnung des Betriebes gewissermaßen von neuem zur Entlassung kommen. Es ist aber auch denkbar, daß der Arbeitgeber bei Abschluß des Arbeitskampfes mit den ausgesperrten Arbeitnehmern einen neuen Arbeitsvertrag eingeht, vor der Wiederaufnahme der Arbeit aber aus wirtschaftlichen Gründen den Entschluß faßt, den Betrieb gar nicht oder nur teilweise wieder zu eröffnen.

1. D. h. also die Bestimmungen über die Anzeigepflicht, die Wartezeit, die Aufklärung seitens der Behörde, die Entlassungsbeschränkungen, die gebotene Arbeitsstreckung, die Beschlagnahme, Enteignung, Übertragung.

2. Also Betriebsabbruch und Stillegung; anders lit. b, wo nur von der Stillegung die Rede ist.

3. Die Bestimmungen der Verordnung gelten jedoch sowohl bei gerichtlichem Konkurs als auch bei der Geschäftsaufsicht. Denn in diesen Fällen sind weder Konkursverwalter noch Aufsichtspersonen Behörden. Vgl. hierzu den Bescheid des Preußischen Ministers für Handel und Gewerbe vom 6. 8. 25, welcher den im entgegengesetzten Sinn erteilten Bescheid vom 16. 7. 24 (RABl. S. 347) aufhebt: „Ihre Beschwerde hat mir Veranlassung gegeben, die Frage der Anwendbarkeit der Verordnung, betreffend Maßnahmen gegenüber Betriebsabbrüchen und -stillegungen, vom 8. November 1920 / 15. Oktober 1923 in den Fällen, in denen ein Betrieb unter Geschäftsaufsicht gestellt oder in Konkurs geraten ist, dem Herrn Reichswirtschaftsminister zur Stellungnahme zu unterbreiten.

Nach der auch von dem Herrn Reichsarbeitsminister und dem Herrn Reichsjustizminister geteilten Auffassung des Herrn Reichswirtschaftsministers, der ich unter Aufgabe der früher von mir vertretenen Ansicht beitrete, gelten die Bestimmungen der Stilllegungsverordnung sowohl bei gerichtlichem Konkurs als auch bei Verhängung einer Geschäftsaufsicht im Falle einer Betriebsstillegung.

Gemäß § 6 Ziff. a der Verordnung findet diese keine Anwendung, wenn die im § 1 Abs. 1 bezeichneten Maßnahmen auf Anordnung oder mit Zustimmung einer Behörde oder einer mit behördlichen Befugnissen ausgestatteten Stelle erfolgen, denen eine entsprechende Befugnis hierzu übertragen ist. Im Sinne des Gesetzes sind aber weder der Konkursverwalter noch die Aufsichtspersonen eine Behörde, noch eine mit behördlichen Befugnissen ausgestattete Stelle. Wenn die vorbenannten Personen auch behördlich bestellt sind und kraft gesetzlichen Auftrags zur Erfüllung ihrer Aufgaben handeln, so haben sie damit doch keineswegs behördliche Befugnisse erlangt; ihre Befugnisse liegen vielmehr lediglich auf privatrechtlichem Gebiete." (RABl. 1926 S. 87.)

Auch in der „Niederschrift" wird dieselbe Ansicht vertreten. Ebenso Urteil LAG. Halberstadt vom 30. 1. 28 (Bens.Samml. Bd. 2 Nr. 75 — LAG. — S. 217.)

4. § 1 Abs. 1 Nr. 2 behandelt die Betriebsstillegung. Siehe auch die Vorbemerkung.

5. **Begriff des Wortes „lediglich".** Die VO. nimmt von ihrem Geltungsbereich ausdrücklich Maßnahmen aus, die lediglich als Mittel im wirtschaftlichen Kampf zwischen Arbeitgebern und Arbeitnehmern verwendet werden. Lediglich als Mittel im wirtschaftlichen Kampf „wird eine solche Betriebseinstellung anzusehen sein, durch die bezweckt wird, die Arbeitnehmer zur Annahme ungünstigerer Arbeitsbedingungen oder zur Abstandnahme von Forderungen nach Verbesserung der Arbeitsbedingungen zu veranlassen, wobei aber die Absicht besteht, nach Erreichung dieses Zweckes etwa die gleiche Anzahl von Arbeitnehmern weiterzubeschäftigen" (Rechtsgutachten des RAM. vom 28. 11. bzw. 8. 12. 20, Schlichtungswesen III, 57; KAR.-Karte Betriebsst. II Nr. 179 vom 18. 4. 25).

Vgl. hierzu auch die Vorbemerkung.

6. **Wirtschaftliche Kämpfe.** Als wirtschaftliche Kämpfe kommen Streik und Aussperrung in Frage.

A. S t r e i k ist die gemeinsame Arbeitsniederlegung seitens der freien Arbeitnehmer des gesamten Betriebes (Gesamtstreik) oder eines Teiles der Belegschaft (Teilstreik) zum Zwecke der Erlangung günstiger Arbeitsbedingungen (evtl. auch um soziale oder politische Forderungen durchzusetzen). „Erforderlich ist nicht, daß die Arbeitsniederlegung durch Anweisung der zuständigen Organisation und nach ordnungsmäßigem Beschluß der Mehrheit der Belegschaft durchgeführt ist. Maßgebend ist vielmehr der gemeinsame Wille der Arbeiterschaft, der auch ohne besonderen Beschluß in Erscheinung treten kann; es muß dem Arbeitgeber dieser gemeinsame, geschlossene Wille und nicht nur der Wille der einzelnen Arbeitnehmer entgegentreten. Die gemeinsame Verbundenheit zur Erreichung eines bestimmten Zweckes setzt aber eine Organisation wenigstens insoweit voraus, als für die Arbeiterschaft das Wort führende und handelnde Personen sein müssen." (Urteil LG. Bremen vom 9. 4. 24, RABl. 1924 S. 429.) Der Arbeitgeber kann den Streikenden gemäß § 123 GO. fristlos kündigen. Ist eine Kündigung vor Beendigung des Streiks nicht erfolgt, so laufen die alten Arbeitverträge weiter; im Falle einer Kündigung, was die Regel darstellt, müssen neue Vereinbarungen getroffen werden. Der Arbeitgeber braucht die Arbeitnehmer nicht wieder einzustellen (mit Ausnahme der Schwerbeschädigten — § 13 des Schwerbeschädigtengesetzes —, siehe Anm. 16 B II zu § 2).

B. Aussperrung ist die einheitliche Kündigung gegenüber einer Mehrheit von Arbeitnehmern zum Zwecke der Erkämpfung günstiger Arbeitsbedingungen unter gleichzeitigem Anerbieten der Wiedereinstellung unter den vom Arbeitgeber gestellten Bedingungen (Kaskel S. 380). Auch die sog. „Sympathieaussperrungen" gehören hierher. Die Aussperrung erfolgt also im Gegensatz zum Streik niemals unter Vertragsbruch, sonst würde der Arbeitgeber in Annahmeverzug geraten und daher gemäß § 615 BGB. zur Lohnzahlung verpflichtet sein. Ist aber der Arbeitgeber infolge eines Teilstreiks zur Aussperrung der übrigen (wenn auch arbeitswilligen) Arbeitnehmer ohne Innehaltung einer Frist gezwungen, so entfällt für diese Arbeitnehmer der Lohnanspruch, selbst wenn sie erklären, am Streike nicht teilzunehmen. Ebenso Urteil des RG. vom 6. 2. 23 (abgedruckt RABl. S. 337). Vgl. auch den einschlägigen Aufsatz von Kaskel, NZA. 1922, Sp. 1 f.

Es findet nach Ablauf der gesetzlichen oder vereinbarten Kündigungsfrist eine völlige Lösung des Arbeitsverhältnisses statt. Die Arbeitsverträge hören auf zu bestehen, nach Beendigung der Aussperrung müssen neue Vereinbarungen getroffen werden. Der Arbeitgeber braucht die Arbeitnehmer nicht ohne weiteres wieder einzustellen (mit Ausnahme der Schwerbeschädigten — siehe lit. A).

Die Aussperrung gilt also nicht ohne weiteres als wichtiger Grund zur fristlosen Kündigung, auch nicht in den Fällen der §§ 124 a, 133 b GO., 70 HGB. und 626 BGB. (clausula generalis), selbst nicht, wenn die Aussperrung zur teilweisen oder gänzlichen Betriebsstillegung führt.

7. Anwendung des BRG. auf die lediglich als Kampfmittel verwendete Stillegung. Das BRG. schließt nach seinem § 96 Abs. 2 Ziff. 2 auch die Stillegung, die lediglich als Kampfmaßnahme erfolgt, nicht von seinem Geltungsbereich aus. Das KG. hat dies, wie es auch der herrschenden Ansicht in Schrifttum und Rechtsprechung entspricht, in seinem Urteile vom 7. 12. 23 zum Ausdruck gebracht. Wegen der grundsätzlichen Bedeutung sei die betreffende Stelle aus den Entscheidungsgründen dieses Urteils nachstehend wiedergegeben: „Nach § 96 Abs. 1 Betriebsrätegesetz genießen die Mitglieder der Betriebsvertretung eines besonderen Schutzes gegen Kündigung; zu letzterer bedarf der Arbeitgeber der Zustimmung der Betriebsvertretung. Abs. 2 macht aber drei Ausnahmen von dem Erfordernis, und deren zweite lautet: „bei Entlassungen, die durch Stillegung des Betriebes erforderlich sind." Der Streit der Parteien geht nun dahin, ob die Schließung der Fabrik als „Stillegung" im Sinne des § 96 Abs. 2 Ziff. 2 Betriebsrätegesetz anzusehen ist oder nicht. Eine nähere Bestimmung des Begriffs ist weder im Betriebsrätegesetz noch in anderen voraufgehenden Gesetzen zu finden. Erst die sowohl hinter dem Betriebsrätegesetz wie hinter den den Grund des Streites bildenden Vorgängen liegende Stillegungsverordnung vom 8. November 1920 (Reichsgesetzbl. S. 1901) bezeichnet eine Betriebsstillegung dann als vorliegend, wenn 1. die Betriebsanlagen gänzlich oder teilweise nicht benutzt werden und 2. hierdurch eine größere Anzahl von Arbeitnehmern zur Entlassung kommt. Diese rein tatsächliche Begriffsbestimmung auch auf das Betriebsrätegesetz anzuwenden, besteht keinerlei Bedenken. Während nun die Verordnung vom 8. November 1920 nicht auf jede sich nach der im § 1 gegebenen Begriffsbestimmung als „Stillegung" darstellende Betriebseinstellung angewandt sein will, vielmehr im § 6 b ihre Anwendung auf eine solche Stillegung, die lediglich

eine Kampfmaßnahme im wirtschaftlichen Kampf zwischen Arbeitgebern und Arbeitnehmern bedeutet, ausschließt, macht das Betriebsrätegesetz keinen solchen Unterschied. Daraus folgt, was das Gewerbegericht allerdings dahingestellt sein läßt, daß nach dem Betriebsrätegesetz auch eine lediglich als Kampfmaßnahme verwendete Stillegung (Aussperrung), die ja auch nach der Definition des § 1 der Verordnung vom 8. November 1920, trotzdem sie nicht ins Anwendungsgebiet der Verordnung fällt, immer eine Stillegung bleibt, das Erfordernis der Genehmigung der Betriebsvertretung zur Kündigung ausschließt. Verlangt muß nur werden, daß die Stillegung nicht zum Schein (vgl. Flatow, Komm. z. BRG. Anm. 6 Abs. 2 zu § 85) erfolgt; eine Scheinstillegung könnte wohl in dem vom Kläger unterstellten Fall der Aussperrung auf 24 Stunden erblickt werden. Davon kann aber nicht die Rede sein, wenn, wie hier, der Arbeitgeber seinen Betrieb auf unbestimmte Zeit einstellt, bis die von vornherein ungewisse, tatsächlich ja auch erst nach fast einem Monat erreichte Vereinbarung neuer Arbeitsbedingungen zustande gekommen sein würde. Daß andererseits eine endgültige Schließung des Betriebes — Verkauf der Gebäude und Maschinen auf Abbruch —, wie es der Kläger für erforderlich hält, nicht nötig ist, um die Annahme einer zum Schein erfolgenden Stillegung auszuschließen, daß vielmehr auch eine vorübergehende Schließung eine Stillegung sein kann, ist allgemein anerkannt (vgl. z. B. Dersch, Komm. z. BRG. Anm. 1 c zu § 85).

Liegt aber eine ernstlich gemeinte Stillegung, bei der der Arbeitgeber alle Nachteile einer Einstellung seines gesamten Betriebes auf nicht unerhebliche Zeit in Kauf nimmt, vor, so kann daraus, daß der Arbeitgeber auf diese Weise gleichzeitig das vielleicht auch angestrebte Ziel einer Betriebseinschränkung ohne Beobachtung der Vorschrift des § 12 der Einstellungsverordnung vom 12. Februar 1920 (RGBl. S. 218) erreicht, ein Einwand gegen die Zulässigkeit der Stillegung und deren Berücksichtigung im Sinne des § 96 Abs. 2 Ziff. 2 BRG. nicht hergeleitet werden." (RABl. 1924 S. 347/48.) Das Urteil des KG., dem im übrigen zugestimmt werden kann, irrt, wenn es annimmt, daß auch die lediglich als Kampfmittel verwendete Stillegung nach der Definition des § 1 der StillVO. eine Stillegung auch im Sinne dieser VO. sei. Wie schon in der Vorbemerkung angeführt, ist Voraussetzung für die Anwendbarkeit der StillVO., daß die Nichtbenutzung von Betriebsanlagen die Ursache im Rechtssinne von Arbeitnehmerentlassungen ist, während bei der Stillegung infolge einer Aussperrung das Kausalverhältnis zwischen Stillegung und Entlassungen gerade umgekehrt ist. Vgl. auch die Anm. 29 zu § 1.

8. Bezüglich der durch Streiks oder Aussperrungen erfolgenden Stillegungen von Betrieben, welche die Bevölkerung mit Gas, Wasser, Elektrizität versorgen, hat die S. 219 abgedruckte VO. erlassen.

§ 7.

Wer[1] den Vorschriften[2] der §§ 1, 2, 4 oder den nach § 3 Abs. 2 ergangenen Anordnungen[3] vorsätzlich[4] zuwiderhandelt, wird mit Geldstrafe[5] bis zu hunderttausend Mark[6] und mit Gefängnis bis zu einem Jahre oder mit einer dieser Strafen bestraft. Bei Fahrlässigkeit[7] tritt Geldstrafe[8] bis zu fünfzigtausend Mark ein.

Neben[9] der Strafe können die Gegenstände, auf die sich die Zuwiderhandlung[10] bezieht, eingezogen[11] werden, ohne Unterschied, ob sie dem Täter gehören oder nicht.[12]

1. Als Täter kommen hauptsächlich der Betriebsinhaber (Unternehmer) und der Betriebsleiter (gegebenenfalls beide nebeneinander), aber auch dritte Personen in Frage. Vgl. auch die Anm. 2.

2. Die VO. beschränkt sich also darauf, allgemein die Zuwiderhandlung gegen die Bestimmungen der VO. und Anordnungen der Behörde, die den einzelnen Straftatbestand erst ihrerseits künftig bestimmen sollen, unter Strafe zu stellen.

Solche Vorschriften und Anordnungen sind:

a) Anzeige der beabsichtigten Maßnahme (Betriebsabbruch, -stillegung): § 1 Abs. 1.

b) Unverzügliche Anzeige der infolge unabsehbarer Ereignisse sofort getroffenen Stillegung: § 1 Abs. 3.

c) Unverzügliche Anzeige der Vorräte: § 1 Abs. 4.

d) Einhalten der Sperrfrist (Wartezeit), bevor die beabsichtigte Maßnahme vorgenommen wird: § 1 Abs. 2.

e) Verbot der Vornahme einer die ordnungsmäßige Führung des Betriebes beeinträchtigenden Veränderung der Sach- und Rechtslage ohne Genehmigung der Behörde, insbesondere der Verfügung über die Vorräte außerhalb des Rahmens der ordnungsmäßigen Führung des Betriebes: § 2 Abs. 1.

f) Verbot von Entlassungen, die über die Grenze des § 1 Abs. 1 Ziff. 2 hinausgehen, ohne Genehmigung der Behörde: § 2 Abs. 2.

g) Im Falle der angeordneten Arbeitsstreckung Verbot der Herabsetzung der Wochenarbeitszeit eines Arbeitnehmers unter 24 Stunden: § 2 Abs. 2.

h) Im Falle der Arbeitsstreckung Verbot vorzeitiger Kürzung des Lohnes.

i) Befolgung sämtlicher Anordnungen der Behörde, die geeignet erscheinen, die tatsächlichen Verhältnisse des Betriebes aufzuklären und Zuwiderhandlungen gegen § 2 zu verhindern: § 3 Abs. 2.

k) Verbot der Vornahme von Veränderungen an beschlagnahmten Gegenständen: § 4 Abs. 3.

l) Verbot rechtsgeschäftlicher Verfügungen über beschlagnahmte Gegenstände: § 4 Abs. 3.

m) Verwahrung und pflegliche Behandlung beschlagnahmter Gegenstände während der Dauer der Beschlagnahme: § 4 Abs. 3.

n) Verpflichtung zur Herausgabe enteigneter Gegenstände: § 4. In der der Demobilmachungsbehörde verliehenen Befugnis zur Enteignung ist auch zugleich die Berechtigung dieser Behörde zur Anordnung auf Herausgabe der enteigneten Gegenstände enthalten. Auch eine Zuwiderhandlung gegen eine solche Anordnung ist daher strafbar.

Für die unter e, i, k, m und n genannten Vorschriften kommen außer dem Inhaber oder Leiter des Betriebes auch dritte Personen als Täter in Frage.

Der „Entwurf" hat dagegen in § 24 die einzelnen strafbaren Handlungen tatbestandsmäßig aufgezählt. § 24 lautet:

„§ 24.

Mit Geldstrafe bis zu fünfhunderttausend Mark und mit Gefängnis bis zu einem Jahre oder mit einer dieser Strafen werden bestraft:

1. Unternehmer und Leiter von Betrieben, die vorsätzlich
   a) die im § 4, § 12 vorgeschriebenen Anzeigen nicht oder nicht rechtzeitig erstatten,
   b) die im § 4 Abs. 3 vorgeschriebene Mitteilung der Vorräte nicht oder nicht rechtzeitig oder unvollständig oder unrichtig abgeben,
   c) einen Betriebsabbruch oder eine Betriebsstillegung vor Ablauf der Sperrfrist (§ 5) ohne Zustimmung der Behörde vornehmen;
2. wer vorsätzlich den Bestimmungen des § 6 zuwiderhandelt (Anmerkung: wie zu e, siehe oben);
3. wer vorsätzlich und unbefugt beschlagnahmte Gegenstände (§ 8 Abs. 1) beiseiteschafft, beschädigt, zerstört, veräußert oder erwirbt;
4. wer vorsätzlich der Verpflichtung, beschlagnahmte Gegenstände zu verwahren und pfleglich zu behandeln oder enteignete Gegenstände dem Erwerber herauszugeben (§ 9 Abs. 3), zuwiderhandelt;
5. wer vorsätzlich den gemäß § 11 ergangenen Anordnungen zuwiderhandelt. (Anmerkung: Anordnungen zur Aufklärung der Sachlage, zur Sicherstellung beschlagnahmter und zur Herausgabe enteigneter Gegenstände.)

Ist die Zuwiderhandlung fahrlässig begangen, so ist auf Geldstrafe bis zu zweihunderttausend Mark zu erkennen.

Neben der Strafe können die Gegenstände, auf die sich die strafbare Handlung bezieht, eingezogen werden, ohne Unterschied, ob sie dem Täter gehören oder nicht."

3. Siehe Anm. 2 zu i.

4. Vorsatz und Fahrlässigkeit sind die Voraussetzungen für jede Strafbarkeit, die eine Zufallshaftung nicht kennt.

Für die Begriffsbestimmung können die auf der Rechtsprechung des RG. beruhenden Vorschriften des Neuen Deutschen Strafgesetzbuchs (der Entwurf liegt mit Nr. 3390 RTDrs. III. WP. 1924/27 seit Mai 1927 dem Reichstag vor und gilt auf Grund des Gesetzes zur Fortführung der Strafrechtsreform vom 31. 3. 28 — RGBl. S. 135 — für die IV. Wahlperiode, die im Sommer 1928 begonnen hat, als neue Vorlage, so daß sich seine erneute Einbringung in dieser Wahlperiode erübrigt hat) herangezogen werden. Sie lauten:

„§ 17.

Vorsätzlich handelt, wer den Tatbestand der strafbaren Handlung mit Wissen und Willen verwirklicht oder die Verwirklichung zwar nur für möglich hält, jedoch für den Fall der Verwirklichung mit ihr einverstanden ist.

Wegen vorsätzlicher Begehung wird nicht bestraft, wer irrtümlich einen Sachverhalt annimmt, der die Tat rechtfertigen oder ihn straffrei machen würde.

§ 19.

Fahrlässig handelt, wer die Sorgfalt außer acht läßt, zu der er nach den Umständen und nach seinen persönlichen Verhältnissen verpflichtet und fähig ist, und deshalb nicht voraussieht, daß sich der Tatbestand der strafbaren Handlung verwirklichen kann, oder, obwohl er dies für möglich hält, darauf vertraut, daß es nicht geschehen wird.

Die Vorschriften über fahrlässige Handlungen sind auch dann anzuwenden, wenn der Täter nur deshalb nicht wegen vorsätzlicher Begehung bestraft werden kann, weil er infolge eines auf Fahrlässigkeit beruhenden Irrtums einen Sachverhalt angenommen hat, der ihn gerechtfertigt oder ihn straffrei gemacht hätte."

5. Da die Zuwiderhandlungen mit Gefängnisstrafe geahndet werden, sind sie also Vergehen im Sinne des § 1 Abs. 2 StGB. Die Höhe der Geldstrafe beträgt nach Art. I der VO. über Vermögensstrafen und Geldbußen vom 6. 2. 24 (RGBl. S. 44), welche die §§ 1 Abs. 2 und 3, 27 bis 29, 70, 78 StGB. abändert — in Verbindung mit der VO. vom 12. 12. 24 (RGBl. S. 775) —, im allgemeinen 3 bis 10 000 RM., bei Gewinnsucht kann sie bis auf 100 000 RM. erhöht werden. Das Höchstmaß kann gemäß § 27 c StGB. unter gewissen Voraussetzungen noch überschritten werden. Eine nicht beizutreibende Geldstrafe ist in Gefängnis umzuwandeln. Sie kann auch, da sie an erster Stelle angedroht ist, in Haft umgewandelt werden. (Denn die Worte „oder mit einer dieser Strafen" bedeuten: „mit Geldstrafe oder mit Gefängnis", so daß also die Geldstrafe an die erste Stelle tritt, da es vorher heißt: „Geldstrafe und Gefängnis".)

Kann die Geldstrafe ohne Verschulden des Verurteilten nicht eingebracht werden, so kann das Gericht anordnen, daß die Vollstreckung der Ersatzstrafe unterbleibt (§ 29 Abs. 6 StGB.).

Im übrigen gilt noch folgendes:

a) Bezüglich der allgemeinen Grundsätze, die für die Strafbestimmung des § 7 in Frage kommen, gilt der allgemeine Teil des Strafgesetzbuches (Teilnahme, Vorsatz, Fahrlässigkeit, Strafausschließungsgründe, Verjährung der Strafverfolgung und Strafvollstreckung, Verhältnis von Freiheitsstrafe und Geldstrafe).

b) Die Verordnung kennt nicht den Rückfall als allgemeinen Strafverschärfungsgrund, wie z. B. in der GO. (§§ 146 Abs. 2 und 146 a Abs. 2), in der Verordnung über die Arbeitszeit (§ 11 Abs. 2), in der Verordnung über die Arbeitszeit in Bäckereien (§ 12), im Hausarbeitsgesetz (§ 50), im Schwerbeschädigtengesetz (§ 18 Abs. 1) u. a.

c) Das Strafverfahren ist der allgemeine Strafprozeß. Die Bestimmungen der StPO. finden also Anwendung.

d) Bei den Zuwiderhandlungen gegen die VO. handelt es sich nicht um sog. Antragsdelikte, es ist also kein Strafantrag vorgeschehen, vielmehr ist die Strafverfolgung von Amts wegen einzuleiten. Die Strafanzeige kann von jedermann erstattet werden. Ebenso Bescheid des RWM. vom 28. 12. 23 (RABl. 1924 S. 36).

e) Zuständig ist das Schöffengericht, und zwar entweder das sog. kleine oder das erweiterte (§§ 28, 29 GVG.). Zulässig ist eventuell auch ein amtsrichterlicher Strafbefehl (§§ 407 ff. ZPO.).

f) Rechtsmittel:

1. Gegen das Urteil des Schöffengerichts ist Berufung zulässig (§ 312 StPO.).
2. Gegen das Urteil des Berufungsgerichts ist die Revision zulässig (§ 333 a. a. O.).
3. Gegen das Urteil des Schöffengerichts ist auch die sog. Sprungrevision (revisio per saltum) unter Übergehung der Berufung zulässig (§ 335 a. a. O.).
4. Hat in erster Instanz das sog. kleine Schöffengericht entschieden, so ist für die Revision das Oberlandesgericht, sonst das Reichsgericht zuständig (§§ 121, 135 GVG.).

Für die Berufung kommt stets nur die große Strafkammer in Frage (§ 76 GVG.).

g) Der Irrtum über die strafrechtlichen Rechtssätze ist unbeachtlich. Auch die sog. Irrtumsverordnung vom 18. 1. 17 (RGBl. S. 58), ergänzt durch VO. vom 12. 2. 20 (RGBl. S. 230), kommt nicht in Frage, weil die ursprünglich im Wege der Demobilmachung getroffene StillVO. durch die auf Grund des Ermächtigungsgesetzes vom 13. 10. 23 ergangene VO. vom 15. 10. 23 in die ordentliche Gesetzgebung überführt worden ist.

6. Die Zahlen der Inflationszeit gelten jetzt nicht mehr. Die Geldstrafe beträgt jetzt 3 bis 100 000 RM. Vgl. im übrigen Anm. 5.

7. Vgl. die Anm. 4.

8. Auch diese Strafe ist die Sühne für ein Vergehen; an ihre Stelle tritt also, falls sie uneinbringlich ist, grundsätzlich Gefängnis. Sie kann aber auch, da sie allein angedroht ist, in Haft umgewandelt werden. Vgl. auch die Anm. 5.

9. Die Einziehung ist also nur statthaft, wenn

a) eine strafbare Handlung vorliegt und

b) die rechtskräftige Verurteilung einer bestimmten Person stattgefunden hat.

Vgl. auch Anm. 10.

10. Die Zuwiderhandlung kann vorsätzlicher oder fahrlässiger Natur sein. § 52 Abs. 2 des Entwurfs eines Allgemeinen Deutschen Strafgesetzbuchs (siehe Anm. 4) bestimmt dagegen: „Ist eine strafbare Handlung fahrlässig begangen, so darf auf Einziehung nur erkannt werden, wenn es das Gesetz ausdrücklich vorsieht.“ Im übrigen vgl. die Anm. 2.

11. Die Einziehung von Gegenständen behandelt im allgemeinen § 40 StGB., der aber diese Strafen nur zuläßt, wenn es sich um ein vorsätzlich begangenes Vergehen handelt, und sofern die Gegenstände dem Täter oder einem Teilnehmer gehören. Es geht also die Bestimmung der StillVO. über § 40 StGB. insofern hinaus, als sie die Einziehung auch bei Fahrlässigkeit und ohne Rücksicht auf die Eigentumsverhältnisse zuläßt.

Die Einziehung stellt sich als Nebenstrafe dar, sofern die einzuziehenden Gegenstände Eigentum des Täters sind, als Nebenfolge, wenn sie einem andern als dem Täter gehören.

Die Einziehung ist im Urteile auszusprechen. Sie ist in das freie richterliche Ermessen gestellt. Sie wird nur dann ausgesprochen werden dürfen, wenn durch sie der wirtschaftliche Zweck der VO. erreicht werden kann.

Die Einziehung ist vergleichbar mit der Enteignung (§ 4), die aber gegen eine angemessene Entschädigung erfolgt. Vgl. die Anm. 14 zu § 4.

Bei der Einziehung geht das Eigentum von selbst auf den Staat über, der Einziehung selbst kann eine Beschlagnahme seitens des Gerichts vorangehen (§ 94 StPO.). Ganz verschieden hiervon ist die Beschlagnahme seitens der Demobilmachungsbehörde (§ 4). Vgl. die Anm. 13 zu § 4.

Die Gegenstände können ganz oder teilweise eingezogen werden.

Die Einziehung erfolgt zugunsten des Landes, in dem der Betrieb sich befindet.

12. Das wird hauptsächlich dann der Fall sein, wenn dritte Personen (siehe die Anm. 2) in Frage kommen.

Gehören die Gegenstände nicht dem Täter, so ist dieser dem Eigentümer gegenüber schadensersatzpflichtig. An den Fiskus kann sich der Eigentümer nicht halten.

Als Gegenstände kommen sowohl Betriebsanlagen als auch andere Sachen (Vorräte) und auch Rechte in Frage.

§ 8.

Der Reichswirtschaftsminister und der Reichsarbeitsminister[1] erlassen gemeinsam die erforderlichen Ausführungsanweisungen.[2]

1. Da die Verordnung wirtschaftspolitisch und sozialpolitisch orientiert ist, sind beide Ressorts für den Erlaß von Ausführungsbestimmungen zuständig, wie auch beide Minister die VO. selbst gezeichnet haben.

2. Es ist nur die Ausführungsanweisung vom 8. November 1920 ergangen, die unten S. 186 abgedruckt ist. Der RWM. und der RAM. haben aber zahlreiche für die Auslegung zweifelhaft gehaltener Stellen wichtige Bescheide erteilt, die in den einzelnen Erläuterungen berücksichtigt worden sind.

Außerdem sind seitens der Länder zahlreiche Bescheide und Erlasse ergangen, die sich mit der Ausführung und Auslegung der VO. beschäftigen; so hat z. B. Preußen u. a. die S. 195 ff. abgedruckten Erlasse getätigt.

Ferner hat im März 1926 eine Besprechung der Ressortminister mit den Vertretern der Länder über Auslegung und Handhabung der StillVO. stattgefunden. Diese Besprechung hat Ergebnisse von zum Teil sehr großer Bedeutung für die Auslegung der VO. gebracht, die bei den einzelnen Stellen wörtlich wiedergegeben sind.

§ 9.

Die Verordnung tritt mit dem Tage der Verkündung in Kraft.

Berlin, den 8. November 1920.

Der Reichswirtschaftsminister.
Dr. Scholz.
Der Reichsarbeitsminister.
Dr. Brauns.

Die VO. vom 8. 11. 20 ist am 23. 11. 20 (dem Tage der Ausgabe des RGBl. in Berlin) verkündet worden. Die durch die VO. vom 15. 10. 23 (abgedruckt S. 183) erfolgten Ergänzungen (Einfügung der Abs. 2 bis 5 in § 2) sind nach Art. IV dieser VO. am 15. 10. 23 in Kraft getreten.

Verordnung über Betriebsstillegungen und Arbeitsstreckung.

Vom 15. Oktober 1923*) (RGBl. S. 983).

Auf Grund des Ermächtigungsgesetzes vom 13. Oktober 1923 (Reichsgesetzbl. I S. 943) verordnet die Reichsregierung:

Artikel I.

Zu § 2 der Verordnung, betreffend Maßnahmen gegenüber Betriebsabbrüchen und -stillegungen, vom 8. November 1920 (Reichsgesetzbl. S. 1901) treten die folgenden Abs. 2 bis 5:

Abs. 2: Entlassungen, die über die Grenzen des § 1 Abs. 1 Ziffer 2 hinausgehen, sind innerhalb der Fristen des § 1 Abs. 2 nur mit Genehmigung der Demobilmachungsbehörde wirksam. Ist der Arbeitgeber nicht in der Lage, die Arbeitnehmer während der bezeichneten Fristen voll zu beschäftigen, so kann die Demobilmachungsbehörde für die Dauer der Fristen eine Verkürzung der Arbeitszeit (Streckung der Arbeit) anordnen. Hierbei darf jedoch die Wochenarbeitszeit eines Arbeitnehmers nicht unter 24 Stunden herabgesetzt werden.

Abs. 3: Der Arbeitgeber ist im Falle der Arbeitsstreckung berechtigt, Lohn oder Gehalt der mit ver-

*) Diese Verordnung tritt zur Beseitigung von Zweifeln an die Stelle der vor der Verkündung des Ermächtigungsgesetzes ausgefertigten Verordnung gleichen Inhalts vom 13. Oktober 1923 (Reichsgesetzbl. I S. 945).

kürzter Arbeitszeit beschäftigten Arbeitnehmer entsprechend zu kürzen, jedoch erst von dem Zeitpunkt an, in dem ihr Arbeitsverhältnis nach den allgemeinen gesetzlichen oder den vertraglichen Bestimmungen enden würde.

Abs. 4: Das Recht zur fristlosen Kündigung aus einem Grunde, der nach dem Gesetze zur Kündigung des Arbeitsverhältnisses ohne Einhaltung einer Kündigungsfrist berechtigt, bleibt unberührt.

Abs. 5: Entlassungen, die bei Einhaltung der Anzeigepflicht unwirksam wären, sind auch dann unwirksam, wenn der Anzeigepflicht nicht genügt ist.

Artikel II.

Die §§ 12 bis 15 der Verordnung über die Einstellung und Entlassung von Arbeitern und Angestellten während der Zeit der wirtschaftlichen Demobilmachung vom 12. Februar 1920 (Reichsgesetzbl. S. 218) werden aufgehoben.

Artikel III.

Mit den Änderungen, die sich aus Artikel I und II ergeben, gelten die Verordnungen vom 12. Februar und vom 8. November 1920 über den 31. Oktober 1923 hinaus.

Artikel IV.

Diese Verordnung tritt am 15. Oktober 1923 in Kraft. Gleichzeitig treten landesrechtliche Vorschriften über Betriebsstillegung, Arbeitsstreckung sowie über Erhaltung der Arbeitnehmer in den Betrieben außer Kraft. Die Verordnung über Betriebsstillegungen und Arbeitsstreckung vom 13. Oktober 1923 (Reichsgesetzbl. I S. 945) wird aufgehoben.

Artikel V.

Streitigkeiten wegen Entlassung von Arbeitnehmern, die beim Inkrafttreten dieser Verordnung gemäß §§ 12 bis 15, 22, 25 der Verordnung vom 12. Februar 1920 beim Schlichtungsausschuß oder Demobilmachungskommissar bereits anhängig sind, werden nach den bisherigen Bestimmungen entschieden.

Artikel VI.

Der Reichswirtschafts- und der Reichsarbeitsminister sind ermächtigt, die Verordnung vom 8. November 1920 in ihrer neuen Fassung zu veröffentlichen.[1]

Berlin, den 15. Oktober 1923.

Der Reichskanzler.
Dr. Stresemann.

Der Reichswirtschaftsminister.
Dr. Koeth.

Der Reichsarbeitsminister.
Dr. Brauns.

---

[1]) Das ist bisher aber nicht geschehen.

Ausführungsanweisung zur Verordnung, betreffend Maßnahmen gegenüber Betriebsabbrüchen und -stillegungen vom 8. November 1920 (RGBl. S. 1901).

Vom 8. November 1920 (RABl. 1921 S. 139).[1]

Auf Grund des § 8 der Verordnung, betreffend Maßnahmen gegenüber Betriebsabbrüchen und -stillegungen, vom 8. November 1920 (RGBl. S. 1901) wird folgendes bestimmt:

Die durch die Kriegsverhältnisse und die Verschiebung der Absatzbeziehungen veränderte Wirtschaftslage sowie die beschränkte Zufuhrmöglichkeit von Brennstoffen zwingt in den kommenden Monaten zu erheblichen Veränderungen in den Produktionsverhältnissen. Der oberste Grundsatz in der Produktion muß die äußerste Wirtschaftlichkeit in der Verwendung der nur in beschränkter Anzahl vorhandenen Produktionsmittel, insbesondere der Kohle und der sonstigen Betriebsstoffe, sein. Die zentralen Verwaltungsstellen, insbesondere der Reichskohlenkommissar, sind angewiesen, die zur Verteilung verfügbaren Stoffe nach dem Maßstabe der Wirtschaftlichkeit nur denjenigen Betrieben zuzuweisen, die vom Standpunkte des allgemeinen Interesses aus zur Versorgung des inländischen Verbrauchs sowie zur Aufrechterhaltung und Steigerung der Ausfuhr notwendig erscheinen.

Wenn daher die Verordnung, betreffend Maßnahmen gegenüber Betriebsabbrüchen und -stillegungen,

---

[1]) Vgl. die Anm. zu Ziff. 7.

vom 8. November 1920 den Demobilmachungsbehörden gewisse Befugnisse verleiht und Weisungen gibt, um Abbrüche und Stillegungen durch Behebung der Ursachen zu verhindern, so haben die Demobilmachungsbehörden davon auszugehen, daß grundsätzlich nicht jede Stillegung als volkswirtschaftlich, d. h. im Allgemeininteresse, nachteilig betrachtet werden darf. § 6 sieht ausdrücklich vor, daß Abbrüche und Stillegungen als Ausfluß einer planmäßigen Wirtschaftspolitik durch behördliche Stellen angeordnet werden können und dann selbstverständlich den Zugriffen der Demobilmachungsbehörden nicht unterliegen. Aber auch im übrigen wird die Demobilmachungsbehörde jeden einzelnen zu ihrer Kenntnis gelangten Fall mit der Unterstützung der zuständigen Fachorganisation daraufhin zu beurteilen haben, ob nach der Gesamtlage der Produktions- und Absatzverhältnisse des betreffenden Gewerbezweiges und nach den sozialen Verhältnissen der betroffenen Arbeiterschaft die Aufrechterhaltung des Betriebs im Allgemeininteresse wünschenswert erscheint.

Die Verordnung schafft in § 1 eine Anmeldepflicht des Betriebsinhabers oder -leiters für den Fall eines beabsichtigten Betriebsabbruches oder einer beabsichtigten Betriebsstillegung. Die Anmeldepflicht nach § 1 Abs. 1 Nr. 2 besteht auch dann, wenn die in § 1 Abs. 1 Nr. 2 festgesetzte Mindestzahl von Arbeitnehmern in zeitlichen Zwischenräumen zur Entlassung kommt, sofern nur der ursächliche Zusammenhang mit der ganzen oder teilweisen Nichtbenutzung der Betriebsanlagen feststeht. Ob der Arbeitgeber rechtlich in der Lage ist, die Arbeitnehmer zu entlassen, bestimmt sich nach den einschlägigen Gesetzen und Verordnungen. Insbesondere werden die in Frage kommenden Vorschriften des Betriebsrätegesetzes und der § 12 der Verordnung vom 12. Februar

1920 (Reichsgesetzbl. S. 218) durch die vorliegende Verordnung nicht berührt.

Unterbrechungen und Einschränkungen in der Betriebsführung, die sich, wie z. B. beim Saisongewerbe, durch die Eigenart des Betriebes ergeben, sind ausdrücklich durch § 1 Abs. 1, letzter Satz, von der Anmeldepflicht befreit.

1. Die von der Landeszentralbehörde zu bestimmende Demobilmachungsbehörde soll unmittelbar nach der Anzeige alle Feststellungen vornehmen, die zur Aufklärung der tatsächlichen Verhältnisse geeignet sind. Sie wird sich zu diesem Zweck außer mit der Betriebsleitung und der Betriebsvertretung gegebenenfalls mit den wirtschaftlichen zentralen Fachorganisationen und den Gewerkschaften des betreffenden Gewerbezweiges, mit den Handels-, Gewerbe- und Handwerkskammern sowie, soweit solche bestehen, mit den zuständigen wirtschaftlichen Selbstverwaltungskörpern und Außenhandelsstellen in Verbindung zu setzen haben.

Als wirtschaftliche Selbstverwaltungskörper kommen in Betracht:

Reichskohlenrat, Berlin W 62, Wichmannstraße 19.

Reichskalirat, Berlin SW 11, Dessauer Straße 28.

Eisenwirtschaftsbund, Düsseldorf, Stahlhof.

Metallwirtschaftsbund, Berlin W, Potsdamer Straße 122 b.

Reichsstelle für Textilwirtschaft, Berlin NW 7, Schadowstraße 4/5.

Wirtschaftsverband für Rohteer und Teererzeugnisse, Berlin NW, Schiffbauerdamm 15.

Schwefelsäureausschuß, Berlin W 35, Genthiner Straße 33 I.

Ein Verzeichnis der Außenhandelsstellen wird noch bekanntgemacht.

Sachverständige werden insbesondere dann zu hören sein, wenn in der Beurteilung der tatsächlichen Verhältnisse Übereinstimmung zwischen Betriebsleitung und Betriebsvertretung nicht zu erzielen ist. In Zweifelsfällen ist die zuständige Berufs- oder Wirtschaftsorganisation vom Reichswirtschaftsministerium telegraphisch zu erfragen.

§ 3 der Verordnung gibt der Demobilmachungsbehörde die erforderlichen Befugnisse, um eine Verschleierung des Tatbestandes zu verhindern sowie jeder vorzeitigen Veränderung der Sach- oder Rechtslage vorzubeugen, die ihre weiteren, im Interesse der Aufrechterhaltung des Betriebes zu veranlassenden Hilfsmaßnahmen beeinträchtigen könnte. Die Anordnungen der Demobilmachungsbehörde haben sich dabei innerhalb der Grenzen zu halten, die eine ordnungsmäßige Fortführung des Betriebes ermöglichen.

Die zuständige Demobilmachungsbehörde hat die Anzeige aller für die Gesamtwirtschaft bedeutsamen beabsichtigten Abbrüche und Stillegungen dem Reichswirtschaftsministerium in Berlin telegraphisch mitzuteilen. Hierunter zählen unter anderem solche Fälle, in denen mehr als 200 Arbeitnehmer zur Entlassung kommen. Eine unmittelbare Rückäußerung der obersten Zentralbehörde wird nur in besonders dringenden Fällen notwendig sein. Die Demobilmachungsbehörde hat daher, solange eine solche Mitteilung nicht ergangen ist, nach eigenem Ermessen unter voller Verantwortung von den ihr durch die Verordnung erteilten Befugnissen Gebrauch zu machen.

2. Während der in § 2 genannten Fristen (Sperrfrist) hat die Demobilmachungsbehörde alle ihr geeignet

erscheinenden Maßnahmen zu ergreifen, um die Ursachen zu volkswirtschaftlich nachteiligen Abbrüchen oder Stillegungen zu beheben. Ihre Tätigkeit soll in diesem Umkreise lediglich eine unterstützende sein. Sie darf daher nicht auf ein dauerndes Verbot des Abbruchs oder der Stillegung hinzielen.

Aus dem Kreise der zu ergreifenden Maßregeln kommt in erster Linie in Betracht:

a) Ist die Stillegung durch Mangel an Roh- und Betriebsstoffen, insbesondere Brennstoffen, veranlaßt, so wird sich die Demobilmachungsbehörde an die zuständige amtliche Verteilungsstelle, für Brennstoffe an die Kohlenwirtschaftsstellen, zu wenden haben, soweit es sich um öffentlich bewirtschaftete Roh- oder Betriebs-(Brenn-)stoffe handelt.

b) Ist die Stillegung durch finanzielle Schwierigkeiten veranlaßt, so kann sich die Demobilmachungsbehörde durch Vermittlung der zuständigen Handelskammer zur Erlangung eines Darlehens mit der Hilfskasse für gewerbliche Unternehmungen, Berlin SW 11, Dessauer Straße 1, in Verbindung setzen. Wenn sich ergibt, daß eine Hilfsaktion nach den Bestimmungen dieser Kasse nicht stattfinden kann, so wird ausnahmsweise eine Förderung aus den Mitteln der produktiven Erwerbslosenfürsorge, regelmäßig ebenfalls in der Form eines Darlehens, in Frage kommen können. Anträge in diesem Sinne sind in der üblichen Weise bei den von den Landeszentralbehörden bestimmten Stellen anzubringen, die sie vorprüfen und in je einem Stück der Landeszentralbehörde und dem Reichsamt für Arbeitsvermittlung zuleiten. In allen diesen Fällen ist schon von der Demobilmachungsbehörde zu prüfen, ob eine Geldunterstützung aus öffentlichen Mitteln geeignet ist, den Betrieb tatsächlich lebensfähig zu erhalten, oder nur durch unwirtschaftliche Vermehrung der Lagerbestände die unaufhaltsame Einstellung des Betriebes auf kurze Zeit hinauszuzögern. Die Darlehensgewährung ist im allgemeinen nur zu befürworten, wenn Aufträge vorliegen oder in sicherer Aussicht stehen.

c) Ist die Stillegung durch Mangel an Aufträgen oder an Absatz veranlaßt, so kann die Demobilmachungsbehörde mit den für die Erteilung öffentlicher Aufträge zuständigen Stellen in Verbindung treten. Als solche kommen in erster Reihe die Kommunalverwaltungen, die Reichs- und Staatsbehörden, die zu eigenem Bedarf Aufträge vergeben, sowie das Reichsschatzministerium und das Reichsministerium für Wiederaufbau in Betracht. Die Demobilmachungsbehörde kann sich ferner mit den privaten Abnehmerverbänden (Genossenschaften, Konsumvereinen) zum Zwecke der Absatzvermittlung in Verbindung setzen.

d) Die Demobilmachungsbehörde soll unbeschadet etwaiger Anmeldeverpflichtung des Arbeitgebers unverzüglich dem für den Betriebsort zuständigen Arbeitsnachweis Mitteilung über die durch die etwaige Stillegung des Betriebes arbeitslos werdenden Arbeitnehmer machen.

3. Für die Fälle drohender oder beginnender Betriebsabbrüche der zur Herstellung von Baumaterialien und Bauteilen aller Art dienenden Werke sind den Bezirkswohnungskommissaren durch die Verordnung zur Behebung der dringendsten Wohnungsnot vom 9. Dezember 1919 (Reichsgesetzbl. S. 1968) ausreichende Befugnisse verliehen. Die Demobilmachungsbehörde wird in solchen Fällen mit dem Bezirkswohnungskommissar ins Benehmen treten, aber auch ihrerseits zur Verhinderung völliger oder teilweiser Abbrüche, vor allem von Verkäufen wichtiger Betriebsmittel, eingreifen

können. Im übrigen werden die unter 2 aufgeführten Hilfsmaßnahmen auch hier in vielen Fällen zum Ziele führen.

4. Im Rahmen der der Demobilmachungsbehörde aus §§ 2, 3 und 4 der Verordnung zustehenden Befugnisse liegt das Recht der Beschlagnahme und Enteignung der im Betriebe vorhandenen Vorräte an Roh- und Betriebsstoffen, insbesondere Brennstoffen, und Halbfabrikaten. Während der Sperrfrist wird die Demobilmachungsbehörde von dem Beschlagnahmerecht in der Regel nur zu Sicherungszwecken Gebrauch machen.

Von der Enteignungsbefugnis soll die Demobilmachungsbehörde nur Gebrauch machen, wenn ihre Maßnahmen zur Beseitigung der den Abbruch oder die Stillegung verursachenden Umstände keinen Erfolg zeitigen und der Abbruch oder die Stillegung mit Wahrscheinlichkeit zu erwarten ist.

a) Öffentlich bewirtschaftete Roh- und Betriebsstoffe sind alsdann grundsätzlich zu enteignen und anderer Verwendung zuzuführen. Die Demobilmachungsbehörde hat zu diesem Zwecke die zur amtlichen Verteilung zuständigen Stellen rechtzeitig zu unterrichten, für die Abstellung der Weiterbelieferung zu sorgen und alle weiteren Verfügungen nur im Einvernehmen mit den zuständigen amtlichen Verteilungsstellen vorzunehmen. Die vorhandenen Brennstoffbestände sind der zuständigen Kohlenwirtschaftsstelle oder Landeskohlenstelle zur Verfügung zu stellen, die ihrerseits die Enteignung vorzunehmen und für weitere Verwendung Sorge zu tragen hat. Für das Verfahren bezüglich der Entschädigung für Entziehung von Brennstoffen ist § 4 der Verordnung vom 24. Februar 1917 (Reichsgesetzbl. S. 167) in Verbindung mit der Bekanntmachung vom 21. März 1917 (Reichsgesetzbl. S. 250) maßgebend.

b) Vor der Beschlagnahme nicht bewirtschafteter Vorräte soll die Demobilmachungsbehörde rechtzeitig die für den Absatz und die Verteilung dieser Stoffe in Frage kommenden Stellen (wirtschaftliche Selbstverwaltungskörper, Außenhandelsstellen, zentrale Fachorganisationen) von den Lagerbeständen in Kenntnis setzen, um über die Absatzmöglichkeit Klarheit zu erhalten und sich im Falle der Enteignung für die Zuführung dieser Vorräte zu weiterer produktiver Verwendung der Unterstützung dieser Stellen bedienen zu können. Die Enteignung kommt mit Rücksicht auf den Fiskus in der Regel nur dann in Frage, wenn ein erhebliches volkswirtschaftliches Interesse mit der Weiterverwendung der Vorräte verknüpft ist und ihr Absatz zu dem Betrage, der dem Eigentümer als angemessene Entschädigung zuzubilligen ist, wahrscheinlich ist. Entsprechendes gilt für die Beschlagnahme von Maschinen und anderen Produktionsmitteln.

c) Von der Befugnis des § 4 Abs. 1 Nr. 1, die Sperrfrist des § 1 Abs. 2 im Falle eines beabsichtigten Betriebsabbruches über den Zeitraum von 6 Wochen hinaus zu verlängern, soll die Demobilmachungsbehörde nur aus zwingenden Gründen, und zwar nur dann Gebrauch machen, wenn von der Aufrechterhaltung der Verfügungsbeschränkung im Sinne des § 2 und den innerhalb der verlängerten Sperrfrist weiterhin beabsichtigten Hilfsmaßnahmen die Wiederaufnahme des Betriebes während oder nach Ablauf der Sperrfrist zu erwarten ist. Die Verfügung, in welcher die Verlängerung der Sperrfrist um einen bezw. weitere zwei Monate ausgesprochen wird, hat in jedem Falle eine genaue Begründung zu enthalten.

d) Hinsichtlich der Entschädigung für die ausgesprochene Enteignung enthält § 4 Abs. 5 eine Höchstgrenze, indem der Tagespreis des Tages der Beschlagnahme nicht überschritten werden darf. Innerhalb dieser Grenzen ist es nicht ausgeschlossen, daß bei der Festsetzung der angemessenen Entschädigung gegebenenfalls nachweisliche Verluste berücksichtigt werden können. In jedem Falle ist die Festsetzung und Durchführung der Entschädigung mit tunlichster Beschleunigung in die Wege zu leiten.

5. Die vorstehenden Richtlinien umschreiben nur den allgemeinen Rahmen der zu ergreifenden Maßnahmen. Im übrigen soll die Demobilmachungsbehörde unter Würdigung der im einzelnen Falle vorliegenden Sachlage im Rahmen der festgelegten Anordnungsbefugnisse alle ihr sonst als wirksam erscheinenden Hilfsmaßnahmen ergreifen.

6. Die Demobilmachungsbehörden haben bei ihren Anordnungen mit der gebotenen Rücksicht zu verfahren und ihre Maßnahmen derart zu beschleunigen, daß diese im Laufe eines möglichst kurzen Zeitraums, jedenfalls aber innerhalb der vorgesehenen Fristen, zur Durchführung gelangen.

[7.[1] Die Demobilmachungsbehörden haben am 1. und 15. jeden Monats die in ihrem Bezirk zur Anmeldung gelangten sowie die eingetretenen Abbrüche und Stilllegungen unter zahlenmäßiger Angabe der hierdurch beschäftigungslos gewordenen Arbeiter und Angestellten dem Reichsamt für Arbeitsvermittlung, Berlin NW 6, Luisenstraße 33, zu melden, das entsprechende Ausführungsbestimmungen erlassen wird.]

Berlin, den 8. November 1920.

Der Reichswirtschaftsminister.
Dr. Scholz.

Der Reichsarbeitsminister.
Dr. Brauns.

1. Nr. 7 ist durch die Verordnung des Reichswirtschaftsministers und des Reichsarbeitsministers vom 15. 3. 24 (RABl. S. 122) aufgehoben. Damit sind auch die auf Grund der Nr. 7 von dem Präsidenten der Reichsarbeitsverwaltung erlassenen Ausführungsbestimmungen vom 12. 5. 23 (RABl. S. 311) hinfällig geworden; denn auch § 31 des Arbeitnachweisgesetzes vom 22. 7. 22, in dem die Ausführungsbestimmungen eine Hilfsstütze hatten, ist aufgehoben (§ 220 des Gesetzes über Arbeitsvermittlung und Arbeitslosenversicherung vom 16. 7. 27 [RGBl. S. 187]).

Erlaß
des Preußischen Ministers für Handel und Gewerbe, betreffend Betriebsstillegungen und Arbeitsstreckung.

Vom 29. Oktober 1923 (Ministerialblatt der Handels- und Gewerbeverwaltung 1923 S. 369).

Auf Grund des Ermächtigungsgesetzes hat eine Neuregelung der Bestimmungen über Betriebsstillegungen und Arbeitsstreckung durch die Verordnung vom 13. Oktober 1923 (RGBl. I S. 945) stattgefunden. Durch Artikel II dieser Verordnung sind die bisherigen, die Arbeitsstreckung betreffenden Vorschriften der §§ 12 bis 15 der Verordnung vom 12. Februar 1920 aufgehoben. Dafür wird gemäß Artikel I a. a. O. der § 2 der Stillegungsverordnung vom 8. November 1920 durch eine Reihe von Vorschriften, die die Entlassung von Arbeitnehmern während der Sperrfrist regeln, ergänzt. Nach dem neuen Absatz 2 des § 2 der Stillegungsverordnung sind Entlassungen, die über die bekannten Grenzen des

§ 1 Abs. 1 Ziff. 2 der Stillegungsverordnung hinausgehen, innerhalb der Sperrfrist nur mit Genehmigung des Demobilmachungskommissars wirksam. Damit ist die bisher strittige Frage, ob vor Ablauf der Sperrfrist die Arbeitnehmer unter Einhaltung der Kündigungsfrist zivilrechtlich wirksam entlassen werden können, reichsrechtlich entschieden. Ferner ist dem Demobilmachungskommissar nunmehr die Befugnis gegeben, für die Dauer der Sperrfrist die Arbeitsstreckung anzuordnen. Zu beachten ist, daß die neuen Vorschriften über Betriebsstillegungen und Arbeitsstreckung nur auf die im § 1 Abs. 1 der Stillegungsverordnung genannten gewerblichen Betriebe (§ 105 b Abs. 1 der GO.) und Betriebe des Verkehrsgewerbes, in denen in der Regel mindestens 20 Arbeitnehmer beschäftigt werden, Anwendung finden. Im Gegensatz hierzu umfaßte der Geltungsbereich der aufgehobenen Arbeitsstreckungsvorschriften der §§ 12 bis 15 der Verordnung vom 12. Februar 1920 alle Betriebe des öffentlichen und privaten Rechts ohne Rücksicht auf die Zahl der beschäftigten Arbeitnehmer. Demnach gelten die neuen Bestimmungen über Betriebsstillegungen und Arbeitsstreckung insbesondere nicht für folgende Betriebe: Unternehmungen und Verwaltungen des Reichs und der Länder, kommunale Verwaltungsbehörden, Betriebe der Land- und Forstwirtschaft, Handelsbetriebe.

Durch die neuen Bestimmungen der Verordnung vom 23. Oktober 1923 ist der Aufgabenkreis des Demobilmachungskommissars erheblich erweitert; damit erwächst dem Demobilmachungskommissar auf dem zurzeit besonders wichtigen Gebiet der Stillegungen auch eine größere Verantwortung. Bei der Handhabung der Stillegungsverordnung in ihrer neuen Fassung ist daher besondere Sorgfalt geboten. Unter Wegfall meiner Erlasse vom 1. und 12. September 1923 — III 9313 und 9755 — fasse ich die mir von besonderem Wert erscheinenden Gesichtspunkte, die bei der Handhabung der Vorschriften über Betriebsstillegungen und Arbeitsstreckung zu beachten sind, wie folgt zusammen:

1. Alle auf Grund der Stillegungsverordnung erfolgenden Anzeigen und Anträge sind mit besonderer Beschleunigung zu behandeln. Zur Aufklärung der Umstände, welche die beabsichtigte Maßnahme veranlassen (§ 3 der Stillegungsverordnung), können die Gewerbeaufsichtsbeamten (Bergrevierbeamten im Einvernehmen mit dem Oberbergamt) in weitem Umfange herangezogen werden. Im Interesse der Beschleunigung stelle ich Ihnen anheim, die Gewerbeaufsichtsbeamten (Bergrevierbeamten), soweit Sie es für erforderlich erachten, zur Entgegennahme der vorgeschriebenen Anzeigen zu ermächtigen.

2. Dagegen ist die allgemeine Übertragung der Entscheidungen aus der Stillegungsverordnung — z. B. Genehmigung zur Entlassung von Arbeitnehmern vor Ablauf der Sperrfrist, Anordnung einer Arbeitsstreckung usw. — durch den Demobilmachungskommissar auf die Gewerbeaufsichtsbeamten (Bergrevierbeamten) nicht zulässig. Ich würde indessen keine Bedenken tragen, daß seitens des Demobilmachungskommissars in einzelnen Ausnahmefällen, die dringend sind und keinen Aufschub gestatten, der zuständige Gewerbeaufsichtsbeamte (Bergrevierbeamte) mit der Fällung der Entscheidung, und zwar ausdrücklich im Namen und im Auftrage des Demobilmachungskommissars, beauftragt wird.

3. Die Betriebsvertretungen sind unter allen Umständen zu den Verhandlungen auf Grund des § 3 der

Stillegungsverordnung, und zwar, worauf ich noch besonders hinweise, vor Fällung einer etwaigen Entscheidung, heranzuziehen.

4. Den Gewerkschaften ist in allen Fällen von Betriebsstillegungen durch rechtzeitige Benachrichtigung Gelegenheit zu geben, sich an den Verhandlungen gemäß § 3 der Stillegungsverordnung zu beteiligen.

Ich ersuche Sie, für die unbedingte Beachtung dieses Erlasses, insbesondere für die Heranziehung der Betriebsvertretungen und Gewerkschaften vorstehend nach Ziff. 3 und 4, sich persönlich einzusetzen.

Überabdrucke für den Dienstgebrauch und für die Gewerbeaufsichtsbeamten (für die Bergrevierbeamten durch Vermittlung der Oberbergämter) sind beigefügt.

Siering.

An die Herren Regierungspräsidenten als Demobilmachungskommissare und den Herrn Oberpräsidenten in Berlin als Demobilmachungskommissar für Groß-Berlin

und zur Kenntnis

an den Herrn Preußischen Ministerpräsidenten, alle Herren Preußischen Staatsminister, den Herrn Reichswirtschaftsminister, den Herrn Reichsarbeitsminister, die Oberbergämter, den Herrn Polizeipräsidenten in Berlin.

Erlaß
des Preußischen Ministers für Handel und Gewerbe, betreffend Auslegung der Stilllegungsverordnung.

Vom 29. Februar 1924 (RABl. S. 124).

Zur Behebung weiterer Zweifel, die bei der Handhabung der Stillegungsverordnung inzwischen aufgetreten sind, weise ich auf folgendes hin:

1. Für die Begriffsbestimmung des Arbeitnehmers im Sinne der Stillegungsverordnung sind die Bestimmungen der §§ 10 bis 12 des Betriebsrätegesetzes maßgebend. Danach fallen auch die Lehrlinge unter den Geltungsbereich der Stillegungsverordnung.

2. Nach § 1 der Stillegungsverordnung werden nur die gewerblichen Betriebe (§ 105 b Abs. 1 der GO.) einschließlich des Verkehrsgewerbes von den Stilllegungsvorschriften erfaßt. Sinngemäß sind daher als Arbeitnehmer im Sinne der Stillegungsverordnung nur solche Personen anzusehen, die in einem Betriebe der genannten Art beschäftigt werden. Für eine weitere unterschiedliche Behandlung der Arbeitnehmer etwa in der Richtung, ob die von ihnen ausgeübte Tätigkeit mehr gewerblicher oder mehr kaufmännischer Natur ist, besteht nach der vom Herrn Reichsarbeitsminister und vom Herrn Reichswirtschaftsminister vertretenen und auch von mir geteilten Auffassung weder die rechtliche Möglichkeit noch ein praktisches Bedürfnis. Diese Rechtsauffassung wird auch dadurch gestützt, daß im umgekehrten Falle die Stillegungsverordnung auf die an sich zum Handelsgewerbe gehörigen Betriebe auch

dann keine Anwendung findet, wenn in ihnen Arbeitnehmer mit gewerblichen Funktionen (z. B. als Heizer, Transportarbeiter usw.) beschäftigt werden und ihre Anzahl die im § 1 Abs. 1 festgelegte Mindestzahl von 20 erreicht.

3. Von einigen Demobilmachungskommissaren wird die Auffassung vertreten, daß Verhandlungen gemäß § 3 der Stillegungsverordnung dann nicht erforderlich sind, wenn die angezeigte Betriebsstillegung erst nach Ablauf der vierwöchigen Sperrfrist durchgeführt werden soll. Diese Auffassung entspricht weder dem Sinn noch dem Wortlaut des § 3. Hiernach sind in allen Fällen von Betriebsstillegungen, auch wenn ein Antrag auf Abkürzung der Sperrfrist oder auf Genehmigung von Entlassungen während der Sperrfrist nicht vorliegt, Verhandlungen zur Aufklärung der Umstände, welche die beabsichtigte Maßnahme veranlassen, unter Beachtung meines Runderlasses vom 29. Oktober 1923 — III 11061/I 10339 — (HMBl. S. 369) zu führen.

4. Nach Ziffer 3 des angezogenen Runderlasses vom 29. Oktober 1923 sind die Betriebsvertretungen unter allen Umständen zu den Verhandlungen gemäß § 3 der Stillegungsverordnung heranzuziehen. Hierzu ist erforderlich, daß die Betriebsvertretung rechtzeitig von dem Verhandlungstermin benachrichtigt wird. Es ist nicht angängig, daß etwa — wie es in einem Sonderfalle geschehen ist — nur die Gewerkschaft geladen wird und es dann dieser überlassen bleibt, ihrerseits die Betriebsvertretung zu der Verhandlung mitzubringen.

5. Die nachträgliche Genehmigung einer bereits vollzogenen Stillegung und der damit in Zusammenhang stehenden Entlassungen ist nur zulässig, wenn tatsächlich ein unvorhersehbares Ereignis im Sinne des § 1 Abs. 3

der Stillegungsverordnung vorliegt, welches die sofortige Stillegung rechtfertigt. Anderenfalls ist die nachträgliche Genehmigung zu versagen.

6. Die Entlassungsbeschränkungen des § 2 Abs. 2 bis 5 der Stillegungsverordnung gelten in gleicher Weise für Betriebsabbrüche wie für Betriebsstillegungen, sofern im übrigen die Voraussetzungen der Stillegungsverordnung gegeben sind (vgl. hierzu den Runderlaß vom 1. Dezember 1923 — III 11807 —, HMBl. S. 379). Eine Verlängerung der Sperrfrist gemäß § 4 Abs. 1 Ziff. 1 ist jedoch nur bei Betriebsabbrüchen, nicht aber bei Betriebsstillegungen zulässig. Die Frage, ob bei einer Verlängerung der Sperrfrist die Entlassungsbeschränkungen des § 2 Abs. 2 bis 5 auch für die Zeit der Verlängerung gelten, kommt daher nur für Betriebsabbrüche in Betracht. Nach der von dem Herrn Reichsarbeitsminister und mir vertretenen Auffassung ist diese Frage zu bejahen. § 4 Abs. 1 Ziff. 1 Satz 2 sagt ausdrücklich, daß im Falle der Verlängerung der Sperrfrist die Vorschrift des § 2 entsprechend anwendbar bleibt. Diese Bestimmung kann in der Tat nur dann einen Sinn haben, wenn während der verlängerten Frist die rechtlichen Wirkungen der Sperrfrist weitergelten. Dem steht nicht entgegen, daß im § 2 Abs. 2 Satz 1 nur von den Fristen des § 1 Abs. 2 gesprochen wird, da damit lediglich eine nähere Bezeichnung für die Sperrfrist, welche unter diesem Namen in der Stillegungsverordnung nicht vorkommt, beabsichtigt ist.

7. In einigen Gewerbezweigen (z. B. in der Textilindustrie) ist es üblich, bei schlechtem Geschäftsgange die Arbeiter nicht zu entlassen, sondern — wenn auch unter Fortfall des Lohnes — nur zu beurlauben und ihnen dadurch ihre Arbeitsplätze offenzuhalten. Da in diesem

sogenannten „Aussetzen der Arbeit" eine wesentliche Änderung des Vertragsinhalts liegt, kommt es bezüglich der Anwendbarkeit der Stillegungsvorschriften darauf an, ob die Arbeitnehmer mit dem Aussetzen der Arbeit einverstanden sind oder nicht. Sind die Arbeitnehmer damit einverstanden, so findet die Stillegungsverordnung keine Anwendung, weil eine Entlassung der Arbeitnehmer nicht vorliegt. Dagegen ist die Stillegungsverordnung, sofern die übrigen Voraussetzungen zutreffen, dann anwendbar, wenn die Arbeitnehmer sich mit dem Aussetzen der Arbeit nicht einverstanden erklären. Denn in diesem Falle muß der Arbeitgeber zur Kündigung und Entlassung schreiten, wenn er die Lohnzahlung einstellen will.

Überabdrucke für den Dienstgebrauch und für die Gewerbeaufsichtsbeamten (für die Bergrevierbeamten durch Vermittlung der Oberbergämter) sind beigefügt.

Siering.

An die Herren Regierungspräsidenten, als Demobilmachungskommissare, und den Herrn Oberpräsidenten in Berlin, als Demobilmachungskommissar für Groß-Berlin,

und zur gefälligen Kenntnisnahme

an den Herrn Reichswirtschaftsminister, den Herrn Reichsarbeitsminister, die Oberbergämter, den Herrn Polizeipräsidenten in Berlin.

Anhang.

Verordnung über die Einstellung und Entlassung von Arbeitern und Angestellten während der Zeit der wirtschaftlichen Demobilmachung.

Vom 12. Februar 1920 (RGBl. S. 218).

In der Fassung der Verordnung vom 28. Januar 1922 (RGBl. S. 187).[1]

Auf Grund des Artikels 3 der Verordnung vom 12. Februar 1920 (Reichs-Gesetzbl. S. 213) wird der Wortlaut der Verordnung über die Einstellung und Entlassung von Arbeitern und Angestellten während der Zeit der wirtschaftlichen Demobilmachung nachstehend bekanntgemacht:

---

1. Von der Verordnung sind folgende Teile aufgehoben:

a) §§ 12 bis 15 durch Art. II der VO. vom 15. 10. 23, abgedruckt S. 183,

b) §§ 22 bis 28 durch Art. III § 3 Abs. 1 Ziff. 4 der Verordnung über das Schlichtungswesen vom 30. 10. 23 (RGBl. S. 1043).

Durch Art. 16 der Personalabbauverordnung vom 30. 10. 23 (RGBl. S. 999) war die Verordnung für Arbeiter und Angestellte, die ihre Dienstbezüge aus öffentlichen Mitteln bezogen, eine Zeitlang außer Kraft gesetzt.

Die Geltungsdauer der Verordnung ist mehrmals verlängert worden, zuletzt ist ihr durch Art. III der VO. vom 15. 10. 23 (abgedruckt S. 183) auch über den 31. 10. 23 hinaus Gesetzeskraft verliehen. Die restlichen Bestimmungen haben aber praktisch keine Bedeutung mehr.

§ 1.

Arbeitnehmer im Sinne nachstehender Vorschriften sind

a) Personen, die auf Grund eines Dienstverhältnisses als Arbeiter, Gesellen, Gehilfen oder in ähnlichen Stellungen in einem Betriebe beschäftigt werden (Arbeiter),

b) Personen, die nach dem Versicherungsgesetze für Angestellte vom 20. Dezember 1911 (Reichs-Gesetzbl. S. 989) versicherungspflichtig sind, mit Einschluß der Personen, die auf Grund des § 10 Nr. 5, § 11 oder des § 14 Nr. 2 und 3 desselben Gesetzes von der Versicherungspflicht befreit sind, ferner der Personen, die versicherungspflichtig sein würden, wenn nicht ihr Jahresarbeitsverdienst 5000 Mark oder ihr Alter das 60. Lebensjahr überstiege, sowie der im Hauptberufe mit niederen oder lediglich mechanischen Dienstleistungen beschäftigten Büroangestellten (Angestellte).

Als Arbeitnehmer gelten auch Lehrlinge und Personen, die sich in einer geregelten Ausbildung zu einer der vorgenannten Beschäftigungen befinden.

§ 2.

Kriegsteilnehmer im Sinne dieser Verordnung sind diejenigen Personen, welche vor der militärischen Demobilmachung die Eigenschaft als Kriegsteilnehmer erworben haben.

Als Kriegsteilnehmer im Sinne dieser Verordnung sind auch die deutschstämmigen Kriegsteilnehmer eines während des Krieges mit dem Deutschen Reiche verbündeten Staates anzusehen, die bei ihrem Eintritt in den Heeresdienst ihren Wohnsitz im Deutschen Reiche hatten.

Deutschstämmige Zivilinternierte, die Angehörige eines während des Krieges mit dem Deutschen Reiche verbündeten Staates sind, stehen reichsdeutschen Zivilinternierten gleich, sofern sie zur Zeit ihrer Internierung ihren Wohnsitz im Deutschen Reiche hatten.

Die deutschösterreichische Staatsangehörigkeit steht im Sinne dieser Verordnung der deutschen Reichsangehörigkeit gleich.

§ 3.

Betriebsunternehmer und Büroinhaber einschließlich der Körperschaften des öffentlichen Rechtes sind vorbehaltlich des § 11 dieser Verordnung verpflichtet, diejenigen Kriegsteilnehmer und reichsdeutschen Zivilinternierten wieder einzustellen, welche am 1. August 1914 als Arbeitnehmer in ihrem Betrieb oder Büro beschäftigt waren. Die gleiche Pflicht haben diese Arbeitgeber gegenüber den Kriegsteilnehmern, die am 1. August 1914 ihrer Dienstpflicht bei dem Heere, der Marine oder den Schutztruppen genügten und dieserhalb aus ihrer früheren Beschäftigung bei ihnen ausgeschieden waren. Endlich erstreckt sich die Wiedereinstellungspflicht auf die Kriegsteilnehmer, die bei Ausbruch des Krieges noch die Schule besuchten und erst später Arbeitnehmer geworden sind, sofern sie von ihrer ersten Arbeitsstätte aus unmittelbar in den Dienst des Heeres, der Marine oder der Schutztruppen eingetreten sind.

Die Wiedereinstellungspflicht besteht nicht, wenn die Arbeitnehmer einen wichtigen Grund zur Kündigung ohne Einhaltung einer Kündigungsfrist gegeben haben und deswegen entlassen worden sind oder der wichtige Grund erst nach dem aus anderen Gründen erfolgten Ausscheiden aus dem Betrieb oder Büro zur Kenntnis des Arbeitgebers gekommen ist. Die Wiedereinstellungspflicht besteht auch nicht, wenn in der Person der Arbeitnehmer ein wichtiger Grund vorliegt, dessentwegen der Arbeitgeber zu einer Kündigung ohne Einhaltung einer Kündigungsfrist im Falle des Fortbestehens des Dienstverhältnisses berechtigt gewesen wäre.

§ 4.

Die Wiedereinstellungspflicht erlischt, wenn die Arbeitnehmer sich nicht binnen zwei Wochen zur sofortigen Wiederaufnahme ihrer früheren Tätigkeit bei ihren früheren Arbeitgebern melden. Bei den aus der Kriegsgefangenschaft zurückkehrenden Kriegsteilnehmern und den aus der Zivilinternierung zurückkehrenden Personen beträgt die Meldepflicht sechs Wochen.

Die Frist beginnt für Kriegsteilnehmer, die bei dem Inkrafttreten dieser Verordnung noch nicht aus dem Militärdienst entlassen sind, mit dem Tage ihrer ordnungsmäßigen Entlassung, für Zivilinternierte, die noch nicht die Befugnis zur freien Ortswahl im Deutschen Reiche haben, mit dem Tage, an dem sie diese erlangen. Für bereits entlassene Kriegsteilnehmer und für Zivilinternierte, welche die Befugnis der freien Ortswahl im Deutschen Reiche haben, treten an die Stelle der nach der Verordnung vom 3. September 1919 (Reichs-Gesetzbl. S. 1500) vor dem Inkrafttreten dieser Verordnung begonnenen und noch nicht abgelaufenen Meldefristen die Meldefristen dieser Verordnung. Sind die Meldefristen nach der Verordnung vom 3. September 1919 beim Inkrafttreten dieser Verordnung bereits abgelaufen, so hat es damit sein Bewenden. Für bereits entlassene Kriegsteilnehmer, die der Reichswehr oder Reichsmarine angehören oder bei Heeres- oder Marineverbänden zur Aufrechterhaltung der inneren Ordnung oder des Grenzschutzes Verwendung finden, und die binnen sechs Wochen seit ihrer Entlassung aus dem Heeresdienst oder, soweit sie Arbeiter sind, bis zum 6. Februar 1919, soweit sie Angestellte sind, bis zum 23. Februar 1919 in die Reichswehr, Reichsmarine oder einen anderen der genannten Verbände eingetreten sind, beginnt die Frist mit dem Tage ihrer ordnungsmäßigen Entlassung aus diesen Verbänden, jedoch spätestens am 31. März 1920. Für bereits entlassene Kriegsteilnehmer, die in unmittelbarem Anschluß an ihre Entlassung von ihrem letzten Truppenteil oder Ersatztruppenteil oder ihrer letzten Militär- oder Marinebehörde zur Abwicklung der Abrüstung durch Zivildienstvertrag angestellt worden sind, beginnt die Meldefrist mit ihrer Entlassung aus diesem Vertragsverhältnisse, spätestens jedoch am 31. März 1920.

§ 5.

Kriegsteilnehmer und reichsdeutsche Zivilinternierte, welche seit dem 1. August 1914 ihre Arbeitsstätte als Arbeitnehmer gewechselt haben, können, wenn der Schlichtungsausschuß (Demobilmachungskommissar) gemäß §§ 22 ff. dieser Verordnung den nach § 3 verpflichteten Arbeitgeber von der Wiedereinstellungspflicht entbunden hat, die Wiedereinstellung von demjenigen Arbeitgeber verlangen, bei dem sie zuletzt beschäftigt waren. Der Anspruch des Arbeitnehmers ist jedoch insoweit beschränkt, als der an zweiter Stelle in Anspruch genommene Arbeitgeber zunächst diejenigen Arbeitnehmer einzustellen hat, deren Wiederbeschäftigung ihm nach § 3 obliegt. Die Meldefrist beträgt zwei Wochen und beginnt mit dem Tage, an dem die Befreiung des zuerst in Anspruch genommenen Arbeitgebers dem Arbeitnehmer bekanntgegeben worden ist.

§ 6.

Kriegsteilnehmer und reichsdeutsche Zivilinternierte, die am 1. August 1914

1. stellungslos waren, oder
2. im Ausland tätig waren und nicht nach § 3 wieder eingestellt werden können, oder
3. in Betrieben oder Büros tätig waren, die später, jedoch bevor der Anspruch des Arbeitnehmers auf Wiedereinstellung nach § 3 erloschen war, aufgelöst worden sind, oder
4. selbständige Unternehmer waren und infolge des Krieges kein Unternehmen mehr betreiben, ein solches auch nicht durch andere betreiben lassen,

können die Wiedereinstellung von demjenigen Arbeitgeber verlangen, bei dem sie nach dem 1. August 1914 zuletzt als Arbeitnehmer beschäftigt waren. Die Meldevorschriften des § 4 finden Anwendung.

§ 7.

Die Verpflichtung der §§ 3, 5 und 6 trifft die Rechtsnachfolger der früheren Arbeitgeber und diejenigen Personen, die den Betrieb oder das Büro als Geschäftsnachfolger tatsächlich fortführen. Entsprechendes gilt bei einer mehrfachen Rechtsnachfolge oder bei einem mehrfachen Wechsel der Geschäftsnachfolger.

§ 8.

Die Wiedereinstellung hat innerhalb zweier Wochen nach der Meldung zu erfolgen, sofern nicht besondere Umstände eine Verlängerung der Frist erforderlich machen.

Die Wiedereingestellten sind tunlichst in gleicher Weise zu beschäftigen wie vor ihrer Entlassung, Lehrlinge in derjenigen Stellung, die sie bei ordnungsmäßiger Fortführung ihrer Lehrzeit erreicht haben würden, sofern sie den Nachweis der Befähigung hierfür erbringen. Ein Anspruch auf Erteilung einer Vollmacht oder einer Vertretungsbefugnis steht den Wiedereingestellten nicht zu.

Die Wiedereingestellten haben auch andere Arbeiten zu übernehmen, die ihnen billigerweise zugemutet werden können.

§ 9.

Die Wiedereingestellten haben Anspruch auf eine Vergütung, die derjenigen entspricht, die den anderen Arbeitnehmern des Betriebs oder Büros unter sonst gleichen Verhältnissen gewährt wird.

§ 10.

Die Wiedereingestellten können unbeschadet der Vorschriften des § 12 frühestens nach Ablauf von drei Monaten nach der Wiedereinstellung und in diesem Falle nur am Ende eines Kalendermonats entlassen werden. Eine Kündigung zu diesem Zeitpunkt ist auch dann statthaft, wenn sie zu diesem Termine nach sonstigen gesetzlichen Vorschriften unzulässig wäre; die Kündigungsfrist beträgt in letzterem Falle sechs Wochen.

§ 11.

Eine Pflicht zur Wiedereinstellung besteht nicht, soweit ihre Durchführung infolge der besonderen Verhältnisse des Betriebs, wie Wirtschaftlichkeit, Beschäftigungsmöglichkeit, ganz oder zum Teil unmöglich ist und auch nicht durch Arbeitsstreckung (§ 12) möglich gemacht werden kann. Sie besteht ferner nicht, wenn die Arbeitnehmer nur zur vorübergehenden Aushilfe oder für einen vorübergehenden Zweck eingestellt waren. Welche Arbeitnehmer hiernach nicht wiedereingestellt zu werden brauchen, ist im Benehmen mit der gesetzlichen Arbeitnehmervertretung oder, wenn eine solche nicht besteht, mit der Mehrzahl der Arbeiter oder Angestellten zu bestimmen.

[§ 12.[1]

Entlassungen aus Anlaß von Wiedereinstellungen (§§ 3, 5 bis 7) oder zur Verminderung der Arbeitnehmerzahl dürfen nur vorgenommen werden, wenn dem Arbeitgeber nach den Verhältnissen des Betriebs keine Vermehrung der Arbeitsgelegenheit durch Verkürzung der Arbeitszeit (Streckung der Arbeit) zugemutet werden kann. Hierbei braucht jedoch die Wochenarbeitszeit eines Arbeitnehmers nicht unter 24 Stunden herabgesetzt zu werden.

Der Arbeitgeber ist im Falle der Arbeitsstreckung berechtigt, Lohn oder Gehalt der mit verkürzter Arbeitszeit beschäftigten Arbeitnehmer entsprechend zu kürzen. Diese Kürzung darf jedoch erst von dem Zeitpunkt an erfolgen, an dem eine Entlassung der betreffenden Arbeitnehmer im Falle des Fehlens der Vorschrift des Abs. 1 nach den allgemeinen gesetzlichen oder den vertraglichen Bestimmungen zulässig wäre.

Die Vorschrift des Abs. 1 Satz 1 findet keine Anwendung bei Entlassungen von Arbeitnehmern, die nur zur vorübergehenden Aushilfe oder für einen vorübergehenden Zweck angenommen worden sind.

[1]) Siehe die Anm. S. 203.

Der Reichseisenbahn- und Reichspostverwaltung kann eine Vermehrung der Arbeitsgelegenheit durch Verkürzung der Arbeitszeit (Streckung der Arbeit) nicht zugemutet werden.

§ 13.

Sollen Arbeitnehmer zur Verminderung der Arbeitnehmerzahl entlassen werden, so sind für die Auswahl zunächst die Betriebsverhältnisse, insbesondere die Ersetzbarkeit des einzelnen Arbeitnehmers im Verhältnis zu der Wirtschaftlichkeit des Betriebs, zu prüfen. Sodann sind das Lebens- und Dienstalter sowie der Familienstand des Arbeitnehmers derart zu berücksichtigen, daß die älteren, eingearbeiteten Arbeitnehmer und diejenigen mit unterhaltsbedürftigen Angehörigen möglichst in ihrer Arbeitsstelle zu belassen sind. Das gleiche gilt von ehemals selbständigen Gewerbetreibenden und solchen Arbeitnehmern, die bis zum 1. August 1914 oder später im Ausland tätig waren, sowie von Lehrlingen und Personen, die sich in einer geregelten Ausbildung befinden. Kriegsbeschädigte und Kriegshinterbliebene sind besonders zu berücksichtigen.

§ 14.

Der Anspruch auf Wiedereinstellung (§§ 3 bis 8 Abs. 1, § 11) oder auf Fortsetzung eines bestehenden oder Erneuerung eines beendeten Dienstverhältnisses (§§ 10, 12 und 13) erlischt, wenn der Arbeitnehmer nicht binnen drei Wochen die Entscheidung des Schlichtungsausschusses anruft. Die Frist beginnt mit dem Tage, an dem der Arbeitnehmer von der Verweigerung der Einstellung oder von der Kündigung Kenntnis erhalten hat, jedoch nicht vor dem 15. März 1920.

Der Anspruch auf Wiedereinstellung oder auf Fortsetzung oder Erneuerung des Dienstverhältnisses erlischt nicht, wenn der Arbeitnehmer an der Einhaltung der im Abs. 1 vorgesehenen Frist durch Verhältnisse verhindert worden ist, die außerhalb seines Willens liegen, und die Anrufung binnen zwei Wochen seit dem Wegfall der Verhinderung, spätestens jedoch binnen drei Monaten seit dem Beginne der Frist nachgeholt wird.

Gleichzeitig mit dem Anspruch auf Wiedereinstellung oder auf Fortsetzung oder Erneuerung des Dienstverhältnisses erlöschen auch die sonstigen Ansprüche, die auf der Verweigerung der Wiedereinstellung oder auf der Entlassung unter Verletzung von Vorschriften dieser Verordnung beruhen.

§ 15.

Hat ein Arbeitnehmer für eine Zeit, für die ihm ein Anspruch auf Lohn oder Gehalt aus dieser Verordnung zusteht, Erwerbslosenunterstützung bezogen, so ist der Arbeitgeber verpflichtet, die für diese Zeit geleistete Erwerbslosenunterstützung einschließlich etwaiger Familienzuschläge der zahlenden Stelle zurückzuerstatten. Er ist berechtigt, den gezahlten Betrag auf die Vergütung des Arbeitnehmers anzurechnen. Dem Arbeitnehmer muß jedoch in der Zeit, für die er einen Anspruch auf Vergütung bei diesem Arbeitgeber hat, ein täglicher Betrag in Höhe der Erwerbslosenunterstützung einschließlich der ihm im Falle der Erwerbslosigkeit zustehenden Familienzuschläge verbleiben. Haben infolge vorübergehender Einstellung oder Beschränkung der Arbeit die Arbeitnehmer des Betriebs oder des Büros für die gleiche Zeit, für die der Arbeitnehmer Erwerbslosenunterstützung bezogen hat, eine Erwerbslosenunterstützung nach § 9 Abs. 2 der Reichsverordnung über Erwerbslosenfürsorge erhalten, so entfällt insoweit die Pflicht der Zurückerstattung in Höhe des entsprechenden Betrags.

Abs. 1 Satz 1 und 4 finden entsprechende Anwendung, wenn dem Arbeitnehmer an Stelle des Lohn- oder Gehaltsanspruchs ein Schadenersatzanspruch wegen Verweigerung der Wiedereinstellung oder wegen Entlassung unter Verletzung von Vorschriften dieser Verordnung zusteht.]

§ 16.

Die Demobilmachungsausschüsse sind befugt, Unternehmer solcher Betriebe und Inhaber solcher Büros, die in der Regel mindestens 20 Arbeiter oder 10 Angestellte beschäftigen, oder die erst seit dem 1. August 1914 entstanden oder wesentlich vergrößert worden sind, zur Einstellung einer bestimmten Mindestzahl von Kriegsteilnehmern oder reichsdeutschen Zivilinternierten zu verpflichten. Die Einstellung kann auch angeordnet werden zugunsten solcher reichsdeutschen Arbeitnehmer, welche am 1. August 1914 oder später ihren Wohnsitz im Ausland oder in Teilen des Reichsgebiets hatten, die seitdem vom Deutschen Reiche abgetrennt oder von fremden Mächten besetzt worden sind, wenn diese Arbeitnehmer nach Ausweisung durch eine fremde Macht an der Rückkehr verhindert werden.

Die Vorschriften des Abs. 1 finden keine Anwendung auf Körperschaften des öffentlichen Rechtes. Der Bescheid des Demobilmachungsausschusses ist unzulässig gegenüber solchen Arbeitgebern, die freiwillig und ohne sonstige wesentliche Vergrößerung des Betriebs oder Büros ihren Bestand an Arbeitnehmern vom 1. September 1919 um 5 vom Hundert durch Arbeitnehmer der im Abs. 1 bezeichneten Art erhöhen.

§ 17.

Die Verpflichtung darf jeweilig nur auf die Dauer von 3 Monaten und nur insoweit ausgesprochen werden, als ihre Durchführung dem Arbeitgeber infolge der besonderen Verhältnisse seines Betriebs möglich ist oder durch Arbeitsstreckung (§ 12) möglich gemacht werden kann. Ist eine Arbeitsstreckung infolge der Einstellung von Arbeitnehmern erforderlich, so hat der Bescheid des Demobilmachungsausschusses dem Arbeitgeber eine angemessene Frist zur Einrichtung des Betriebs zu gewähren.

Der Bescheid des Demobilmachungsausschusses ist aufzuheben, wenn die Unmöglichkeit seiner Durchführung (Abs. 1) eintritt.

Der Bescheid wird mit der Zustellung an den Arbeitgeber wirksam. Er kann von den Beteiligten binnen fünf Tagen im Wege der Beschwerde an den Demobilmachungskommissar oder eine andere von der Landeszentralbehörde bestimmte Demobilmachungsbehörde angefochten werden. Der Demobilmachungskommissar oder die Demobilmachungsbehörde entscheidet endgültig.

§ 18.

Hat der Demobilmachungsausschuß von der ihm nach § 16 zustehenden Befugnis Gebrauch gemacht, so ist der Arbeitgeber verpflichtet, die in dem Bescheide bestimmte Anzahl derjenigen sich bei ihm zur Arbeitsaufnahme meldenden Personen einzustellen, die nach § 16 in Betracht kommen und sich nach Vorbildung, Vertrauenswürdigkeit und körperlicher Beschaffenheit für seinen Betrieb eignen.

Die Eingestellten sind angemessen zu beschäftigen. Sie sind zur Leistung aller derjenigen Dienste verpflichtet, die ihnen billigerweise zugemutet werden können, und erhalten eine Vergütung, die derjenigen entspricht, die den anderen Arbeitnehmern des Betriebs oder Büros unter sonst gleichen Verhältnissen gewährt wird.

§ 19.

Die Einstellung hat für die Dauer des Inkraftbleibens des nach § 16 ergangenen Bescheids zu erfolgen. Während dieser Zeit darf die Arbeitnehmerzahl nicht vermindert werden. Bei Entlassungen unter Verletzung dieser Vorschriften finden die Bestimmungen der §§ 14 und 15 entsprechende Anwendung.

Nach Ablauf der im Bescheide des Demobilmachungsausschusses festgesetzten Zeit (§ 17 Abs. 1 Satz 1) oder nach seiner Aufhebung (§ 17 Abs. 2) können Entlassungen der Eingestellten vorgenommen werden, Kündigungen zu diesem Zeitpunkt sind auch dann statthaft, wenn sie zu diesem Termine nach sonstigen gesetzlichen Vorschriften unzulässig wären. Die Kündigungsfrist beträgt in diesem Falle einen Monat. Bei teilweiser Aufhebung des Bescheids kann der Arbeitgeber die zu Entlassenden aus der Zahl der Eingestellten (§ 18) auswählen unter Berücksichtigung der Vorschriften des § 13 dieser Verordnung.

§ 20.

Lehnt der Arbeitgeber die Einstellung eines sich nach § 18 Meldenden ab, so stehen diesem keine weiteren Ansprüche gegen den Arbeitgeber zu.

Arbeitgeber, die sich der Verpflichtung zur Einstellung nach § 18 in schuldhafter Weise entziehen, können auf Antrag des Vorsitzenden des Demobilmachungsausschusses von dem zuständigen Schlichtungsausschusse (§ 22) für jede nicht besetzte Arbeitsstelle mit einer Buße bis zu zehntausend Mark belegt werden. Die festgesetzte Buße kann vom Demobilmachungskommissar für vollstreckbar erklärt werden und wird dann wie Gemeindeabgaben beigetrieben. Ihr Betrag ist an die Hauptfürsorgestelle der Kriegsbeschädigten- und Kriegshinterbliebenenfürsorge zu zahlen und von dieser im Interesse kriegsbeschädigter Arbeitnehmer zu verwenden.

§ 21.

Die gesetzlichen Bestimmungen über die Gründe einer Auflösung des Dienstverhältnisses ohne Einhaltung einer Kündigungsfrist werden von diesen Vorschriften nicht berührt.

Als wichtiger Grund im Sinne der vorstehenden Bestimmungen gilt jedoch nicht der durch Mangel an Kohlen oder Rohmaterial verursachte Zwang zur vorübergehenden Betriebseinstellung.

[§ 22.[1]

Für Streitigkeiten, die aus der Anwendung dieser Verordnung entstehen, ist der im § 15 der Verordnung über Tarifverträge, Arbeiter- und Angestelltenausschüsse und Schlichtung von Arbeitsstreitigkeiten vom 23. Dezember 1918 (Reichs-Gesetzbl. S. 1456) vorgesehene Schlichtungsausschuß zuständig, und zwar ausschließlich, soweit ein Anspruch auf Wiedereinstellung (§§ 3 bis 8 Abs. 1, § 11) oder auf Fortsetzung oder Erneuerung des Dienstverhältnisses (§§ 10, 12 und 13,

---

1. Siehe die Anm. S. 203.

19) erhoben wird. Die örtliche Zuständigkeit wird durch den Sitz des Betriebs oder Büros bestimmt.

Ist eine Verweigerung der Wiedereinstellung oder eine fristlose Kündigung aus einem Grunde erfolgt, der nach dem Gesetze zur Auflösung des Dienstverhältnisses ohne Einhaltung einer Kündigungsfrist berechtigt, so hat der Schlichtungsausschuß das Verfahren auszusetzen, wenn auf Grund der Verweigerung der Wiedereinstellung oder auf Grund der Kündigung ein gerichtliches Verfahren anhängig ist oder die Aussetzung des Verfahrens zur Herbeiführung einer gerichtlichen Entscheidung von einer der Parteien beantragt wird. Das Verfahren nimmt seinen Fortgang, wenn nicht binnen vier Wochen seit der Stellung des Antrags auf Aussetzung die Erhebung der Klage nachgewiesen ist oder wenn eine rechtskräftige gerichtliche Entscheidung vorliegt, wonach die Berechtigung zur fristlosen Entlassung verneint ist.

§ 23.

Das Verfahren vor dem Schlichtungsausschusse richtet sich nach den Vorschriften der Verordnung vom 23. Dezember 1918 mit der Maßgabe, daß auch einzelne Arbeitnehmer den Schlichtungsausschuß anrufen können.

Wird der Anspruch auf Fortsetzung oder Erneuerung des Dienstverhältnisses (§§ 10, 12 und 13, 19) in Verbindung mit einem Einspruch aus § 84 oder § 96 Abs. 3 des Betriebsrätegesetzes erhoben, so hat sich der Schiedsspruch über die Berechtigung der erhobenen Ansprüche sowohl auf Grund dieser Verordnung als auf Grund des Betriebsrätegesetzes auszusprechen.

§ 24.

Der Demobilmachungskommissar kann bei Streitigkeiten nach § 22 den Schlichtungsausschuß anrufen und das Verfahren wie eine Partei durch Stellung von Anträgen und Teilnahme an den Verhandlungen fördern.

§ 25.

Der Demobilmachungskommissar kann einen nach § 22 ergangenen Schiedsspruch für verbindlich erklären. Ein dahingehender Antrag muß von einer der Parteien innerhalb zweier Wochen gestellt werden. Soweit der Schiedsspruch die Wiedereinstellung oder Entlassung von Arbeitnehmern betrifft, kann der Demobilmachungskommissar die Wiedereinzustellenden oder Weiterzubeschäftigenden bestimmen. Seine Entscheidung ist endgültig.

Geht im Falle des § 23 Abs. 2 die Entscheidung des Schlichtungsausschusses dahin, daß sowohl der Anspruch aus dieser Verordnung als auch der aus dem Betriebsrätegesetze gerechtfertigt ist, so hat die Verbindlicherklärung des Schiedsspruchs die Folge, daß die Weiterbeschäftigung des Arbeitnehmers nach den Bestimmungen des Betriebsrätegesetzes stattzufinden hat. In diesem Falle gilt eine bereits erklärte Ablehnung der Weiterbeschäftigung durch den Arbeitgeber (§ 87 Abs. 3 des Betriebsrätegesetzes) als nicht erfolgt; eine gezahlte Entschädigung ist von dem Arbeitnehmer zurückzuerstatten oder auf seine vertragliche Vergütung anzurechnen.

Betrifft der Schiedsspruch auch Arbeitsverhältnisse solcher Arbeitnehmer, die im Bezirk eines anderen Demobilmachungskommissars beschäftigt sind, so stehen die in Abs. 1 und 2 bezeichneten Befugnisse der Landeszentralbehörde oder dem Staatskommissar für Demobilmachung zu. Betrifft der Schiedsspruch auch Arbeitsverhältnisse solcher Arbeitnehmer, die im Bezirk einer anderen Landeszentralbehörde oder eines anderen Staatskommissars für Demobilmachung beschäftigt sind, so stehen die in Abs. 1 und 2 bezeichneten Befugnisse dem Reichsarbeitsminister zu.

Ist ein Schiedsspruch nach Abs. 1 bis 3 für verbindlich erklärt, so gelten zwischen den Arbeitgebern und -nehmern Dienstverträge als abgeschlossen, die dem Inhalt des Schiedsspruchs und, soweit dieser eine Regelung nicht vorsieht, den Dienstverträgen gleichartiger Arbeitnehmer entsprechen.

§ 26.

Der Demobilmachungskommissar ist befugt, im Falle der Verletzung von Vorschriften dieser Verordnung durch den Schlichtungsausschuß die Sache zur anderweiten Verhandlung und Entscheidung an den Schlichtungsausschuß zurückzuverweisen.

§ 27.

Ist im Falle des § 27 Abs. 4 der Verordnung vom 23. Dezember 1918 ein Schiedsspruch nicht zustande gekommen, so kann der Demobilmachungskommissar nach erneuter Verhandlung des Schlichtungsausschusses einen Schiedsspruch herbeiführen. Hierbei hat er die Befugnis eines unparteiischen Vorsitzenden. Ist ein solcher vorhanden, so scheidet er für die fraglichen Verhandlungen aus.

In dem Falle des § 25 Abs. 3 dieser Verordnung tritt entsprechend ein Vertreter der Landeszentralbehörde oder der Staatskommissar für Demobilmachung oder ein Vertreter des Reichsarbeitsministers an die Stelle des Demobilmachungskommissars.

§ 28.

Bei Streitigkeiten über Löhne, Gehälter oder sonstige Arbeitsbedingungen stehen dem Demobilmachungskommissar (Landeszentralbehörde, Staatskommissar für Demobilmachung, Reichsarbeitsminister) ebenfalls die Befugnisse aus den §§ 24 bis 27 dieser Verordnung zu. Er kann auch die nach § 20 der Verordnung vom 23. Dezember 1918 an die Stelle des Schlichtungsausschusses tretende Schlichtungsstelle anrufen.]

§ 29.

Diese Verordnung tritt mit dem Tage ihrer Verkündung in Kraft und an die Stelle der Verordnung vom 3. September 1919 (Reichs-Gesetzbl. S. 1500).

Berlin, den 12. Februar 1920.

Der Reichsarbeitsminister.
In Vertretung: Geib.

Ermächtigungsgesetz.

Vom 13. Oktober 1923 (RGBl. S. 943).

Der Reichstag hat das folgende Gesetz beschlossen, das mit Zustimmung des Reichsrats hiermit verkündet wird:

§ 1.

Die Reichsregierung wird ermächtigt, die Maßnahmen zu treffen, welche sie auf finanziellem, wirtschaftlichem und sozialem Gebiete für erforderlich und dringend erachtet. Dabei kann von den Grundrechten der Reichsverfassung abgewichen werden.

Die Ermächtigung erstreckt sich nicht auf Regelung der Arbeitszeit und auf Einschränkungen der Renten und Unterstützungen der Versicherten und Rentenempfänger in der Sozialversicherung sowie der Kleinrentner und Leistungen aus der Erwerbslosenversicherung.

Die erlassenen Verordnungen sind dem Reichstag und dem Reichsrat unverzüglich zur Kenntnis zu bringen. Sie ind auf Verlangen des Reichstags sofort aufzuheben.

§ 2.

Dieses Gesetz tritt mit dem Tage der Verkündung in Kraft. Es tritt mit dem Wechsel der derzeitigen Reichsregierung oder ihrer parteipolitischen Zusammensetzung, spätestens aber am 31. März 1924, außer Kraft.

Berlin, den 13. Oktober 1923.

Der Reichspräsident.
Ebert.

Der Reichsminister des Innern.
Sollmann.

Verordnung des Reichspräsidenten, betreffend die Stillegung von Betrieben, welche die Bevölkerung mit Gas, Wasser, Elektrizität versorgen.

Vom 10. November 1920 (RGBl. S. 1865).

Auf Grund des Artikel 48 Abs. 2 der Reichsverfassung verordne ich zur Wiederherstellung der öffentlichen Sicherheit und Ordnung für das Reichsgebiet folgendes:

§ 1.

In Betrieben, welche die Bevölkerung mit Gas, Wasser und Elektrizität versorgen, sind Aussperrungen und Arbeitsniederlegungen (Streiks) erst zulässig, wenn der zuständige Schlichtungsausschuß einen Schiedsspruch gefällt hat und seit der Verkündung des Schiedsspruchs mindestens 3 Tage vergangen sind.

Wer zu einer nach Abs. 1 unzulässigen Aussperrung oder Arbeitsniederlegung auffordert oder zur Durchführung eines solchen Streiks an Maschinen, Anlagen oder Einrichtungen Handlungen vornimmt, durch die die ordnungsmäßige Fortführung des Werkes unmöglich gemacht oder erschwert wird, wird mit Gefängnis oder Geldstrafe bis zu 15 000 Mark bestraft. Ebenso wird bestraft, wer eine nach Abs. 1 unzulässige Aussperrung vornimmt.

§ 2.

Werden durch eine Aussperrung oder Arbeitsniederlegung Betriebe der genannten Art ganz oder teilweise stillgelegt, so ist der Reichsminister des Innern berechtigt, Notstandsarbeiten und Notstandsversorgung zu sichern sowie alle Verwaltungsmaßnahmen zu treffen, die zur Versorgung der Bevölkerung oder zur Weiterführung des Betriebes geeignet sind. Hierzu gehört auch die Herbeiführung der Befriedigung berechtigter Ansprüche der Arbeitnehmer. Die durch derartige Anordnungen entstehenden Kosten fallen dem Betriebsunternehmer zur Last.

§ 3.

Arbeiter, Angestellte und Beamte, welche in Beachtung der Bestimmung des § 1 die Arbeit in den genannten Betrieben weiter führen oder gemäß § 2 angeordnete Notstandsarbeiten oder Arbeiten zur Sicherung der Notstandsversorgung leisten, dürfen dieserhalb in keiner Weise wirtschaftlich benachteiligt werden.

§ 4.

Diese Verordnung tritt mit dem 10. November 1920 in Kraft.

Berlin, den 10. November 1920.

Der Reichspräsident.

(L. S.) Ebert.

Der Reichskanzler.

Fehrenbach.

Sachregister.

(Das Sachregister bezieht sich **nicht** auf die Seiten 183—220.)
(Die Zahlen verweisen auf die Seiten.)

A.

B.

F.

G.

L.

R.

S.

T.

U.

V.

W.

Z.

Das Arbeitsgerichtsgesetz. Textausgabe mit Einleitung und Sachregister. Von Dr. **Hans Depène,** Amtsgerichtsdirektor, Vorsitzender des Arbeitsgerichts Berlin. Taschenausgabe. 180 Seiten. 1927. (Guttentagsche Sammlung Deutscher Reichsgesetze Bd. 168.) Geb. 3.60

„Die neue Materie des Arbeitsgerichtsgesetzes erfordert in erhöhtem Maße das Interesse des Unternehmers. Zur Einarbeitung ist das vorliegende Buch besonders brauchbar, weil es sich nicht um einen Kommentar mit vielen Details handelt, sondern um eine Textausgabe mit einer ausführlichen, von einem hervorragenden Sachkenner verfaßten Einleitung. Daß die entsprechenden Bestimmungen anderer einschlägiger Gesetze gleich mit abgedruckt sind, ist ein großer Vorteil." Wirtschaftliche Rundschau.

Entscheidungen des Reichsarbeitsgerichts. Herausgegeben von den Mitgliedern des Reichsarbeitsgerichts. Oktav.

Band I. 1928. 6.50, geb. 8.—
Band II. 1928/29. 6.50, geb. 8.—
Band III. 1929. 6.50, geb. 8.—

Die neue Sammlung gibt in der Art der beiden bekannten bisherigen Reihen der Entscheidungen des Reichsgerichts, herausgegeben von den Mitgliedern des Reichsgerichts, die amtliche Auswahl der zur Veröffentlichung bestimmten Entscheidungen des Reichsarbeitsgerichts.

Deutsches Arbeitsrecht. Zu seiner Neuordnung. Von Dr. jur. **Erich Melsbach,** Oberregierungsrat im Reichsarbeitsministerium. 245 Seiten. 1923.

„Der Verfasser entwickelt den Plan eines umfassenden Arbeitsgesetzbuches, das er, ausgehend vom individuellen Arbeitsvertrag als primärer Rechtstatsache, in mehrere Bücher einteilt, deren erstes das Allgemeine Arbeitsvertragsgesetz und das Recht der Sonderarbeitsverträge enthalten soll. Es folgen Koalitionsrecht (2. Buch), Selbstverwaltungsrecht (3. Buch), Beziehungen des Staats zur Arbeit (4. Buch) und Internationales Arbeitsrecht (5. Buch). In den einzelnen Abschnitten werden neben neuen Vorschlägen das bestehende Recht und seine Einfügung in das geplante Gesetzbuch ausführlich behandelt. Das Buch führt vortrefflich in die vielseitigen Probleme der Neuordnung des Arbeitsrechtes ein." Soziale Praxis.

Internationales Arbeitsrecht. Unter besonderer Berücksichtigung der Internationalen Arbeitsorganisation. Von Dr. **Helmuth Tczerclas von Tilly**, Mitglied des Internationalen Arbeitsamtes beim Völkerbund, Genf. 120 Seiten. 1924. (Sammlung Göschen Bd. 882.) Geb. 1.50

Es ist das erste Werk, das in klarer, kurzer und allen leicht verständlicher Weise das gesamte grundlegende Tatsachenmaterial — und zwar nur dieses — auf dem umfassenden Gebiete des internationalen Arbeiterschutzes von dessen ersten Anfängen bis in die neueste Zeit bietet.

Die Arbeiterfrage. Eine Einführung. Von Dr. **Heinrich Herkner**, Professor der Staatswissenschaften an der Universität Berlin. Achte, umgearbeitete Auflage. 2 Bände. Groß-Oktav. 1922. 18.—, geb. 22.—

I. Band: Arbeiterfrage und Sozialreform. XVII, 616 Seiten.

II. Band: Soziale Theorien und Parteien. XVI, 696 Seiten.

Herkners Werk hat sich als Lehrbuch der Arbeiterfrage durch seine vielen Auflagen hindurch unverändert behauptet und bewährt.

Arbeitsmarktpolitik. Von Dr. jur. Dr. phil. **Ernst Berger**, Ministerialrat im Reichsarbeitsministerium. 150 Seiten. 1926. (Sammlung Göschen Bd. 928.) Geb. 1.50

Handbuch der Arbeitslosenversicherung. Mit einer Einführung und Erläuterungen. Von Dr. jur. **Herbert Schmeißer**, Regierungsrat im Thüringischen Ministerium für Inneres und Wirtschaft, stellvertretender Vorsitzender des Thüringischen Landesamts für Arbeitsvermittlung. Zweite Auflage. Taschenformat. (Guttentagsche Sammlung Deutscher Reichsgesetze Bd. 165.) Im Druck.

„Das Buch gibt in kurzer, aber ausreichender Form eine Darstellung des gesamten Rechtsstoffes der Erwerbslosenfürsorge unter Anpassung an die praktischen Bedürfnisse. Das Buch, das als Handbuch bezeichnet wird, ist allen Arbeitsnachweisen, Kommunalbehörden, Parlamentariern, Gewerkschaften und

Angestelltenverbänden zu empfehlen, zumal es sich um Vorschriften handelt, die in politischer, volkswirtschaftlicher und finanzieller Hinsicht zurzeit weit schwerwiegender sind als die sonstiger sozialer Gesetze." Kommunalpolitische Blätter.

Angestelltenversicherungsgesetz vom 28. Mai 1924. Zweite Auflage. Mit Nachtrag. Taschenformat. 143 Seiten. 1927. (Guttentagsche Sammlung Deutscher Reichsgesetze. Textausgaben ohne Anmerkungen.) Geb. 2.50

Diese neue Ausgabe entspricht der neuesten Fassung des Gesetzes unter Berücksichtigung der letzten Änderungen und Verordnungen. Das beigefügte Sachregister erleichtert das rasche Zurechtfinden in den einzelnen Bestimmungen des Gesetzes.

Sozialversicherung. Von Professor Dr. **Alfred Manes** in Berlin. Siebente, ergänzte Auflage. 139 Seiten. 1928. (Sammlung Göschen Bd. 267.) Geb. 1.50

„Es gibt keine andere Darstellung der geltenden Sozialversicherung, die in solch erfreulicher Kürze und Sachlichkeit durch die annähernd 2400 Paragraphen führt."
Hanseatische Rechts- und Gerichts-Zeitschrift.

Reichsgewerbeordnung nebst Ausführungsbestimmungen. Von Dr. **Fr. Hiller** und Dr. **H. Luppe.** Einundzwanzigste Auflage. Taschenformat. 931 Seiten. 1928. Mit der letzten Novelle zum Handwerksgesetz 1929. (Guttentagsche Sammlung Deutscher Reichsgesetze Bd. 6.) Geb. 11.—

„Ein Wort der Empfehlung für dieses Buch zu sagen, erübrigt sich. Hervorgehoben sei, daß diese Auflage alle Vorzüge der früheren Auflagen in sich schließt. Die zahlreichen neuen Gesetze sind erschöpfend berücksichtigt."
Zeitschrift des Deutschen Notarvereins.

Die Reichsversicherungsordnung in der Fassung der Bekanntmachung vom 15. Dezember 1924 und des Gesetzes über das Reichsschiedsamt vom 22. Januar 1925 nebst dem Einführungsgesetze, den wichtigsten Ausführungsvorschriften, den ergänzenden Gesetzen und Verordnungen sowie den Verordnungen über das Verfahren. Textausgabe mit Anmerkungen, Einleitung (Übersicht über Inhalt und Bedeutung der Reichsversicherungsordnung) und Sachregister. Von Dr. **Karl Lippmann,** Senatspräsident im Reichsversicherungsamt. Taschenformat. XV, 589 Seiten. 1925. (Guttentagsche Sammlung Deutscher Reichsgesetze Bd. 161.) Geb. 11.—

Ergänzungsband, enthaltend den vollständigen Wortlaut der neuen Fassung des Unfallversicherungsgesetzes sowie die Ergänzungen der übrigen Bücher der RVO. Oktav. 224 Seiten. 1926. (Guttentagsche Sammlung Deutscher Reichsgesetze Bd. 161 a.) Geb. 4.—

Zweiter Ergänzungsband, enthaltend weitere Änderungen und Ergänzungen durch die in der Zeit von Anfang 1926 bis Mitte 1928 erlassenen Gesetze und Verordnungen. Zweite, vermehrte Ausgabe, Stand vom 1. Juli 1928. Oktav. 71 Seiten. 1928. (Guttentagsche Sammlung Deutscher Reichsgesetze Bd. 161 b.) —.80

„Das Buch dürfte sich in der Bibliothek eines jeden finden, der sich mit der Reichsversicherungsordnung befaßt. Es gehört zu den praktisch wertvollsten.“ Deutsche Allgemeine Zeitung.

Das Reichsknappschaftsgesetz vom 1. Juli 1926 nebst Einführungsgesetz. Erläutert von **Max Reuß,** Wirkl. Geh. Oberbergrat, Professor, Ministerialdirigent im Ministerium für Handel und Gewerbe in Berlin, und Dr. **Fritz Hense,** Oberbergrat a. D., Knappschaftsdirektor in Bochum. Taschenformat. 1926. (Guttentagsche Sammlung Deutscher Reichsgesetze Bd. 155.) Geb. 12.—

„Zur rechten Zeit erscheint die Erläuterung des Reichsknappschaftsgesetzes aus der Feder zweier Männer, die schon seit Jahren im Verwaltungs- und Aufsichtsdienste des Knappschaftswesens tätig sind und bei der Verabschiedung des Gesetzes mit in erster Linie gestanden haben. Die Herausgabe des Gesetzes aus ihrer Feder bedarf daher keiner besonderen Empfehlung. Das Buch kann allen, die auf dem Gebiete des Knappschaftswesens tätig sind, aufs wärmste empfohlen werden.“
Zeitschrift für Bergrecht.

Druck von Otto Walter, Berlin S 14

Nachweis wichtiger Gesetzesausgaben

mit und ohne Erläuterungen, größere und kleinere Kommentare, Lehrbücher, Sammelwerke, Entscheidungssammlungen, Zeitschriften

Verlag Walter de Gruyter & Co., Berlin W 10 Genthiner Str. 38

Frühjahr 1931

Inhaltsübersicht

I. Allgemeines, Sammelwerke.

Handwörterbuch der Rechtswissenschaft. Unter Mitberatung von Reichsgerichtspräsident Dr. Dr. E. Bumke, Reichsgerichtsrat L. Busch, Oberreichsanwalt Prof. Dr. L. Ebermayer, Geh. Justizrat Professor Dr. Dr. Fr. Endemann, Geh. Justizrat Professor Dr. Dr. E. Heymann, Senatspräsident am Reichsgericht Dr. O. Strecker, Präsident des Bayerischen Obersten Landesgerichts Staatsrat Dr. K. v. Unzner †, herausgegeben von Dr. jur. **Fritz Stier-Somlo,** o. Professor an der Universität Köln, und Dr. jur. **Alexander Elster,** Berlin. 6 Bände. Lexikon-Oktav. 1926/29. In Halbleder geb. RM. 304.—

Ein Ergänzungsband, der das Handwörterbuch bis auf den letzten Stand von Wissenschaft und Praxis fortführt, befindet sich im Druck.

„Es zeigt sich doch jetzt immer mehr, daß Ihr Handwörterbuch ein ganz großer Wurf war. Wie ich höre, wird es auch in der Praxis in steigendem Maße benutzt.“ Professor Dr. Nipperdey, Köln.

Die Reichsgerichtspraxis im deutschen Rechtsleben. Festgabe der juristischen Fakultäten zum 50jährigen Bestehen des Reichsgerichts (1. Oktober 1929), unter Mitwirkung der Professoren Gerhard Anschütz, Heidelberg, Ernst Heymann, Berlin, Theodor Kipp, Berlin, Wilhelm Kisch, München, Alfred Schultze, Leipzig, Heinrich Siber, Leipzig, herausgegeben von Otto Schreiber, weiland Professor in Königsberg i. Pr. 6 Bde. Groß-Oktav. 1929.
Geh. RM. 110.—, in Halbfranz geb. RM. 134.—

I. Band: Öffentliches Recht. II. Band: Zivil- und Handelsrecht. III. Band: Zivil- und Handelsrecht (Fortsetzung). IV. Band: Handels- und Wirtschaftsrecht. V. Band: Strafrecht und Strafprozeß. VI. Band: Zivilprozeßrecht.

Die Bände werden einzeln abgegeben.

Mit dieser umfangreichen Festgabe wird eine große, systematisch geordnete Reihe hervorragender Monographien veröffentlicht, die durchweg besonders wichtige und schwierige Fragen aus allen Teilen des Rechts behandeln.

Fünfzig Jahre Reichsgericht am 1. Oktober 1929. Von Dr. Adolf **Lobe,** Senatspräsident am Reichsgericht i. R., M. d. R. unter Mitarbeit von Mitgliedern und Beamten des Reichsgerichts, der Reichsanwaltschaft und der Rechtsanwaltschaft am Reichsgericht. Mit 14 Porträts und 15 Abbildungen. Lexikon-Oktav. VI, 436 Seiten. 1929.
RM. 20.—, in Halbfranz RM. 24.—

Von den beiden Festschriften „Lobe, Fünfzig Jahre Reichsgericht“ und der Festgabe der juristischen Fakultäten gibt die vorliegende ein Bild der organisatorischen Gestaltung des Reichsgerichts und seiner Einrichtungen, in deren Schutz sich seine Aufgaben und seine Arbeit gestalten. Ausführlicher Prospekt mit Inhaltsverzeichnis kostenlos.

Bürgerliches Rechtslexikon. (Nach dem Bürgerlichen Gesetzbuch, dem Handelsgesetzbuch und sonstigen Reichs- und Landesgesetzen.) Von E. **Christiani,** weil. Amtsgerichtsrat. Vierte, durchgearbeitete und verbesserte Auflage von Dr. Alexander **Elster,** Rechtsanwalt Dr. Hugo **Hoormann,** Amtsgerichtsrat Georg **Krause,** Lexikon-Oktav. IV, 474 Seiten. 1930 . . . . Geb. RM. 15.—

„Wir kennen kein zweites Werk, das das gleiche Material in so kurzer, trefflicher und verständlicher Weise enthält und das so brauchbar wäre wie das hiermit warm empfohlene Buch.“
Zeitschrift für das gesamte Gebiet der direkten Steuern.

Hedemann, J. W., **Einführung in die Rechtswissenschaft.** Zweite, erweiterte und umgestaltete Auflage. Oktav. XXII, 566 Seiten. 1927. (Lehrbücher und Grundrisse der Rechtswissenschaft Bd. IX.) RM. 14.—, geb. RM. 16.—

„. . . Das Buch Hedemanns, welches die Aufgabe einer Einführung am reichsten und umfassendsten auffaßt und löst . . .“
Juristische Wochenschrift.

Sternberg, Theodor, **Einführung in die Rechtswissenschaft.**
I. Teil: Methoden- und Quellenlehre. Zweite, neugestaltete Auflage. Verbesserter Neudruck. 190 Seiten. 1927. (Sammlung Göschen Bd. 169.) Geb. RM. 1.80
II. Teil: Das Rechtssystem. Erste Hälfte: Grundbegriffe und Privatrecht. Zweite, vermehrte Auflage. 133 Seiten. 1922. (Sammlung Göschen Bd. 170.) . . . . Geb. RM. 1.80

Eine in ihrer Knappheit ganz ausgezeichnete Darstellung der juristischen Begriffe und Probleme.

Schröder, Richard, und **Künßberg,** F., Lehrbuch der deutschen Rechtsgeschichte. Sechste, verbesserte Auflage. Groß-Oktav. Mit einer Abbildung im Text, fünf Tafeln und einem Bildnis. 1124 Seiten. 1922. RM. 26.—, in Halbleder geb. RM. 30.—

Dieses bekannte Lehrbuch hat sich seit langen Jahren bestens bewährt.

Fehr, Hans, **Deutsche Rechtsgeschichte.** Zweite, verbesserte und ergänzte Auflage. Oktav. 416 Seiten. 1925. (Lehrbücher und Grundrisse der Rechtswissenschaft Bd. X.) RM. 13.—, geb. RM. 14.50

Das Buch gibt eine plastische Darstellung der deutschen Rechtsgeschichte, die eine Anhäufung von Stoff ausdrücklich vermeidet, vielmehr das Schwergewicht auf eine mehr ideengeschichtliche Behandlung des Gegenstandes legt.

Schröder, Richard, und **Glitsch,** Heinrich, **Deutsche Rechtsgeschichte.** Zweite Auflage. Neudruck.
I. Bis zum Ende des Mittelalters. 160 Seiten. 1929. (Sammlung Göschen Bd. 621.) . . . . Geb. RM. 1.80
II. Die Neuzeit. 90 Seiten. 1929. (Sammlung Göschen Bd. 664.) Geb. RM. 1.80

Eine gemeinverständliche kurze Darstellung der deutschen Rechtsgeschichte.

Giese, Friedrich, **Preußische Rechtsgeschichte.** Übersicht über die Rechtsentwicklung der preußischen Monarchie und ihrer Landesteile. Ein Lehrbuch für Studierende. Groß-Oktav. 256 Seiten. 1920. RM. 5.—, geb. RM. 6.50

„Das Buch ist nicht ein, sondern das (bisher fehlende) Lehrbuch der preußischen Rechtsgeschichte.“
Dr. Karl Strupp im „Verwaltungsarchiv“.

von Mayr, Robert, **Römische Rechtsgeschichte.** I. Buch. Die Zeit des Volksrechtes. 1. Hälfte: Das öffentliche Recht. 150 Seiten. 1912. (Sammlung Göschen Bd. 577.) . . . . Geb. RM. 1.80
2. Hälfte: Das Privatrecht. 117 Seiten. 1912. (Sammlung Göschen Bd. 578.) . . . . Geb. RM. 1.80
II. Buch: Die Zeit des Amts- und Verkehrsrechtes. 1. Hälfte: Das öffentliche Recht. 158 Seiten. 1912. (Sammlung Göschen Bd. 645.) Geb. RM. 1.80
2. Hälfte: Das Privatrecht I. 122 Seiten. 1913. (Sammlung Göschen Bd. 646.) . . . . Geb. RM. 1.80
Das Privatrecht II. 150 Seiten. 1913. (Sammlung Göschen Bd. 647.) Geb. RM. 1.80

III. Buch. Die Zeit des Reichs- und Volksrechtes. 111 Seiten. 1913. (Sammlung Göschen Bd. 648.) . . . . Geb. RM. 1.80
IV. Buch. Die Zeit der Orientalisierung des römischen Rechtes. 155 Seiten. 1913. (Sammlung Göschen Bd. 697.) . . . . Geb. RM. 1.80

Stammler, Rudolf, **Lehrbuch der Rechtsphilosophie.** Dritte, vermehrte Auflage. Groß-Oktav. XVI, 396 Seiten. 1928.
RM. 13.—, geb. RM. 15.—

„. . . Ein Werk aus einem Gusse, ein herbes Werk von größter wissenschaftlicher Strenge, eine Schule, durch die jeder gehen muß, der mit den rechtsphilosophischen Problemen der Gegenwart ringt."
Schweizerische Juristenzeitung.

Stammler, Rudolf, **Rechts- und Staatstheorien der Neuzeit.** Leitsätze zu Vorlesungen. Zweite, vermehrte und verbesserte Auflage. Oktav. IV, 116 Seiten. 1925. . . . . RM. 3.50, geb. RM. 4.50

Ein unentbehrlicher Führer durch die Rechts- und Staatstheorien der Neuzeit.

Stammler, Rudolf, **Wirtschaft und Recht nach der materialistischen Geschichtsauffassung.** Eine sozialphilosophische Untersuchung. Fünfte, durch einen Nachtrag ergänzte Auflage. Oktav. VIII, 704 Seiten. 1924. . . . . RM. 14.—, geb. RM. 16.—

„Das Werk Stammlers darf den Ruhm in Anspruch nehmen, unter allen Büchern, die in der letzten Zeit auf dem hier in Betracht kommenden Gebiet erschienen sind, die stärkste Wirkung hervorgebracht zu haben." *Historische Zeitschrift.*

Friedrichs, Karl, **Der Allgemeine Teil des Rechts.** Eine Darstellung der gemeinsamen Lehren des öffentlichen und des privaten Rechts. Groß-Oktav. X, 306 Seiten. 1927. . . . . . . RM. 12.—, geb. RM. 13.50

„Eine solche Arbeit fehlte bisher in der juristischen Literatur. Friedrichs ist wie kein anderer berufen, eine grundlegende Arbeit über dieses Gebiet zu schreiben." *Mitteilungen des Preuß. Richtervereins.*

Maas, Georg, und **Magnus**, Julius, **Abkürzungsverzeichnis der Rechtssprache.** Abkürzungen der Bezeichnungen von Rechtsquellen, Behörden, Entscheidungen usw. des deutschen und österreichischen Rechts. Oktav. IV, 140 Seiten. 1929. . . . . RM. 4.—

„Bis jetzt fehlte eine Zusammenstellung, die in zuverlässiger Weise die gebräuchlichsten Abkürzungen wiedergab. Diese Lücke füllt das neue Buch in glücklicher Weise aus." *Der junge Rechtsgelehrte.*

Endemann, Friedrich, **Grundriß des römischen Privatrechts.** Oktav. X, 256 und 30 Seiten. 1925. (Lehrbücher und Grundrisse der Rechtswissenschaft Bd. XII.) . . . . RM. 9.—, geb. RM. 10.50

„. . . ein nach jeder Richtung hochstehendes Werk."
Der junge Rechtsgelehrte.

Stammler, Rudolf, **Aufgaben aus dem römischen Recht.** Der „Institutionenübungen für Anfänger" vierte Auflage. Oktav. IV, 92 Seiten. Mit Figuren im Text. 1919 . . . . Geb. RM. 5.—

Zum selbständigen Einarbeiten in das System des römischen Privatrechts.

II. Bürgerliches Recht

1. Bürgerliches Gesetzbuch

Lehmann, Heinrich, **Allgemeiner Teil des Bürgerlichen Gesetzbuches.** Dritte, vermehrte und verbesserte Auflage (9. bis 12. Tausend). Oktav. XIV, 439 Seiten. 1928. (Lehrbücher und Grundrisse der Rechtswissenschaft Bd. I.) . . . . RM. 12.—, geb. RM. 13.50

„Es liegt ein großer pädagogischer Wert in diesem Buch. Es wird sich unter den Studenten rasch großer Beliebtheit erfreuen."
Das Recht.

Leonhard, R., **Der Allgemeine Teil des Bürgerlichen Gesetzbuches** in seinem Einflusse auf die Fortentwicklung der Rechtswissenschaft. Groß-Oktav. XVI, 537 Seiten. 1900. (Recht des Bürgerlichen Gesetzbuches in Einzeldarstellungen Nr. X.) . . . . RM. 10.—
Die Sammlung „Recht des Bürgerlichen Gesetzbuches" umfaßt systematische Darstellungen des BGB. aus der Feder erster Juristen der Wissenschaft und Praxis.

Oertmann, Paul, **Allgemeiner Teil des Bürgerlichen Gesetzbuches.**
I. Einleitung. Lehre von den Personen und von den Sachen. Dritte, verbesserte Auflage. 136 Seiten. 1926. (Sammlung Göschen Bd. 447.) Geb. RM. 1.80
II. Erwerb und Verlust, Geltendmachung und Schutz der Rechte. Dritte, verbesserte Auflage. 147 Seiten. 1928. (Sammlung Göschen Bd. 448.) . . . . Geb. RM. 1.80
Nach der die Vorgeschichte des BGB. und einzelne für seine Bedeutung und Anwendung wichtige Hauptfragen behandelnden Einleitung bespricht der Verfasser die Lehre von den Personen und von den Sachen. Er verarbeitet den Inhalt der einzelnen Gesetzesparagraphen wissenschaftlich und erörtert dabei auch mehrfach Fragen, die im BGB. selbst nicht geregelt, höchstens gestreift werden.

Plancks Kommentar zum Bürgerlichen Gesetzbuch nebst Einführungsgesetz. Bisher herausgegeben von E. Strohal. Bearbeitet von E. Brodmann, L. Busch, J. Ebbecke, F. Flad, M. Greiff, K. Gunkel, P. Knoke, M. Landois, A. Lobe, Fr. Oegg, H. Siber, O. Strecker, K. von Unzner. Vierte, völlig neubearbeitete Auflage. Lexikon-Oktav. Bisher sind erschienen:
I. Band: Allgemeiner Teil. 606 Seiten. 1913. RM. 15.—, geb. RM. 17.—
II. Band, 1. Hälfte: Recht der Schuldverhältnisse. (Allgemeiner Teil.) 640 Seiten. 1914 . . . . RM. 15.—, geb. RM. 17.—
II. Band, 2. Hälfte: Recht der Schuldverhältnisse. (Besonderer Teil.) 1296 Seiten. 1928 . . . . RM. 49.—, geb. RM. 52.—
III. Band: Sachenrecht. 1464 Seiten. 1920. RM. 30.—, geb. RM. 33.—
IV. Band: Familienrecht. 1. Hälfte §§ 1297—1588. 701 Seiten. 1928. RM. 26.—, geb. RM. 28.—
V. Band: Erbrecht. Vierte, völlig neubearbeitete Auflage. Groß-Oktav. XII, 1136 Seiten. 1930 . . RM. 51.—, geb. RM. 54.—
„Für jeden Praktiker, der tiefer in den Rechtsstoff eindringen muß, um die zur Entscheidung stehende Frage zu prüfen, ist Plancks Kommentar immer ein zuverlässiger Ratgeber und seine Erläuterung und Meinung von hohem Wert und Gewicht, stets sorgfältiger Beachtung wert." *Zentralblatt für freiwillige Gerichtsbarkeit.*

Das Bürgerliche Gesetzbuch mit besonderer Berücksichtigung der Rechtsprechung des Reichsgerichts. Erläutert von Dr. Busch, Erler, Dr. Lobe, Michaelis, Oegg, Sayn, Schliewen und Seyffarth, Reichsgerichtsräten und Senatspräsidenten am Reichsgericht. Siebente, unveränderte Auflage. 5 Bände. §§ 1—2385. Lexikon-Oktav. 3182 Seiten. 1928 . . . . RM. 125.—, in Halbleder geb. RM. 150.—
I. Band: Allgemeiner Teil. Recht der Schuldverhältnisse I. (Allgemeiner Teil.) — II. Band: Recht der Schuldverhältnisse II. (Einzelne Schuldverhältnisse.) — III. Band: Sachenrecht. — IV. Band: Familienrecht. — V. Band: Erbrecht. Alphabetisches Sachverzeichnis.
(Das Werk wird nur komplett abgegeben.)
„Eine neue Auflage dieses für die Praxis wertvollsten Kommentars ist ein Ereignis für die Juristenwelt."
Blätter für Rechtspflege im Bezirk des Kammergerichts.

Achilles-Greiff, Bürgerliches Gesetzbuch nebst Einführungsgesetz. Mit Einleitung, Anmerkungen und Sachregister. Nach dem Tode des ersten Herausgebers Dr. A. Achilles in Verbindung mit J. Altstötter, Oberamtsrichter in Sonthofen, O. Meyer, Oberlandesgerichtspräsident in Celle, Dr. J. Kieckebusch, Land- und Amtsgerichtsrat in Kassel, Dr. O. Strecker, Senatspräsident am Reichsgericht i. R. in Leipzig, herausgegeben von Dr. M. Greiff, Wirkl. Geh. Oberjustizrat, Oberlandesgerichtspräsident i. R. in Berlin. Dreizehnte, vermehrte und verbesserte Auflage. Mit Erläuterungen der Verordnung über das Erbbaurecht, des Gesetzes über die religiöse Kindererziehung und des Gesetzes für Jugendwohlfahrt. Groß-Oktav. XXIII, 1304 Seiten. 1930. (Guttentagsche Sammlung Deutscher Reichsgesetze Bd. 38/39.) . . . . . Geb. RM. 24.—, in Halbleder geb. RM. 26.—

„Das ausgezeichnete Buch, das einer weiteren Empfehlung kaum bedarf, wird seine führende Stellung unter den Handausgaben ohne Zweifel behaupten.“ *Juristische Rundschau.*

Bürgerliches Gesetzbuch nebst Einführungsgesetz. Vom 18. August 1896 mit Berücksichtigung der bis zum 1. Januar 1928 ergangenen Abänderungen. Textausgabe mit ausführlichem Sachregister. Sechzehnte Auflage. (61. bis 66. Tausend). Taschenformat. 758 Seiten. 1928. (Guttentagsche Sammlung von Textausgaben ohne Anmerkungen mit Sachregister.) . . . . Geb. RM. 2.80

Die vorliegende Ausgabe zeichnet sich durch Vollständigkeit und besondere Ausführlichkeit des Sachregisters aus.

Lindemann, Otto, Ausführungsgesetz zum Bürgerlichen Gesetzbuche vom 20. September 1899 nebst einem Anhang: Verordnung zur Ausführung des Bürgerlichen Gesetzbuchs vom 16. November 1899. Nach dem Tode des früheren Herausgebers Kammergerichtsrat Dr. P. Siméon, erläutert von Geh. Oberjustizrat Otto Lindemann, Ministerialdirektor im Pr. Justizministerium. Vierte Auflage. Taschenformat. 208 Seiten. 1930. (Guttentagsche Sammlung Preußischer Gesetze Bd. 23.) Geb. RM. 5.—

Die neue Auflage kommt im richtigen Augenblick, um dem fühlbaren Mangel an neuen Bearbeitungen der Ausführungsgesetze zum Bürgerlichen Gesetzbuch abzuhelfen. Sie ist völlig neu bearbeitet und nach den Ergebnissen von Gesetzgebung und Rechtsprechung bis in die jüngste Zeit ergänzt.

Schulz, F. H., Bürgerliches Gesetzbuch. Taschenformat. XI, 682 Seiten. 1930 . . . . Geb. RM. 8.—
(Lehrausgaben Deutscher Gesetze, Bd. I.)

Dieser Band bringt auch die Bezeichnung der entsprechenden römisch-rechtlichen bzw. gemeinrechtlichen Institute und verwirklicht damit einen Gedanken, der eigentlich wohl schon vor dreißig Jahren hätte ausgeführt werden sollen.

Schück, Richard, **Zivilrechtspraktikum.** Zum Selbststudium und zum Lehrgebrauch. Vierte, vermehrte Auflage. Herausgegeben von Gustav Schreiber. Groß-Oktav. 160 Seiten. 1930.
Geb. RM. 6.—

Das „Schücksche Zivilrechtspraktikum“ bringt in einem billigen Band über 600 Fälle aus allen fünf Büchern des BGB. und dem Einführungsgesetz. Es hat sich seit seinem Erscheinen durch seine praktische Auswahl überall durchgesetzt und durch drei hohe Auflagen hindurch bewährt. Die vorliegende vierte Auflage weist eine Anzahl Ergänzungen auf, die aber durch die besondere Art ihrer Einordnung den Gebrauch mehrerer Auflagen nebeneinander nicht stören.

von der Mosel, Heinrich, **Lösungen** zu dem von Kammergerichtsrat Dr. Richard Schück herausgegebenen Zivilrechtspraktikum. Nach dem Bürgerlichen Gesetzbuch bearbeitet für Studierende und Referendare. Vierte Auflage. Groß-Oktav. 148 Seiten. 1924. Geb. RM. 5.50

Die Lösungen behandeln fast alle in dem Praktikum enthaltenen Fälle.

v. **Schwerin**, Cl., Frhr., **Grundzüge des deutschen Privatrechts.** Zweite Auflage. Oktav. XII, 342 Seiten. 1928. (Lehrbücher und Grundrisse der Rechtswissenschaft Bd. XIII.) RM. 9.50, geb. RM. 11.—

„Was dem Studenten not tut, ist ein kurzgefaßtes Handbuch. . . . Ein ausgezeichnetes Hilfsmittel dieser Art ist das vorliegende Buch." Zeitschrift für Rechtspflege in Bayern.

Wegner, Arthur, **Jugendrecht.** Ein Lehrbuch zur Einführung. Oktav. IX, 219 Seiten. 1929 . . . . RM. 6.—, geb. RM. 7.50

„Ein gleichartiges und gleichwertiges Werk über das Jugendgericht gibt es noch nicht." Breslauer Zeitung.

Schuldverhältnisse insbesondere

Hedemann, Justus Wilh., **Schuldrecht des Bürgerlichen Gesetzbuches.** Oktav. Zweite Auflage in Bearbeitung. (Lehrbücher und Grundrisse der Rechtswissenschaft Bd. II.)

„Die Schrift bietet die beste mir bekannte Einführung in das schwierige Recht der Schuldverhältnisse." Staats- und Selbstverwaltung.

Oertmann, Paul, **Schuldrecht.** (BGB. II.)
I. Allgemeine Lehren. Dritte, verbesserte Auflage. 142 Seiten. 1927. (Sammlung Göschen Bd. 323.) . . . . Geb. RM. 1.80
II. Die einzelnen Schuldverhältnisse. Dritte, verbesserte Auflage. 159 Seiten. 1929. (Sammlung Göschen Bd. 324.) . . Geb. RM. 1.80

„In knapper Form und gemeinverständlicher Ausdrucksweise ist ein vorzüglicher Überblick über den Stoff gegeben." Leipziger Zeitschrift für deutsches Recht.

Meyer, Georg, **Das Recht der Beschlagnahme von Lohn, Gehalt und Diensteinkommen.** Auf Grund des Reichsgesetzes vom 21. Juni 1869, der Verordnung über Lohnpfändung vom 25. Juni 1919 nebst Abänderungen und der Zivilprozeßordnung dargestellt. Siebente, vermehrte Auflage. Taschenformat. 174 Seiten. 1930. (Guttentagsche Sammlung Deutscher Reichsgesetze Bd. 55.) . . Geb. RM. 4.50

„Das Lohnbeschlagnahmegesetz wird hier in mustergültiger Weise erläutert. Die zahlreichen Zweifelsfragen werden gründlich erörtert." Hessische Rechtsprechung.

Seligsohn, Franz, **Kommentar zum Haftpflichtgesetz.** Zweite Auflage. Groß-Oktav. 360 Seiten. 1930 . . . . . . RM. 12.—, geb. RM. 13.50

„Das reiche Material hat der Verfasser mit logischer Schärfe und in knapper Form bearbeitet und damit ein mustergültiges Werk geschaffen, das für die meist veralteten Kommentare zum Reichshaftpflichtgesetz einen wertvollen Ersatz bietet." Blätter für Rechtspflege im Bezirk des Kammergerichts.

Krieg, O., **Mietrecht und Wohnungsmangelgesetzgebung** im Reiche, in Preußen und in Berlin, einschließlich Hauszinssteuer, Kostenwesen und Rechtsentscheiden des Kammergerichts und des Obersten Landesgerichts. Zusammengestellt und mit ausführlichem Schlagwortregister versehen. Vierte Auflage. Taschenformat. XII, 594 Seiten. 1928. (Guttentagsche Sammlung Deutscher Reichsgesetze Bd. 156.) Geb. RM. 10.—

„Eine solche Ausgabe zu besitzen, ist wertvoll. Diese Ausgabe verdient schon wegen ihrer Vollständigkeit besondere Beachtung. Ein vortreffliches Sachregister ist beigegeben." Juristische Wochenschrift

Stölzle, Hans, **Viehkauf nach Bürgerlichem Gesetzbuch und ausländischem Recht.** Verordnung, betreffend die Hauptmängel und Gewährfristen

beim Viehhandel. Von **Eugen Fröhner.** **Sechste**, vermehrte und wesentlich verbesserte **Auflage.** Taschenformat. 699 Seiten. 1926. (Guttentagsche Sammlung Deutscher Reichsgesetze Bd. 50.)
Geb. RM. 15.—

„Das Buch ist Juristen wie Laien als lichtvoller Ratgeber in allen Fragen nur auf das wärmste zu empfehlen."
Deutsche Juristen-Zeitung.

Hoffmann, J., **Abzahlungsgeschäfte.** Vierte Auflage, besorgt von K.-A. Crisolli. Taschenformat. Im Druck. (Guttentagsche Sammlung Deutscher Reichsgesetze Bd. 34.)

„Jeder, der mit Abzahlungsgeschäften zu tun hat, kann sich bestens aus dem Büchlein informieren. Der Kommentar ermöglicht es auch dem Laien, sich mit allen einschlägigen Fragen vertraut zu machen."
Berliner Intelligenz-Blatt.

Göppert, H., **Gesetz, betreffend die gemeinsamen Rechte der Besitzer von Schuldverschreibungen.** Zweite Auflage, bearbeitet von E. Trendelenburg. Taschenformat. 156 Seiten. 1915. (Guttentagsche Sammlung Deutscher Reichsgesetze Bd. 52.) . . . . . Geb. RM. 1.50

Beiträge zum ausländischen und internationalen Privatrecht, herausgegeben vom Institut für ausländisches und internationales Privatrecht.

Heft 1:

Nußbaum, Arthur, **Vertraglicher Schutz gegen Schwankungen des Geldwertes.** Goldklauseln und andere Abreden zur Minderung des Valutarisikos. Groß-Oktav. 95 Seiten. 1928 . . . . . . RM. 5.—

Heft 2:

Wolff, John, **Die Haftung des Verkäufers einer fremden beweglichen Sache in** den Vereinigten Staaten von Amerika in Vergleichung mit dem deutschen bürgerlichen Recht. Groß-Oktav. 84 Seiten. 1930.
RM. 4.—

Heft 3:

Friedmann, Wolfgang, **Die Bereicherungshaftung** im anglo-amerikanischen Rechtskreis in Vergleichung mit dem deutschen bürgerlichen Recht. Groß-Oktav. 148 Seiten. 1930 . . . . RM. 7.—

Heft 4:

Raiser, Ludwig, **Die Wirkungen der Wechselerklärungen im internationalen Privatrecht.** Groß-Oktav. 124 Seiten. 1931 . . RM. 9.—

Sachenrecht insbesondere

Hedemann, Justus Wilh., **Sachenrecht des Bürgerlichen Gesetzbuches.** Oktav. XXXII, 507 Seiten. 1924. (Lehrbücher und Grundrisse der Rechtswissenschaft Bd. III.) . . . . . RM. 12.—, geb. RM. 13.50

„Ein trotz seiner Kürze ausgezeichnetes und inhaltreiches Lehrbuch, nicht nur für den Studierenden, sondern auch für ältere Juristen. Die Arbeit ist wissenschaftlich tiefgründig und doch gemeinverständlich geschrieben." *Zeitschrift des Deutschen Notarvereins.*

Kretzschmar, F., **Sachenrecht.**

I. Allgemeine Lehren. Besitz und Eigentum. **Zweite**, verbesserte **Auflage.** 142 Seiten. 1922. (Sammlung Göschen Bd. 480.) Geb. RM. 1.80

II. Begrenzte Rechte. 144 Seiten. 1923. (Sammlung Göschen Bd. 481.)
Geb. RM. 1.80

Diese Bändchen bieten die Grundzüge des Sachenrechts in gedrängter und klarer Form.

Lenzen, Georg, **Das Deutsche Pfandleihrecht.** Kommentar zum preußischen Pfandleihgesetz unter Berücksichtigung der außerpreußischen Gesetze. Oktav. XXVI, 266 Seiten. 1929 . . . . Geb. RM. 20.—

„Diese zusammenfassende Darstellung ist die erste ihrer Art und sehr verdienstlich. Das Buch regt zu allerhand Fragen an."
Juristische Wochenschrift.

Günther, Hermann, **Erbbaurecht.** Taschenformat. 167 Seiten. 1919. (Guttentagsche Sammlung Deutscher Reichsgesetze Bd. 135.)
Geb. RM. 2.—

„Günther ist ausführlich, ohne weitschweifig zu sein; ausgezeichnete Vorbemerkungen geben vorzügliche Übersicht und wahren den Zusammenhang. Überall ist der bisherige Rechtszustand, der ja für absehbare Zeit seine Bedeutung behält, mit in das Bereich der Betrachtungen gezogen. Der Praxis wird das Werk von hervorragendem Nutzen sein." Beiträge zur Erläuterung des deutschen Rechts.

Arnheim, Hugo, **Grundbuchordnung.** Kommentar zur Grundbuchordnung für das Deutsche Reich nebst den für Preußen erlassenen Ausführungsbestimmungen. Zweite, völlig neubearbeitete Auflage. Lexikon-Oktav. 959 Seiten. 1913 . . . . RM. 15.—

„Der Band weist außerordentliche Gründlichkeit, Klarheit und Übersichtlichkeit auf. Man kann wohl sagen, daß kaum eine Frage auftauchen wird, die nicht wenigstens berührt wäre; die bisher zutage getretenen Fragen aber sind sämtlich in der eingehendsten Weise erörtert." Zentralblatt für freiwillige Gerichtsbarkeit.

Fischer, Otto, und **Fischer,** Norbert, **Grundbuchordnung für das Deutsche Reich** nebst den preußischen Ausführungsbestimmungen. Neunte, durchgearbeitete und ergänzte Auflage. Taschenformat. 322 Seiten. 1927. (Guttentagsche Sammlung Deutscher Reichsgesetze Bd. 42.)
Geb. RM. 5.—

„Eine der vortrefflichen alteingeführten Handausgaben der Guttentagschen Sammlung, bei der schon die Auflagenziffer für die Brauchbarkeit in der Praxis spricht. Nach wie vor ist das Buch ein vortrefflicher Wegweiser und Berater." Juristische Wochenschrift.

Ricks, Gerhard, **Die Grundbuchpraxis.** Ein Handbuch für den täglichen Gebrauch in Grundbuchsachen. Achte Auflage. Groß-Oktav. XII, 412 Seiten. 1929 . . . . RM. 12.—, geb. RM. 14.—

„Das Buch hat einen Anspruch darauf, in der Praxis geradezu verschlungen zu werden. Es ist aus der täglichen Praxis heraus für die Praxis lebensfrisch und unterhaltend geschrieben."
Mitteilg. a. d. Württemb. Notariats-Praxis.

Friedlaender, Martin, **Hypothekenbeschaffung für Wohn- und Geschäftshäuser.** Handbuch für die Praxis der Grundstückswirtschaft. Groß-Oktav. VIII, 151 Seiten. 1929 . . . . . RM. 6.—, geb. RM. 7.50

„Das Buch gibt einen außerordentlich praktischen Überblick über alle Fragen der Hypothekenbeschaffung. Die anschauliche Art der Zergliederung und die gründliche Darlegung des Statuts sichern dem Buch eine weite Verbreitung." Deutsche Sparkassen-Zeitung.

Familienrecht, Erbrecht

Lehmann, Heinrich, **Familienrecht** des Bürgerlichen Gesetzbuches einschließlich Jugendfürsorgerecht. Oktav. XII, 352 Seiten. 1926. (Lehrbücher und Grundrisse der Rechtswissenschaft Bd. IV.)
RM. 11.—, geb. RM. 12.50

„Die Schilderung Lehmanns ist überall anregend und fesselnd. Das Werk kann allen Rechtsstudenten und Referendaren zur Anschaffung dringend empfohlen werden." Der junge Rechtsgelehrte.

Titze, Heinrich, **Familienrecht.** (BGB. IV.) 169 Seiten. Neudruck. 1924. (Sammlung Göschen Bd. 305.) . . . . Geb. RM. 1.80

Endemann, Fr., Erbrecht. Oktav. XII, 166 Seiten. 1923. (Lehrbücher und Grundrisse der Rechtswissenschaft Bd. V.) RM. 3.—, geb. RM. 4.50

„Dieser Leitfaden behandelt den spröden Stoff des schwierigen Erbrechts in meisterhafter, fesselnder Darstellung."
Zeitschrift des Bundes Deutscher Justizamtmänner.

v. Blume, Wilh., **Erbrecht.** (BGB. V.)
I. Einleitung. Die Grundlagen des Erbrechts. 75 Seiten. 1913. (Sammlung Göschen Bd. 659.) . . . . Geb. RM. 1.80
II. Die Nachlaßbeteiligten. Mit 23 Figuren. 131 Seiten. 1913. (Sammlung Göschen Bd. 660.) . . . . Geb. RM. 1.80

Riesenfeld, S., **Die Erbenhaftung nach dem Bürgerlichen Gesetzbuch.** Groß-Oktav. 2 Bände. 1916 . . . . . RM. 15.—, geb. RM. 18—
I. Band: Die Grundsätze der Haftung. XII, 461 Seiten.
II. Band: Das Inventar und die Mittel der Haftungsbeschränkung. VIII, 455 Seiten.

„Ein hervorragendes Werk, das in allen Teilen die vollständige Beherrschung des schwierigen Stoffes erkennen läßt und sich dabei durch klare und gemeinverständliche Darstellung auszeichnet."
Sächsisches Archiv für Rechtspflege.

Aufwertung

Michaelis, Richard, **Das Aufwertungsrecht** nach den Aufwertungsgesetzen und nach allgemeinem bürgerlichem Rechte. Kommentar zu den Gesetzen vom 16. Juli 1925 über die Aufwertung von Hypotheken und anderen Ansprüchen und über die Ablösung öffentlicher Anleihen sowie systematische Darstellung des Aufwertungsrechts außerhalb dieser Gesetze. Zweite, gänzlich umgearbeitete Auflage des Kommentars zur Dritten Steuernotverordnung vom 14. Februar 1924 (Aufwertung). Mit einer Fristentabelle von H. Hoormann. Groß-Oktav. X, 516 Seiten. 1926. Mit Nachtrag 1927. (de Gruytersche Sammlung Deutscher Gesetze. Handkommentare.) . . . . Geb. RM. 16.—

„Es handelt sich um ein ganz erstklassiges Werk, das sich für jeden Aufwertungsinteressenten als unentbehrlich erweisen wird."
Deutsche Allgemeine Zeitung.

Michaelis, Richard, Die beiden **Aufwertungsnovellen** vom 18. Juli 1930. (Hypotheken-Fälligkeits- und Verzinsungsgesetz; Grundbuchbereinigungsgesetz.) Taschenformat. VI, 202 Seiten. 1930. (Guttentagsche Sammlung Deutscher Reichsgesetze Bd. 178.) . . . . Geb. RM. 4.—

Reichsgerichtsrat Michaelis, der im „Kommentar über das Bürgerliche Gesetzbuch von Reichsgerichtsräten" den Abschnitt „Aufwertung" bearbeitet hat, erläutert in der gleichen autoritativen Art auch die neuen Gesetze, die die Aufwertungsgesetzgebung ändern und abschließen. Die Erläuterung der zuverlässig abgedruckten Gesetzestexte ist übersichtlich und in der Sprache leicht verständlich, wie überhaupt in ihrer ganzen Anlage, nicht zuletzt aber wegen ihres niedrigen Preises, auf die Praxis zugeschnitten.

Berliner, Ludwig, und **Pfaffenberger,** Ernst, **Aufwertung von Versicherungsansprüchen** mit Durchführungsbestimmungen.
I. Teil. Oktav. 235 Seiten. 1925. (Guttentagsche Sammlung Deutscher Reichsgesetze Bd. 164.) . . . . Geb. RM. 6.50
II. Teil: Sach- und Transportversicherung; Unfall- und Haftpflichtversicherung. Oktav. 112 Seiten. 1926. Mit Nachtrag. (Guttentagsche Sammlung Deutscher Reichsgesetze Bd. 164a.) . . Geb. RM. 3.50

„Eine ganz ausgezeichnete, wohldurchdachte Darstellung und Erläuterung des Aufwertungsrechtes des gesamten Versicherungswesens, eine unentbehrliche Ergänzung zu jedem Gesamtkommentar über das Aufwertungsgesetz." *Zentralblatt für Handelsrecht.*

2. Handelsrecht.

v. **Gierke,** Jul., **Handelsrecht und Schiffahrtsrecht.** Dritte, ergänzte Auflage. Groß-Oktav. XIV, 744 Seiten. 1929. (Lehrbücher und Grundrisse der Rechtswissenschaft Bd. VI.) RM. 21.—, geb. RM. 22.50

„. . . ein außerordentlich hochstehendes, immer den neuesten Stand der Lehre und der Rechtsprechung widerspiegelndes Lehrbuch des Handelsrechts im weitesten Sinn.“ Der junge Rechtsgelehrte.

v. **Gierke,** Jul., **Handelsrecht.** Mit Wechselordnung und Scheckgesetz. Im Druck.

(Lehrausgaben Deutscher Gesetze, Bd. IV.)

Lehmann, K., und **Hoeniger,** H., **Lehrbuch des Handelsrechts.** Dritte Auflage. Erster Halbband, enthaltend die Lehre vom Handelsstand und von den Handelsgesellschaften. Groß-Oktav. 432 Seiten. 1921 RM. 10.—

Ein großangelegtes Lehrbuch des Handels- und Schiffahrtsrechts.

Lehmann, K., und **Hoeniger,** H., **Deutsches Handelsrecht.**

I. Einleitung. Der Kaufmann und seine Hilfspersonen. Offene Handelsgesellschaft, Kommandit- und stille Gesellschaft. 117 Seiten. 1921. (Sammlung Göschen Bd. 457.) . . . . Geb. RM. 1.80

II. Aktiengesellschaften, Gesellschaften mit beschränkter Haftung, eingetragene Genossenschaften. Handelsgeschäft, 126 Seiten. 1924. (Sammlung Göschen Bd. 458.) . . . . Geb. RM. 1.80

Eine gemeinverständliche Darstellung in gedrängter Form.

Hein, Joh., **Die Zusammenhänge zwischen Steuerrecht und Handelsrecht und ihre Entwicklung,** untersucht an dem Gewinn und an der Bewertung. Eine bilanzrechtliche und bilanzkritische Darstellung mit praktischen Beispielen. Groß-Oktav. X, 280 Seiten. 1928. RM. 10.—, geb. RM. 12.—

„Das Buch führt in klarer Gestaltung in die Probleme des Bilanzrechts ein. Eine übersichtliche Gliederung ermöglicht eine schnelle und doch gründliche Einführung. Darüber hinaus stellt das Buch eine wesentliche Förderung für die dringend notwendige wissenschaftliche Behandlung des Steuerbilanzrechts und seiner Zusammenhänge mit den verwandten Rechtsmaterien dar.“ Zeitschrift für Handelsrecht.

Staubs Kommentar zum Handelsgesetzbuch. Zwölfte und dreizehnte Auflage. Bearbeitet von Heinrich Koenige, Albert Pinner, Felix Bondi. Vier Bände und ein Registerband. Groß-Oktav. 4000 Seiten. 1927 . . . . Zusammen RM. 157.—, in Halbleder RM. 183.60

„Der Staubsche Kommentar ist das klassische Hilfswerk zum Deutschen Handelsgesetzbuch und für die Beurteilung der zahlreichen schwierigen Fragen dieses Gesetzes maßgebend geworden; es stellt ein unentbehrliches Mittel zur Erfassung und zur Anwendung des Gesetzes dar.“ Frankfurter Zeitung.

Mosse, Albert, und **Heymann,** Ernst, **Handelsgesetzbuch** (ohne Seerecht). Mit den ergänzenden Vorschriften des Bürgerlichen Gesetzbuchs und einem Anhang, enthaltend das Einführungsgesetz, das Depotgesetz, die Bestimmungen über Börsentermin- und Differenzgeschäfte u. a. Nebst Erläuterungen. Im Anschluß an die Textausgabe von F. Litthauer. Siebzehnte Auflage. Unter Mitwirkung von Karl August Crisolli. Oktav. VIII, 693 Seiten. 1926 (Guttentagsche Sammlung Deutscher Reichsgesetze Bd. 4.) . . . . .Geb. RM. 14.—

„Die Litthauer-Mossesche Ausgabe des Handelsgesetzbuches hat bei allen Praktikern seit langem den wohlbegründeten Ruf größter Zuverlässigkeit und übersichtlicher Anordnung, die mit möglichster Knappheit des Ausdrucks gepaart sind. Das Buch ist ein zuverlässiger Führer durch das immer schwieriger werdende Gebiet des Handelsrechts.“ Vossische Zeitung.

Handelsgesetzbuch nebst Einführungsgesetz vom 10. Mai 1897, unter Berücksichtigung der bis 15. Juni 1930 ergangenen Novellen. Textausgabe mit Sachregister. Zwölfte Auflage. 370 Seiten. 1930. (Guttentagsche Sammlung von Textausgaben ohne Anmerkungen mit Sachregister.) . . . . Geb. RM. 3.50
Die handliche Ausgabe enthält den genauen Gesetzestext mit einem das Zurechtfinden sehr erleichternden Sachregister.

Baum, G., **Das vertragliche Wettbewerbsverbot** (Konkurrenzklausel). Nebst Kommentar zum Gesetze vom 10. Juni 1914. Taschenformat. XII, 231 Seiten. 1914. (Guttentagsche Sammlung Deutscher Reichsgesetze Bd. 115.) . . . . Geb. RM. 3.—

Gesellschaften

Brodmann, Erich, **Aktienrecht.** Kommentar. Groß-Oktav. XII, 580 Seiten. 1928. (Gewerbe- und Industrie-Kommentar Bd. IV.)
RM. 28.—, geb. RM. 30.—
„Mit unvergleichlichem Geschick hat der Verfasser Großartiges geleistet — Brodmann ist Trumpf!" Zeitschrift für Aktiengesellschaften.

Brodmann, Erich, **Die Sanierung unseres Aktienwesens.** Groß-Oktav. 46 Seiten. 1931 . . . . RM. 3.—

Entwurf eines Gesetzes über Aktiengesellschaften und Kommanditgesellschaften auf Aktien sowie Entwurf eines Einführungsgesetzes nebst erläuternden Bemerkungen. Veröffentlicht durch das **Reichsjustizministerium.** Lexikon-Oktav. 132 Seiten. 1930 . . . . . RM. 3.—

Hachenburg, Max, **Kommentar zum Gesetz, betr. die Gesellschaften mit beschränkter Haftung.** (Früher **Staub-Hachenburg.**) Fünfte Auflage unter Mitarbeit von Fritz Bing und Walter Schmidt. 2 Bände . . . . RM. 43.—, geb. RM. 47.—
I. Band: §§ 1—34. Groß-Oktav. VI, 527 Seiten. 1926.
II. Band: §§ 35—84. Groß-Oktav. II, 452 Seiten. 1927.
„Was Hachenburg in seinen Neubearbeitungen aus diesem Buche gemacht hat, ist erstaunlich. Sein reiches juristisches Wissen, sein überlegener und kritischer Verstand, seine vorzügliche Gestaltungskraft und seine nur wenigen Juristen eigene vielseitige Auslegungskunst haben etwas Großes, Unvergleichliches geschaffen. Man findet selten ein literarisches Werk, in welchem Rechtsgelehrsamkeit und praktisches Können vereint einem Spezialgesetz so zugute kamen wie hier."
Zeitschrift für Aktiengesellschaften.

Brodmann, Erich, **Gesetz, betr. die Gesellschaften mit beschränkter Haftung.** Kommentar. Zweite Auflage. Groß-Oktav. VIII, 304 Seiten. 1930. (Gewerbe- und Industrie-Kommentar Bd. I.)
RM. 16.—, geb. RM. 18.—
„Übersichtliche, klare Anordnung der Erläuterungen, tiefes Eindringen in die Einzelheiten des Gesetzes unter steter Berücksichtigung des Wirtschaftslebens, erschöpfende Wiedergabe der Rechtsprechung, namentlich des Reichsgerichts, sind die besonderen Vorzüge des Werkes, das damit ein unentbehrliches Rüstzeug werden wird." Badische Rechtspraxis.

Parisius, Ludolf, und **Crüger**, Hans, **Das Reichsgesetz, betr. die Gesellschaften mit beschränkter Haftung.** Textausgabe mit Anmerkungen und Sachregister. Achtzehnte Auflage, bearbeitet von Adolf Crecelius und Fritz Citron. Taschenformat. 244 Seiten. 1929. (Guttentagsche Sammlung Deutscher Reichsgesetze Bd. 32.)
Geb. RM. 3.50
„Die äußerst sachkundig erläuterte Ausgabe wird von den interessierten Kreisen freudig begrüßt werden. Wir können das Bändchen der bekannten Sammlung bestens empfehlen."
Badische Wirtschafts-Zeitung.

Starke, Arthur, **Offene Handelsgesellschaften, Kommanditgesellschaften und stille Gesellschaften von der Errichtung bis zur Auflösung.** Nebst Vertrags- und Anmeldeformularen und mit Berücksichtigung des Steuerrechts. Oktav. XIV, 167 Seiten. 1928 . . . . RM. 5.—
Eine systematische Darstellung für Studium und Praxis.

Wechselordnung und Scheckrecht

Staub's Kommentar zur Wechselordnung. Fortgesetzt von J. Stranz und M. Stranz. Zwölfte Auflage, bearbeitet von M. Stranz und Martin Stranz. Groß-Oktav. 432 Seiten. 1929.
RM. 16.—, geb. RM. 18.—
„Staub-Stranz ist der Kommentar zur Wechselordnung. Auch die jüngste Auflage des Kommentars gibt einen echten Staub-Stranz. Weiterer Kommentar dazu ist überflüssig.“ Juristische Wochenschrift.

Stranz, J., und **Stranz,** M., **Wechselordnung** in der Fassung der Bekanntmachung vom 3. Juni 1908. Kommentar. Dreizehnte, der Neubearbeitung sechste Auflage. Taschenformat. 419 Seiten. 1930. (Guttentagsche Sammlung Deutscher Reichsgesetze Bd. 5.)
Geb. RM. 7.—
Diese Ausgabe enthält nicht etwa nur Hinweise und kurze Erläuterungen, sondern ist ihrer ganzen Anlage nach ein verkürzter Kommentar; außer der Wechselordnung bringt sie auch die bekannten Nebengesetze: sie umfaßt also das gesamte Wechselrecht.

Wechselordnung in der Fassung der Bekanntmachung vom 3. Juni 1908 (RGBl. S. 326ff.). Mit einem Anhang, enthaltend den Wechselprozeß und Nebengesetze. Textausgabe mit Einleitung und Sachregister. Taschenformat. 102 Seiten. 1928. (Guttentagsche Sammlung von Textausgaben ohne Anmerkungen.) . . . . Geb. RM. 1.50
Vorteilhafte Anordnung, ein zuverlässiges Sachregister, das das Gesetz erschließt, Handlichkeit und sauberer Druck zeichnen auch die neue Auflage der Wechselordnung aus, deren Einleitung den letzten Stand dieser Materie erfaßt und deren Anhang „Nebengesetze“ bis auf die letzte Zeit ergänzt ist.

Michaelis, Richard, **Scheckgesetz** mit allen einschlägigen Nebengesetzen, den ausländischen Gesetzen und dem Deutschen Postscheckgesetz mit Postscheckordnung. Kommentar. Groß-Oktav. VII, 339 Seiten. 1927. (Gewerbe- und Industrie-Kommentar Bd. II.) RM. 16.—, geb. RM. 18.—
„Wenn irgendein Buch, so entspricht dieses einem Bedürfnis.“ Berliner Tageblatt.

Der Eigentumsvorbehalt in Wirtschaft und Recht. Herausgegeben von der Industrie- und Handelskammer zu Berlin. Oktav. 280 Seiten. 1931 . . . . RM. 4.—, geb. RM. 5.—
Die Industrie- und Handelskammer zu Berlin bringt in diesem Buche zum Thema „Kreditsicherung durch Eigentumsvorbehalt“ eine geschlossene Reihe von Kapiteln erster Autoritäten bei, in denen diese zum Eigentumsvorbehalt von allen Gesichtspunkten (z.B. seiner Bedeutung in der Industrie, im Großhandel, im Einzelhandel, im Bankverkehr, im internationalen Verkehr, im Konkursverfahren, im Steuerrecht, im Strafrecht, seiner zweckmäßigsten Formulierung usw.) ausführlich Stellung nehmen. Seiner Zweckbestimmung nach ist dieses Buch gleicherweise nach der praktischen wie nach der wissenschaftlichen Seite hin orientiert.

Schiffahrtsrecht

Schaps, Georg, **Das deutsche Seerecht.** Kommentar zum vierten Buche des Handelsgesetzbuches (als Ergänzung zu Staub's Kommentar) nebst Erläuterungen zu den seerechtlichen Nebengesetzen. Zweite, vollständig umgearbeitete Auflage herausgegeben von Max Mittelstein † und Julius Sebba.

I. Band. (Handelsgesetzbuch: Viertes Buch.) Groß-Oktav. VIII, 1041 Seiten. 1921 . . . . RM. 25.—, geb. RM. 28.—
II. Band. (Seerechtliche Nebengesetze mit Nachtrag zur Ergänzung des I. Bandes nach dem Stand von 1929.) Bearbeitet von J. Sebba. XVI, 1108 Seiten. 1929 . . . . RM. 52.—, geb. RM. 55.—

„Die alte, auf der Staubschen Kommentierungsmethode beruhende Auflage erfreute sich mit Recht schon großen Ansehens. In diesen bewährten Bahnen leistet die zweite Auflage an Vollständigkeit, Übersichtlichkeit und Genauigkeit das Höchste, was Wissenschaft und Praxis nur wünschen können." Juristische Wochenschrift.

Brandis, Otto, **Das deutsche Seerecht** (mit Ausschluß des Seeversicherungsrechts.) I. Allgem. Lehren: Personen und Sachen des Seerechts. 130 Seiten. 1908. II. Die einzelnen seerechtlichen Schuldverhältnisse: Verträge des Seerechts und außervertragliche Haftung. 156 Seiten. 1908. (Sammlung Göschen Bd. 386/87.) . . . . . Geb. je RM. 1.80

Sieveking, Gustav, **Das deutsche Seeversicherungsrecht.** Kommentar zum zehnten Abschnitt des vierten Buches des Handelsgesetzbuches. Lexikon-Oktav. 218 Seiten. 1912 . . . . . . RM. 5.—, geb. RM. 6.80

„Der Kommentar ruht auf einer vortrefflichen Grundlage und zeigt sich auch in seinem Inhalte dieser Grundlage durchaus würdig. Er ersetzt ein Lehrbuch und kann daher auch zur Einführung in das Seeversicherungsrecht empfohlen werden."
Leipziger Zeitschrift für deutsches Recht.

Allgemeine Deutsche Seeversicherungs-Bedingungen. Im Jahre 1919 herausgegeben von den deutschen Seeversicherern nach Beratung mit deutschen Handelskammern und Fachverbänden unter Vorsitz der Handelskammer Hamburg. 16.—20. Tausend. 50 Seiten. 1925 . RM. 2.—

General Rules of Marine. Insurance 1919 adopted by the German Underwriters. Authorised Translation by Dr. Alfred Sieveking, larger in Hamburg. 64 Seiten. 1920 . . . . RM. 3.—

Materialien zu den Allgemeinen Deutschen Seeversicherungs-Bedingungen. Im Auftrag der vereinigten Handelskammern herausgegeben von Prof. Dr. E. Bruck. Groß-Oktav. 2 Bände. 678 Seiten. 1920 . . RM. 10.—

v. **Liebig,** Eugen, **Die Transportversicherung.** Teil I: Die Seeversicherung. Systematische Darstellung des Seeversicherungswesens. Groß-Oktav. VIII, 226 Seiten. 1914 . . . . RM. 5.—

Bene, F., **Der Begriff des Versicherungsfalles in der Seeversicherung.** (Hamburger Rechtsstudien, herausgegeben von Mitgliedern der Rechts- und Staatswissenschaftlichen Fakultät der Hamburgischen Universität. Heft 1.) Groß-Oktav. 75 Seiten. 1928 . . . . RM. 4.50

Elkan, H. H., **Die Bedeutung des Interesses für die Veräußerung der versicherten Sache.** (Hamburger Rechtsstudien, herausgegeben von Mitgliedern der Rechts- und Staatswissenschaftlichen Fakultät der Hamburgischen Universität, Heft 2.) Oktav. 58 Seiten. 1928 . . RM. 4.—

Makower, H., **Gesetze, betreffend die privatrechtlichen Verhältnisse der Binnenschiffahrt und der Flößerei.** Nach den Materialien erläutert. Sechste, vermehrte Auflage, bearbeitet von E. Loewe. Taschenformat. 458 Seiten. 1923. (Guttentagsche Sammlung Deutscher Reichsgesetze Bd. 36.) . . . . Geb. RM. 4.—

„Das vorzüglich bearbeitete Buch dürfte mit seinen klaren und verständlichen Erläuterungen für jeden, der in irgendeiner Weise mit der Binnenschiffahrt und der Flößerei zu tun hat, ein nie versagender Ratgeber sein." Schiffbau.

Sebba, Jul., **Seewasserstraßenordnung.** (Polizeiverordnung zur Regelung des Verkehrs auf den deutschen Seewasserstraßen vom 31. März 1927.) Mit Nachtrag, enthaltend die Änderungen vom 31. März 1928 und vom 20. März 1930. Taschenformat. 493 Seiten. 1928. (Guttentagsche Sammlung Deutscher Reichsgesetze Nr. 171.) . . Geb. RM. 8.50

Die vorliegende Ausgabe ist für die an dem neuen Gesetz interessierten beiden Fachgruppen, die der Nautiker und der Juristen, von gleich großer Bedeutung. Diese Verbindung zweier Kenntnisgebiete gibt dem vorliegenden Kommentar seine besondere Note und seinen großen Wert.

Genossenschaften

Parisius, Ludolf, **Crüger,** **Hans,** **Crecelius,** Adolf, und **Citron,** Fritz, **Reichsgesetz, betreffend die Erwerbs- und Wirtschaftsgenossenschaften.** Kommentar zum praktischen Gebrauch für Juristen und Genossenschaften. Elfte, neubearbeitete Auflage. Groß-Oktav. XV, 598 Seiten. 1928 . . . . RM. 28.—, geb. RM. 30.—

„Crüger beherrscht wie kein anderer Theorie und Praxis des Genossenschaftswesens, auch nach der wissenschaftlichen Seite hin."

Juristische Wochenschrift.

Parisius, Ludolf, und **Crüger,** Hans, **Das Reichsgesetz, betreffend die Erwerbs- und Wirtschaftsgenossenschaften.** Textausgabe mit Anmerkungen und Sachregister. Zwanzigste, neubearbeitete und erweiterte Auflage von Hans Crüger, Adolf Crecelius und Fritz Citron. Taschenformat. 297 Seiten 1930. (Guttentagsche Sammlung Deutscher Reichsgesetze Bd. 29.) . . . . Geb. RM. 4.—

„In knapper und klarer Form werden die gesetzlichen Bestimmungen abgehandelt und alles zum Verständnis unbedingt Erforderliche in den Anmerkungen beigebracht. Das Werk kann nur empfohlen werden." Ministerialblatt f. d. Preuß. innere Verwaltung.

Verschiedenes

Schreiber, Otto, **Handelsrechtliche Nebengesetze.** Taschenformat. VIII, 1002 Seiten. 1926. (Guttentagsche Sammlung Deutscher Reichsgesetze Bd. 162.) . . . . Geb. RM. 14.—

„Die Sammlung ist ein unentbehrliches Hilfsmittel für den Praktiker. Die Zusammenstellung ist sehr zuverlässig; auch das Sachregister von Kleffel verdient volle Anerkennung."

Zentralblatt für Handelsrecht.

Staffel, W., **Verordnung gegen Mißbrauch wirtschaftlicher Machtstellungen vom 2. November 1923. Kommentar. Oktav. 108 Seiten. 1927. (Guttentagsche Sammlung Deutscher Reichsgesetze Bd. 167.) Geb. RM. 3.50**

„Die für das Wirtschaftsrecht so wichtige Kartellverordnung findet hier eine eingehende Kommentierung. Die Erläuterungen werden daher um so unentbehrlicher für die wirtschaftliche Praxis auf diesem Gebiete sein." Industrie- und Handelszeitung.

Lusensky, F., **Gesetz über die Handelskammern.** Taschenformat. (Guttentagsche Sammlung Preußischer Gesetze Bd. 21.)

Neue Auflage in Vorbereitung.

„Das Buch ist ein vortrefflicher Berater aller derer, die in der Handelskammerorganisation sind, oder zu ihr in Beziehung stehen. Es kann warm empfohlen werden."

Zeitschrift für Polizei- und Verwaltungsbeamte.

Göppert-Seydel, Hypothekenbankgesetz vom 13. Juli 1899 (mit den Änderungen durch die Gesetze vom 14. Juli 1923, vom 26. Januar 1926 und 21. Dezember 1927). Textausgabe mit Einleitung, Anmerkungen und Sachregister. Dritte Auflage bearbeitet von Dr. **Martin Friedlaender.** Taschenformat. VIII, 202 Seiten. 1929. (Guttentagsche Sammlung Deutscher Reichsgesetze Nr. 51.) . . . . RM. 5.—

Die vorliegende Auflage des bekannten „Göppert-Seydel" ist den veränderten Verhältnissen entsprechend vollkommen umgearbeitet worden; sie berücksichtigt sowohl die nach dem Kriege erfolgten Änderungen und Ergänzungen des Gesetzes und des Aufwertungsrechtes wie auch die Judikatur und das Schrifttum bis auf die letzte Zeit. Damit kommen die Vorzüge des „Göppert-Seydel" der Praxis und Wissenschaft wieder in ihrem ganzen Umfange zugute.

Behlert, Heinz, **Der Konnossement-Teilschein.** Groß-Oktav. 79 Seiten. 1930.
(Hamburger Rechtsstudien, Heft 5.) RM. 5.—

Die Schrift löst die Frage, ob ein Konnossement-Teilschein dem Konnossement gleichzusetezn ist, unter Zugrundelegung der Hamburger Verhältnisse und unter Berücksichtigung der Rechtsprechung, der Lehre und des ausländischen Rechtes.

Lion, Robert, **Reine Konnossemente gegen Revers.** Groß-Oktav. 78 Seiten. 1930.
(Hamburger Rechtsstudien, Heft 7.) RM. 5.—

Die Abhandlung beginnt mit einer ausführlichen Darstellung der Entwicklung, Anwendung und Funktion des Konnossementsreverses. Es folgt eine Untersuchung der rechtlichen Probleme, die sich bemüht, die wirtschaftlichen Interessen aller Beteiligten gegeneinander abzuwägen; eine eingehende Übersicht über die Rechtsprechung ist mit ihr verbunden. Den Abschluß bildet eine Darstellung und Würdigung der zahlreichen Reformvorschläge. Wirtschaft und Recht des Auslandes sind in weitestgehendem Umfange berücksichtigt.

Bank und Börse

Koch, R., und **Schacht,** Hjalmar, **Die Reichsgesetzgebung über das Münz- und Notenbankwesen.** Textausgabe mit Anmerkungen und Sachregister. Siebente, völlig neubearbeitete Auflage. Taschenformat. XVIII, 617 Seiten. 1925. (Guttentagsche Sammlung Deutscher Reichsgesetze Bd. 26.) . . . . Geb. RM. 14.—

„Dieser Kommentar zeichnet sich durch Vollständigkeit und Reichhaltigkeit aus und bietet außerdem in der Einleitung einen vortrefflichen Überblick über die Entwicklung des deutschen Noten- und Geldwesens während der letzten Jahrzehnte."

Monatsschrift für Handelsrecht und Bankwesen.

Nußbaum, Arthur, **Bank- und Börsenrecht.** Eine Sammlung von Gesetzen und Geschäftsbedingungen. Taschenformat. XII, 622 Seiten. 1927. (Guttentagsche Sammlung Deutscher Reichsgesetze Bd. 169)
Geb. RM. 11.—

Die vorliegende Sammlung der verstreuten bank- und börsenrechtlichen Vorschriften fehlte bisher in der kaufmännischen und juristischen Bankpraxis ebenso wie im handelsrechtlichen und betriebswirtschaftlichen Unterricht. Ihr Erscheinen wurde daher vielseitig begrüßt. Die Sammlung berücksichtigt auch die dem freien Verkehr entstammenden Rechtsbildungen.

Kommentar zum Börsengesetz. Im Auftrage des Centralverbandes des Deutschen Bank- und Bankiergewerbes (E. V.) bearbeitet von H. Rehm, H. Trumpler, Heinrich Dove, Ernst Neukamp, R. Schmidt-Ernsthausen, James Breit. Mit einem Vorwort von J. Rießer. Lexikon-Oktav. VIII, 464 Seiten. 1909.
RM. 12.—, geb. RM. 13.50

„Einen so guten Kommentar zum Börsengesetz hat es noch nie gegeben. Wer sich darein vertieft, wird reiche Belehrung daraus schöpfen über das Börsenwesen im allgemeinen und über seine Rechtsübung und Rechtsprechung im besonderen."

Sächsisches Archiv für Rechtspflege.

Hemptenmacher, Th., **Börsengesetz.** Dritte Auflage von O. Meyer. Taschenformat. XXIII, 373 Seiten. 1915. (Guttentagsche Sammlung Deutscher Reichsgesetze Bd. 41.) . . . . Geb. RM. 3.50

„Das Bändchen bringt neben einem kurzen Überblick und einem vorteilhaft erweiterten Anhang das Börsengesetz nebst Ausführungsbestimmungen. Alles in allem schließt sich auch dieses Bändchen wieder den übrigen Textausgaben der wegen ihrer unbedingten und erschöpfenden Sachlichkeit bekannten Guttentagschen Sammlung Deutscher Reichsgesetze würdig an." *Bayrische Handelszeitung.*

Lusensky, F., **Gesetz, betreffend die Pflichten der Kaufleute bei Aufbewahrung fremder Wertpapiere (Depotgesetz).** Neue Auflage in Bearbeitung. (Guttentagsche Sammlung Deutscher Reichsgesetze Bd. 40.)

„Die beste Bearbeitung des sogenannten Depotgesetzes." *Zeitschrift für Aktiengesellschaften.*

Frohner, G., **Aktiensonderdepot und Legitimationsübertragung.** (Hamburger Rechtsstudien, herausgegeben von Mitgliedern der Rechts- und Staatswissenschaftlichen Fakultät der Hamburgischen Universität, Heft 3.) Groß-Oktav. VII, 114 Seiten. 1929 . . . . RM. 7.—

Schwerin, Frh. Cl. von, **Recht der Wertpapiere** (einschließlich Wechsel- und Scheckverkehr). Oktav. X, 234 Seiten. 1924. (Lehrbücher und Grundrisse der Rechtswissenschaft Bd. 7.) RM. 7.—, geb. RM. 8.50

„Das Buch löst seine Aufgabe, den Studierenden eine Einführung in die Materie des Wertpapierrechts zu geben, ausgezeichnet, vor allem deshalb, weil es eine gute theoretische Fundierung mit einer dem Lehrzweck entsprechenden Darstellung des praktischen Rechts und der Rechtstatsachen verbindet." *Deutsche Juristenzeitung.*

Zeitgemäße Bankrechtsfragen. Festgabe der Rechtsabteilung der Disconto-Gesellschaft zum 70. Geburtstage des Herrn Dr. jur. Arthur Salomonsohn. Quart. 126 Seiten. 1929 . . . RM. 8.—, geb. RM. 10.—

„Der Band enthält 8 vorzügliche Aufsätze. Die Verfasser befassen sich mit Problemen, die in der Rechtsabteilung einer Großbank oft zur Debatte stehen und deren endgültige Klärung ein praktisches Bedürfnis ist." *Wirtschaftl. Nachrichten.*

Verhandlungen des VII. allgemeinen deutschen Bankiertages. Köln 9.—11. September 1928 auf Grund stenographischer Berichte. Groß-Oktav. 436 Seiten. 1928 . . . . RM. 10.—

III. Grenzgebiete des Bürgerlichen Rechts

1. Privat- und Sozialversicherung

Koenige, Heinrich, und **Petersen,** A., **Gesetz über die privaten Versicherungsunternehmungen** vom 12. Mai 1901. Textausgabe mit Anmerkungen und Sachregister. Dritte, umgearbeitete Auflage. Taschenformat. 856 Seiten. 1927. (Guttentagsche Sammlung Deutscher Reichsgesetze Bd. 62.) . . . . Geb. RM. 20.—

„Der Verfasser hat es meisterhaft verstanden, reiche Literatur und Judikatur zu dem wichtigen Grundgesetz der Privatversicherung mit seiner eigenen selbständigen Auffassung von der Bedeutung der Gesetzesbestimmungen in Verbindung zu bringen. Für Theorie und Praxis der Privatversicherung wird das Werk dadurch zu einem unentbehrlichen Hilfsmittel." *Deutsche Versicherten-Zeitung.*

Bruck, E., **Reichsgesetz über den Versicherungsvertrag** nebst dem zugehörigen Einführungsgesetz vom 30. Mai 1908. Sechste, vollkommen neubearbeitete Auflage. Taschenformat. 708 Seiten. 1929. (Guttentagsche Sammlung Deutscher Reichsgesetze Bd. 83.) Geb. RM. 14.—

„. . . Obwohl ich mit dem Worte „unentbehrlich" sparsam umgehe, muß ich anerkennen, daß niemand, der in irgendwelcher Art mit Versicherungsgeschäften zu tun hat, den Bruck'schen Kommentar entbehren könnte." *Reichsgerichtsrat Schliewen i. d. Jurist. Rundschau.*

Moldenhauer, Paul, Das Versicherungswesen.
I. Allgemeine Versicherungslehre. Vierte Auflage. 152 Seiten. 1925. (Sammlung Göschen Bd. 262.) . . . . Geb. RM. 1.80
II. Die einzelnen Versicherungszweige. Zweite Auflage. 130 Seiten. 1923. (Sammlung Göschen Bd. 636.) . . . . Geb. RM. 1.80
„Das Buch ist für jeden, der sich mit dem Versicherungswesen und seinen Zweigen vertraut machen will, ein trefflicher Führer."
Versicherungspost.

Veröffentlichungen des Reichs-Aufsichtsamts für Privatversicherung. Groß-Oktav. 29. Jahrgang. Pro Band RM. 40.—, bis RM. 50.—

Versicherungsstatistik für 1902 über die unter Reichsaufsicht stehenden Unternehmungen. Herausgegeben vom Reichsaufsichtsamt für Privatversicherung. Lexikon-Oktav. LXXVII, 384 Seiten. 1905. RM. 10.—
— für 1903 bis 1917 . . . . Je Jahrgang RM. 10.—
— für 1928 bis 1929. 1930 . . . . RM. 24.—

v. Liebig, Eugen, Das deutsche Feuerversicherungswesen. Groß-Oktav. 211 Seiten. 1911 . . . . RM. 5.—
„In einer außerordentlich klaren Darstellung gibt der Verfasser einen geschichtlichen Überblick von den Gilden an bis zum gegenwärtigen Stand der Feuerversicherung in Deutschland. Das Buch ist in so flüssiger, schöner Sprache geschrieben, daß auch der Anfänger und selbst der Laie durch die fesselnde Darstellung leicht einen tiefen Einblick in das Wesen der Feuerversicherung gewinnen wird." *Archiv für Versicherungswirtschaft.*

Weygand, J., Die Grundzüge der Kundenversicherung. (Generalversicherung der Speditions- und Lagergüter.) Mit einer Einleitung über das Interesse als Element der Sachversicherung. Groß-Oktav. 162 Seiten. 1914 . . . . RM. 4.—
„Das interessante Werk bietet namentlich für Juristen wertvolle Hinweise zur Rechtsbehandlung der Kundenversicherungsfrage."
Archiv für Gewerbepolitik und Volkswirtschaft.

Berliner, Ludwig, und Pfaffenberger, Ernst, Aufwertung von Versicherungsansprüchen mit Durchführungsbestimmungen.
I. Teil. Oktav. 235 Seiten. 1926. Mit Nachtrag. (Guttentagsche Sammlung Deutscher Reichsgesetze Bd. 164.) . . . . Geb. RM. 6.50
II. Teil: Sach- und Transportversicherung; Unfall- und Haftpflichtversicherung. Oktav. 112 Seiten. 1926. (Guttentagsche Sammlung Deutscher Reichsgesetze Bd. 164a.) . . . . Geb. RM. 3.50
„Ein bedeutsamer Kommentar, durch den die gesetzlichen Bestimmungen von der juristischen und versicherungstechnischen Seite aus eingehend erläutert werden. In seinem straffen, systematischen Aufbau, der Geschlossenheit der Darstellung muß man das Buch als ein Standardwerk für das gesamte versicherungsrechtliche Aufwertungsgebiet bezeichnen.
Ein unentbehrlicher Ratgeber in allen interessierten Kreisen."
Versicherungs-Post, Berlin.

Tsirintanis, Alexander, Die Order-Police. Groß-Oktav. 95 Seiten. 1930. (Hamburger Rechtsstudien, Heft 6.) RM. 6.—
Der Verfasser behandelt die Frage, inwieweit das Versicherungsrecht, um den heutigen Verkehrsbedürfnissen zu entsprechen, die Orderklausel und das Indossament verwerten kann. Nach einer Darstellung und kritischen Würdigung der Ergebnisse aus der Anorderstellung des Versicherungsscheins in anderen Ländern, insbesondere in Frankreich, versucht der Verfasser die rechtlichen und wirtschaftlichen Folgen aus der Ausstellung von Order-Policen darzulegen. In einem besonderen Teil wird die Order-Police mit anderen, auf denselben wirtschaftlichen Erfolg gerichteten Rechtsinstituten, namentlich der Versicherung für Rechnung wen es angeht, verglichen und die vorhandenen Unterschiede gestreift.

Lippmann, Karl, **Die Reichsversicherungsordnung** in der Fassung der Bekanntmachung vom 15. Dezember 1924 und des Gesetzes über das Reichsschiedsamt vom 22. Januar 1925 nebst dem Einführungsgesetze, den wichtigsten Ausführungsvorschriften, den ergänzenden Gesetzen und Verordnungen sowie den Verordnungen über das Verfahren. Oktav. XV, 589 Seiten. 1925. (Guttentagsche Sammlung Deutscher Reichsgesetze Bd. 161.) . . . . Geb. RM. 11.—

Ergänzungsband, enthaltend den vollständigen Wortlaut der neuen Fassung des Unfallversicherungsgesetzes sowie die Ergänzungen der übrigen Bücher der RVO. Oktav. 224 Seiten. 1926. (Guttentagsche Sammlung Deutscher Reichsgesetze Bd. 161a.) . . . Geb. RM. 4.—

Zweiter Ergänzungsband, enthaltend weitere Änderungen und Ergänzungen durch die in der Zeit von Anfang 1926 bis Mitte 1928 erlassenen Gesetze und Verordnungen. Zweite, vermehrte Ausgabe, Stand vom 1. Juli 1928. Oktav. 71 Seiten. 1928. (Guttentagsche Sammlung Deutscher Reichsgesetze Bd. 161b.) . . . . . RM. —.80

Dritter Ergänzungsband, enthaltend weitere Änderungen und Ergänzungen durch die bis Mitte 1929 erlassenen Gesetze und Verordnungen. Oktav. 81 Seiten. 1929. (Guttentagsche Sammlung Deutscher Reichsgesetze Bd. 161c.) . . . . RM. 1.—

„Das Buch dürfte sich in der Bibliothek eines jeden finden, der sich mit der Reichsversicherungsordnung befaßt. Es gehört zu den praktisch wertvollsten.“ *Deutsche Allgemeine Zeitung.*

Reuß, Max, und **Hense,** Fritz. **Das Reichsknappschaftsgesetz** vom 1. Juli 1926 nebst Einführungsgesetz. 2. Aufl. Taschenformat. XVI, 640 Seiten. 1926. (Guttentagsche Sammlung Deutscher Reichsgesetze Bd. 155.) . . . . Geb. RM. 12.—

„Die Herausgabe des Gesetzes bedarf keiner besonderen Empfehlung. Das Buch kann allen, die auf dem Gebiete des Knappschaftswesens tätig sind, aufs wärmste empfohlen werden.“

Zeitschrift für Bergrecht.

Embden, Helmuth, **Versicherung für Rechnung wen es angeht.** Groß-Oktav. VIII, 39 Seiten. 1930 . . . . RM. 3.—
(Hamburger Rechtsstudien, Heft 8.)

Im ersten Teil wird der versicherungsrechtliche Interessenbegriff im streng individualistischen Sinne präzisiert. Im Hauptteil versucht dann der Verfasser, die universelle Vertragsform der Versicherung für Rechnung wen es angeht in Einklang mit einer so engen Auffassung des Interessenbegriffs zu bringen.

Angestelltenversicherungsgesetz vom 28. Mai 1924. Zweite Auflage. Taschenformat. 143 Seiten. 1927. Mit Nachtrag. (Guttentagsche Sammlung Deutscher Reichsgesetze. Textausgaben ohne Anmerkungen.) Geb. RM. 2.50

Diese neue Ausgabe entspricht der neuesten Fassung des Gesetzes unter Berücksichtigung der letzten Änderungen und Verordnungen. Das beigefügte Sachregister erleichtert das rasche Zurechtfinden in den einzelnen Bestimmungen des Gesetzes.

Manes, Alfred, **Sozialversicherung.** 7., ergänzte Aufl. 1928. Kl.-Oktav. 139 Seiten. (Sammlung Göschen Bd. 267.) . . . . Geb. RM. 1.80

„Es gibt keine andere Darstellung der geltenden Sozialversicherung, die in solch erfreulicher Kürze und Sachlichkeit durch die annähernd 2400 Paragraphen führt.“

Hanseatische Rechts- und Gerichts-Zeitschrift.

Schmeißer, Herbert, **Das Gesetz über Arbeitsvermittlung und Arbeitslosenversicherung** in der Fassung der Notverordnung vom 1. Dezember 1930. 2 Bände. Taschenformat. Band I: XVI, 639 Seiten. 1931. Band II erscheint voraussichtlich im Sommer 1931. (Guttentagsche Sammlung Deutscher Reichsgesetze Bd. 165.) . . . . Geb. RM. 15.—

Der bekannte Verfasser bringt mit diesem Werk einen Kommentar zum gesamten Arbeitsvermittlungs- und Arbeitslosenrecht, das im Laufe der Jahre umfangreichen Änderungen unterworfen war und so unübersichtlich geworden ist, daß eine straffe, übersichtliche und allgemeinverständliche Kommentierung für den Fach- und Nichtfachmann immer dringlicher wird. Der Verfasser berücksichtigt das gesamte einschlägige Material: Rechtsprechung der Arbeitsgerichte, der Spruchbehörden, der Arbeitslosenversicherung und der Beschluß- und Spruchbehörden der RVO. Die grundsätzlichen Entscheidungen des Spruchsenats für die Arbeitslosenversicherung sind bis Ende Januar 1931 verarbeitet, ferner die Begründung zu den Gesetzentwürfen und die Verhandlungen der gesetzgebenden Körperschaften. — Auch die vielen Ausführungsbestimmungen sind erläutert.

2. Arbeitsrecht

Depène, Hans, **Das Arbeitsgerichtsgesetz.** Taschenformat. (Guttentagsche Sammlung Deutscher Reichsgesetze Bd. 168.) 2. Auflage im Druck.

Arbeitsrechtliche Spruchsammlung. Beiträge zum Deutschen Handwerksblatt . . . . Pro Quartal RM. 0.90

Günther, Adolf, und **Schneider,** Richard, **Arbeiterschutz und Arbeitsrecht.** Zweite Auflage. Taschenformat.

I. Teil: **Arbeitszeitschutz.** Das Arbeitszeitnotgesetz und die übrige arbeitszeitrechtliche Gesetzgebung des Reichs seit dem 9. November 1918. 386 Seiten. 1927 . . . . Geb. RM. 7.50

„Der Kommentar umfaßt die gesamte arbeitszeitrechtliche Gesetzgebung von der Staatsumwälzung bis zur Gegenwart. Er ist ein Führer durch das weite und unübersichtliche Gebiet der arbeitszeitrechtlichen Gesetzgebung. Ein ausführliches Sachregister soll die praktische Benutzung erleichtern.“ Die Wirtschaftsgenossenschaft.

II. Teil: Gesetz über die **Beschäftigung Schwerbeschädigter** nebst den einschlägigen gesetzlichen Bestimmungen. 404 Seiten. 1928. (Guttentagsche Sammlung Deutscher Reichsgesetze Bd. 138a/138c.) Geb. RM. 8.—

„Das Buch stellt nicht nur beim Studium des Gesetzes ein wertvolles Hilfsmittel dar, sondern ist auch für den Handgebrauch des Arbeitsrechtspraktikers unentbehrlich.“ Berliner Wohlfahrtsblatt.

IV. Teil: **Betriebsstillegungsverordnung.** 240 Seiten. 1929. (Guttentagsche Sammlung Deutscher Reichsgesetze. Bd. 138 d.) Geb. RM. 6.50

Warneyer, Otto, **Betriebsrätegesetz** vom 4. Februar 1920 nebst der Wahlordnung zum Betriebsrätegesetz, dem Aufsichtsratsgesetz samt Wahlordnung und den Ausführungsverordnungen des Reichs und der Länder. Auf der Grundlage der Güntherschen Textausgabe mit Anmerkungen erläutert unter besonderer Berücksichtigung der Rechtsprechung des Reichsgerichts und des Reichsarbeitsgerichts. Zweite Auflage. Taschenformat. 235 Seiten. 1931. (Guttentagsche Sammlung Deutscher Reichsgesetze Bd. 138 b.) . . . . . . Geb. RM. 5.—

Diese Handausgabe ist ihrer Anlage nach ein verkürzter Kommentar, der die Entwicklung des Gesetzes, der Rechtsprechung — vor allem des Reichsarbeitsgerichts! — und der einschlägigen Literatur bis Ende 1930 berücksichtigt. Die übersichtliche Anordnung sowie die Prägnanz und Leichtigkeit der Sprache ermöglichen allen Interessenten bequemste Auswertung.

Tilly, Dr. Helmuth Tczerclas von, **Internationales Arbeitsrecht.** Unter besonderer Berücksichtigung der Internationalen Arbeitsorganisation. 120 Seiten. 1924. (Sammlung Göschen Bd. 882.) . . . . Geb. RM. 1.80

Es ist das erste Werk, das in klarer, kurzer und allen leicht verständlicher Weise das gesamte grundlegende Tatsachenmaterial — und zwar nur dieses — auf dem umfassenden Gebiete des internationalen Arbeiterschutzes von dessen ersten Anfängen bis in die neueste Zeit bietet.

3. Gewerberecht

Hiller, Fr., und **Luppe**, H., **Gewerbeordnung für das Deutsche Reich nebst Kinderschutzgesetz und Hausarbeitsgesetz** sowie den für das Reich und Preußen erlassenen Ausführungsbestimmungen. Einundzwanzigste, veränderte Auflage. (143. bis 148. Tausend.) Taschenformat. 931 Seiten. 1928. Mit Nachtrag vom 11. 2. 1929. (Guttentagsche Sammlung Deutscher Reichsgesetze Bd. 6.) . . . . Geb. RM. 11.—

„Ein Wort der Empfehlung für dieses Buch zu sagen, erübrigt sich. Hervorgehoben sei, daß diese Auflage alle Vorzüge der früheren Auflagen in sich schließt. Die zahlreichen neuen Gesetze sind erschöpfend berücksichtigt.“ *Zeitschrift des Deutschen Notarvereins.*

Brassert, H., **Allgemeines Berggesetz** für die preußischen Staaten mit Kommentar. Zweite Auflage, bearbeitet von Hans Gottschalk. Groß-Oktav. XXIX, 1291 Seiten. 1914. RM. 27.—, geb. RM. 30.—

Sonnenfeld, Hugo, **Die reichsrechtlichen Bestimmungen, betreffend den Handel mit Drogen und Giften.** Dritte, veränderte Auflage. Taschenformat. 435 Seiten. 1926. (Guttentagsche Sammlung Deutscher Reichsgesetze Bd. 64.) . . . . Geb. RM. 12.—

„Die Arbeit gehört einem Spezialgebiet an, mit dem nicht jeder Jurist zu tun hat. Wird er einmal genötigt, sich auf dieses Gebiet zu begeben, so ist er um so dankbarer für eine Arbeit, die sofort den Eindruck größter Sachkunde und vollständiger Materialsammlung macht, und deren Führung man sich unbedenklich anvertrauen kann.“ *Vossische Zeitung.*

Friedrichs, Karl, **Gaststättengesetz** vom 28. April 1930 mit den Durchführungs- und Ausführungsverordnungen des Reichs und Preußens. Taschenformat. VIII, 144 Seiten. 1930. (Guttentagsche Sammlung Deutscher Reichsgesetze, Textausgabe mit Erläuterungen und Sachregister, Band 176.) . . . . RM. 3.50

Der Verlag legt hiermit auch das Gaststättengesetz in seiner neuen Fassung mit ausführlichen Erläuterungen von Justizrat Dr. Karl Friedrichs vor, der als Kommentator von Verwaltungsgesetzen einen besonderen Namen hat. Der Verfasser hat zur vollständigen und zuverlässigen Erläuterung alles herangezogen, was aus der bisherigen Rechtsprechung und den einschlägigen Reichstagsdrucksachen verwertbar ist; die Durch- und Ausführungsverordnungen für das Reich und Preußen sind wörtlich abgedruckt und, soweit notwendig, erläutert.

Lebbin, Georg, **Nahrungsmittelgesetze** mit Erläuterungen. Zweite, stark vermehrte Auflage in zwei Bänden.
I. Band: Das Lebensmittelgesetz vom 5. Juli 1927 mit Nebengesetzen (Margarine, Fleisch, Milch, Süßstoff, Essigsäure usw.). Erläutert von G. Lebbin und R. Gießner. Taschenformat. XVI, 419 Seiten. 1928. Geb. RM. 8.50
II. Band: Getränkegesetze und Getränkesteuergesetze (Wein, Bier, Branntwein, Mineralwasser). Unter Mitarbeit von Rechtsanwalt Dr. Kniebe. Taschenformat. XII, 400 Seiten. 1926. (Guttentagsche Sammlung Deutscher Reichsgesetze Bd. 54b.) . . . . Geb. RM. 10.—

„Das Werk ist für unsere Leser und überhaupt die ganze Fachwelt der Getränkeindustrie unentbehrlich, muß doch jedermann mit den einschlägigen Gesetzesbestimmungen sich soweit wie irgend möglich vertraut machen, wenn er nicht in Nachteile geraten will. Die Anschaffung des Buches kann bestens empfohlen werden.“ *Branntweinmonopol.*

Voß, Werner, **Die reichs- und landesrechtlichen Bestimmungen auf dem** Gebiete des Gesundheitswesens. Taschenformat. 608 Seiten. 1929. (Guttentagsche Sammlung Deutscher Reichsgesetze Bd. 172.) Geb. RM. 11.—

„Das Buch wird seiner Aufgabe, fast den gesamten Gesetzesstoff in einem einzigen kleinen Bande in die Hand zu geben, gewiß gerecht und wird sich schnell als unentbehrliches Hilfsmittel für jeden erweisen, der öfter mit dem Gesundheitswesen zu tun hat." Reichsverwaltungsblatt.

4. Geistig-gewerblicher Rechtsschutz.

Elster, Alexander, **Urheber- und Erfinder-, Warenzeichen- und Wettbewerbsrecht.** (Gewerblicher Rechtsschutz.) Zweite, stark erweiterte und völlig umgearbeitete Auflage. Mit Abdruck der Gesetzestexte. Oktav. XII, 611 Seiten. 1928. (Lehrbücher und Grundrisse der Rechtswissenschaft Bd. VIII.) . . . . RM. 18.—, geb. RM. 19.50

„Seit Kohler und Osterrieth endlich wieder das lang entbehrte Lehrbuch. Hier unternimmt ein wahrhaft selbständiger und ideenreicher Kopf den Versuch, eine wirkliche Synthese zu schaffen." Juristische Rundschau.

Neuberg, J., **Der internationale gewerbliche Rechtsschutz.** 2. Auflage. 128 Seiten. 1923. (Sammlung Göschen Bd. 271.) . . . Geb. RM. 1.80

Daude, Paul, **Die Reichsgesetze über das Urheberrecht an Werken der Literatur und der Tonkunst und das Verlagsrecht** vom 19. Juni 1901 in der Fassung des Gesetzes vom 22. Mai 1910 zur Ausführung der revidierten Berner Übereinkunft. Oktav. VIII, 293 Seiten. 1910. RM. 6.—

„Der Zusammenhang der erläuterten Gesetze mit dem Strafgesetzbuch, dem Bürgerlichen Gesetzbuch und anderen Gesetzen ist in leichtverständlicher Weise praktisch dargestellt. Es wird vorzügliche Dienste leisten." Deutsche Literatur-Zeitung.

Lindemann, O., **Gesetz, betr. das Urheberrecht** an Werken der Literatur und der Tonkunst. Vierte Auflage. Taschenformat. 171 Seiten. 1921. (Guttentagsche Sammlung Deutscher Reichsgesetze Bd. 60.) Geb. RM. 1.80

„Die Arbeit ist nicht bloß eine Gesetzesausgabe, sondern ein wertvoller Kommentar des Gesetzes. Das Werk sei jedermann auf das beste empfohlen." Juristische Wochenschrift.

Fuld, Ludwig, **Gesetz, betr. das Urheberrecht an Werken der bildenden Künste und der Photographie.** Zweite Auflage. Taschenformat. 192 Seiten. 1925. (Guttentagsche Sammlung Deutscher Reichsgesetze Bd. 81.) . . . . Geb. RM. 6.—

„Der zwar kleine, aber inhaltreiche und daher sehr beliebte Kommentar von Fuld erscheint in zweiter, völlig neubearbeiteter Auflage. Überall ist dem Stande der heutigen Rechtsprechung und wissenschaftlichen Auffassungen Rechnung getragen. In einem Anhang sind die einschlägigen internationalen Übereinkommen abgedruckt. Alle Interessenten werden mit Freuden die neue Auflage begrüßen." Danziger Juristische Monatsschrift.

Reininger, O., **Der Schutz des Urheberrechts im deutschen Rundfunk.** Oktav. 88 Seiten. 1929 . . . . RM. 4.—

„Eine interessante, zeitgemäße, namentlich auch für geistige Neuschöpfer wichtige Studie." Badische Rechtspraxis.

Andritzky, Christoph, **Die Rechtsstellung des Drehbuchautors.** Oktav. XI, 80 Seiten. 1931 . . . . RM. 3.50

Andritzky äußert sich zu den Streitfragen um die Urheberschaft am Film. Er trennt scharf zwischen künstlerischer Leistung und künstlerisch-urheberischer Schöpfung und kommt zu der These: Der Filmurheber ist der Urheber des kurbelfertigen Drehbuches. — Die

Verhältnisse beim Tonfilm sind, soweit dies möglich erschien, berücksichtigt.

Heinitz, Ernst, und **Marwitz**, Bruno, **Das Reichsgesetz über das Verlagsrecht.** Textausgabe mit Einleitung, Anmerkungen und Sachregister. Dritte Auflage. Taschenformat. 136 Seiten. 1922. (Guttentagsche Sammlung Deutscher Reichsgesetze Bd. 61.) . . . . Geb. RM. 1.60

„Dieser kurze Kommentar ist durch seine knappen, das Wichtige klar vortragenden Darlegungen dazu berufen, eine Lücke auszufüllen, die sich für den Praktiker des Verlagsrechts seit Jahren ergab. Man darf deshalb das Erscheinen dieser neuen Auflage aus der Feder des Spezialisten des Verlagsrechts mit größter Freude begrüßen."

Börsenblatt für den Deutschen Buchhandel.

Elster, A., **Das deutsche Urheber- und Verlagsrecht.** 128 Seiten. 1923. (Sammlung Göschen Bd. 863.) . . . . Geb. RM. 1.80

„Erstaunlich ist, wie Elster diese beiden so viel umstrittenen Gesetze auf so engem Raum in vortrefflicher Weise zur Darstellung gebracht hat." *Deutscher Journalistenspiegel.*

Heymann, E., **Die zeitliche Begrenzung des Urheberrechts.** Oktav. 74 Seiten. 1927. (Sitzungsberichte der Preußischen Akademie der Wissenschaften zu Berlin.) . . . . RM. 5.—

Pietzcker, Eduard, **Patentgesetz und Gebrauchsmusterschutzgesetz.** Kommentar unter Berücksichtigung der vorgeschlagenen und weiter beantragten Abänderungen des Patentgesetzes. Erster Halbband: §§ 1—12 PatG. Groß-Oktav. 427 Seiten. 1929. (Gewerbe- und Industrie-Kommentar Bd. V, 1.) . . . . . RM. 26.—, geb. RM. 28.—

„Die überall zutage tretende geistige Leistung macht Pietzckers Kommentar für jeden, der sich mit diesem Rechtsgebiet zu beschäftigen hat, zum unentbehrlichen Rüstzeug."

Markenschutz und Wettbewerb.

Seligsohn, Arnold, **Patentgesetz und Gesetz, betr. den Schutz von Gebrauchsmustern.** Siebente Auflage. Oktav. 1930. In Bearbeitung.

„Die Vorzüge des Buches sind bekannt. Klare, leichtfaßliche Sprache, wissenschaftliche Vertiefung, dabei starke Betonung der Praxis, lückenlose Behandlung aller Probleme sind die Vorzüge, die den Seligsohnschen Kommentar zum unentbehrlichen Rüstzeug jedes im gewerblichen Rechtsschutz Tätigen gemacht haben."

Mitteilungen vom Verband Deutscher Patentanwälte.

Lutter, R., **Patentgesetz.** Nebst Ausführungsbestimmungen, völkerrechtlichen Verträgen und Patentanwaltsgesetz, unter eingehender Berücksichtigung der Rechtsprechung des Reichsgerichts und der Praxis des Reichspatentamts. Neunte Auflage. Taschenformat. XV, 467 Seiten. 1928. (Guttentagsche Sammlung Deutscher Reichsgesetze Bd. 22.) Geb. RM. 10.—

„Der jetzige Verfasser hat einen völlig neuen Kommentar geschaffen, der in seiner Knappheit und Sparsamkeit dem ursprünglichen Zweck gerecht wird, aber an wissenschaftlicher Durcharbeitung und Gründlichkeit die vorangegangenen Auflagen weit überragt."

Gewerblicher Rechtsschutz und Urheberrecht.

Elster, A., **Das deutsche Erfinderrecht.** (Patent- und Musterschutzrecht). 118 Seiten. 1924. (Sammlung Göschen Bd. 891.) . . Geb. RM. 1.80

„Die Aufgabe, einen Überblick über das deutsche Erfinderrecht zu geben, ist im Rahmen der kurzen Erörterungen mit viel Geschick gelöst. Deshalb wird das Büchlein auch bei allen Gruppen der am Patentrecht interessierten Personen seine Freunde finden."

Gewerblicher Rechtsschutz und Urheberrecht.

Seligsohn, Jul., **Geheimnis und Erfindungsbesitz.** Groß-Oktav. 147 Seiten. 1921 . . . . RM. 3.—

Pinner-Elster, Gesetz gegen den unlauteren Wettbewerb. Achte, sehr vermehrte und umgestaltete Auflage. Taschenformat. 254 Seiten. 1927. (Guttentagsche Sammlung Deutscher Reichsgesetze Bd. 37.) Geb. RM. 5.—

„*Das Buch ist mehr als eine bloße ‚Textausgabe mit Anmerkungen', nämlich ein richtiger Kommentar, und wird in der Praxis ausgezeichnete Dienste tun.*"
Senatspräsident am Reichsgericht Dr. Lobe, Leipzig, i. d. Jurist. Wochenschrift.

Wassermann, Martin, **Der unlautere Wettbewerb** nach deutschem Recht. I. Generalklausel, Reklameauswüchse, Ausverkaufswesen, Angestelltenbestechung. 160 Seiten. 1911. II. Kreditschädigung, Firmen- und Namenmißbrauch, Verrat von Geheimnissen, Ausländerschutz. 151 Seiten. 1911. (Sammlung Göschen Bd. 339 u. 535.) . . . Geb. je RM. 1.80

Wolff, F., und **Crisolli,** K.-A., **Das Recht der Reklame.** Lexikon-Oktav. 424 Seiten. 1929 . . . . RM. 20.—, geb. RM. 22.—

„. . *Mit großer Umsicht ist ein umfänglicher Stoff gesammelt und in gründlicher Arbeit juristisch durchdrungen und dargestellt. Das Buch ist wohl in erster Reihe für Juristen bestimmt, aber auch für wirtschaftliche Kreise und Reklamefachleute wertvoll und jedenfalls für die Beschäftigung mit diesem Sondergebiet ein zuverlässiges Hilfsmittel.*" *Juristische Rundschau.*

Hagens, Alfred, **Warenzeichenrecht.** Kommentar. Groß-Oktav. VIII, 408 Seiten. 1927. (Gewerbe- und Industrie-Kommentar Bd. III.) RM. 22.—, geb. RM. 24.—

„*Eine ausführliche Darstellung, die zeigt, daß der Verfasser das gesamte Fachschrifttum und die reichhaltige Rechtsprechung restlos beherrscht. Ich habe gefunden, daß nicht ein einziger Fall von Bedeutung fehlt.*" *Markenschutz und Wettbewerb.*

Seligsohn, Arnold, **Gesetz zum Schutz der Warenbezeichnungen.** Dritte Auflage, bearbeitet in Gemeinschaft mit Martin Seligsohn in Berlin. Groß-Oktav. IV, 416 Seiten. 1925. RM. 15.—, geb. RM. 16.50

„*Der Kommentar zeigt alle Vorzüge des in der Wissenschaft und Praxis des gewerblichen Rechtsschutzes gleich ausgezeichneten Juristen: volle theoretische und praktische Beherrschung des Stoffes, klare Darstellungsgabe, sorgsame Behandlung und treffsicheres Urteil.*"
Badische Rechtspraxis.

Freund, G. S., **Magnus,** Julius, und **Jüngel,** Friedrich, **Das deutsche Warenzeichenrecht.** Sechste, neubearbeitete Auflage. Teil I: Die internationalen Verträge. VI, 247 Seiten. Mit 4 Tafeln. 1924. (Guttentagsche Sammlung Deutscher Reichsgesetze Bd. 87a.) Geb. RM. 9.—

„*Das ganze Werk mit seiner Fülle von Gesetzen, Verordnungen, Verträgen, Bekanntmachungen bildet eine Quellensammlung für das internationale deutsche Zeichenrecht, ohne die man fortan nicht mehr auskommen kann.*" *Gewerblicher Rechtsschutz und Urheberrecht.*

Born, A., **Reichspreßgesetz** vom 7. Mai 1874 nebst den einschlägigen Bestimmungen der Reichsverfassung, des Reichsstrafgesetzbuches, der Gewerbeordnung usw. Mit Kommentar und Sachregister. Dritte Auflage. Taschenformat. 176 Seiten. 1924. (Guttentagsche Sammlung Deutscher Reichsgesetze Bd. 53.) . . . . Geb. RM. 4.—

„*Das Werk bringt eine sehr reichhaltige Kommentierung des Stoffes, die um so wertvoller ist, als den Entscheidungen der Wortlaut der Urteilsbegründungen beigefügt ist. Sämtliche einschlägigen Bestimmungen der das Pressewesen berührenden Gesetze sind aufgeführt, eingehend besprochen und in Beziehung zueinander gebracht worden. Als Nachschlagewerk in Zweifelsfällen wird das Buch von großem Nutzen sein.*" *Ministerialblatt für die preußische innere Verwaltung.*

IV. Zivilprozeß

Fischer, Otto, **Lehrbuch des deutschen Zivilprozeß- und Konkursrechts.** Groß-Oktav. XII, 488 Seiten. 1918 . . . RM. 8.—, geb. RM. 10.—

Kisch, Wilh., **Deutsches Zivilprozeßrecht.**
I. Band. Vierte, verbesserte Auflage. 115 Seiten. 1929. (Sammlung Göschen Bd. 428.) . . . . Geb. RM. 1.80
II. Band. Vierte, verbesserte Auflage. 168 Seiten. 1929. (Sammlung Göschen Bd. 430.) . . . . Geb. RM. 1.80
III. Band. Vierte, verbesserte Auflage. 148 Seiten. 1929 (Sammlung Göschen Bd. 430.) . . . . Geb. RM. 1.80

Diese Auflage wird jedem, der sich auf gemeinverständliche Weise über unser geltendes Zivilgerichtswesen unterrichten will, gute Dienste leisten, und kann namentlich den Studierenden des Rechts als Einführung bestens empfohlen werden.

Sydow, R., **Busch,** L., und **Krantz,** W., **Zivilprozeßordnung und Gerichtsverfassungsgesetz** nebst Anhang, enthaltend Entlastungsgesetze und die Notverordnung vom 1. Dezember 1930. Handkommentar unter besonderer Berücksichtigung der Entscheidungen oberster Gerichte. Neubearbeitete, zwanzigste Auflage. Zwei Bände. Groß-Oktav. VIII, VIII und 1540 Seiten. 1930 . . . . Geb. RM. 33.—
(de Gruytersche Sammlung Deutscher Gesetze, Handkommentare.)

„Auch innerlich ist der ausgezeichnete Handkommentar von Sydow-Busch-Krantz verändert. Es sind viele veraltete Entscheidungen ausgemerzt und dafür die Erläuterungen durch eingehendere Darlegungen zweckmäßig erweitert worden. An der Grundanlage des Buches wurde nichts geändert, die Druckanordnung ist noch übersichtlicher als bisher. So wird das Buch seine alten Freunde behalten und ohne Zweifel viele neue hinzuerwerben."
Leipziger Zeitschrift für deutsches Recht.

Rosenberg, L., **Zivilprozeßgesetzgebung.** Taschenformat. 580 Seiten. 1930. Geb. RM. 8.—
(Lehrausgaben Deutscher Gesetze, Bd. II.)

„Die Besonderheiten dieser handlichen und erschöpfenden Ausgabe der Zivilprozeßgesetzgebung bestehen in der sachlichen Ordnung des umfassenden Stoffes, in der Hervorhebung von besonders Wesentlichem durch Sperrdruck, und vor allem aber darin, daß den einzelnen Paragraphen in systematischer Weise Überschriften vorausgeschickt sind, die die hier besonders wichtige Aufgabe erfüllen, den Aufbau des Gesetzes und den Zusammenhang der einzelnen Vorschriften klar erkennen zu lassen." *Juristische Wochenschrift.*

Zivilprozeßordnung mit **Gerichtsverfassungsgesetz** und **Einführungsgesetzen** in der Fassung der Bekanntmachung vom 13. Mai 1924 mit den bis 1. April 1929 ergangenen Abänderungen. Textausgabe mit Sachregister. Taschenformat. 440 Seiten. 1929. (Guttentagsche Sammlung von Textausgaben ohne Anmerkungen.) . . . Geb. RM. 3.50

Die handliche Ausgabe enthält den genannten Gesetzestext mit einem das Zurechtfinden sehr erleichternden Sachregister.

Sydow, R., **Busch,** L., und **Krantz,** W., **Gerichtsverfassungsgesetz** mit Einführungsgesetz. Unter besonderer Berücksichtigung der Entscheidungen des Reichsgerichts. Zehnte Auflage. Taschenformat. 347 Seiten. 1925. (Guttentagsche Sammlung Deutscher Reichsgesetze Bd. 14.) Geb. RM. 6.—

„Das Buch bedarf keiner Empfehlung, es empfiehlt sich selbst durch die Fülle dessen, was es bietet. Gesetzgebung und Rechtsprechung sind bis in die neueste Zeit berücksichtigt."
Leipziger Zeitschrift für Deutsches Recht.

Rausnitz, Julius, **Gebührenordnung für Notare** vom 28. Oktober 1922 (GS. 404) nebst den einschlägigen Vorschriften des Preußischen Gerichtskostengesetzes vom 28. Oktober 1922 (GS. 363), beide in der Fassung der Gesetze vom 12. April 1923 (GS. 107), 18. Dezember 1923 (GS. 556) und der Verordnung vom 28. Juni 1924 (GS. 573). Sechste, umgearbeitete Auflage. Oktav. 158 Seiten. 1925. (Guttentagsche Sammlung Preußischer Gesetze Bd. 4.) . . . . Geb. RM. 7.—

„Der in seiner äußeren Form sehr handlich und gut ausgestaltete Kommentar kann nur auf das wärmste empfohlen werden. Er wird sehr bald ein unentbehrlicher, weil nie versagender Ratgeber werden, der die Berufsarbeit sehr erleichtern wird." Juristische Wochenschrift.

Sydow, R., **Busch,** L., und **Krieg,** O., **Die Deutsche Gebührenordnung für Rechtsanwälte,** das Gesetz, betreffend die Erstattung von Rechtsanwaltsgebühren in Armensachen, und die Preußische Landesgebührenordnung mit Erläuterungen. Auf der Grundlage der Sydow-Busch'schen Textausgabe mit Anmerkungen in dreizehnter Auflage unter Mitaufnahme des Gesetzes über die Erstattung in Armensachen neubearbeitet. Taschenformat 496 Seiten. 1929. (Guttentagsche Sammlung Deutscher Reichsgesetze Bd. 17.) . . . . Geb. RM. 9.—

„Die Erläuterung der Gebührenordnung bietet besonders Wertvolles. Sie steht schon lange unter den Anmerkungsausgaben mit an erster Stelle. Und das mit Recht."

Zeitschrift des Bundes Deutscher Justizamtmänner.

Sydow, R., **Busch,** L., und **Krieg,** O., **Deutsches Gerichtskostengesetz nebst Gebührenordnung** für Gerichtsvollzieher und für Zeugen und Sachverständige in den neuesten Fassungen. Auf der Grundlage der Sydow-Busch'schen Textausgabe mit Anmerkungen neubearbeitet in elfter Auflage. Taschenformat. XI, 433 Seiten. 1928. (Guttentagsche Sammlung Deutscher Reichsgesetze Bd. 15.) . . . . . . Geb. RM. 7.50

„Die neue Auflage bietet unter gründlicher Berücksichtigung der gesamten einschlägigen Rechtsprechung eine zeitgemäße, übersichtliche und erschöpfende Erläuterung des Gesetzes. Für den täglichen Gebrauch in der Praxis erscheint diese Textausgabe mit Anmerkungen als unentbehrlich."

Dr. Natter in der „Württembergischen Zeitschrift für Rechtspflege".

Lindemann, Otto, **Preußisches Gerichtskostengesetz** (neueste Fassung). Nach dem Tode des früheren Herausgebers P. Siméon erläutert. Achte, völlig umgearbeitete Auflage. Taschenformat. 439 Seiten. 1928. (Guttentagsche Sammlung Preußischer Gesetze Bd. 17.)
Geb. RM. 8.—

„Die achte Auflage dieser bekannten Ausgabe des Preußischen Gerichtskostengesetzes ist entsprechend den bedeutsamen Änderungen der letzten Jahre völlig umgearbeitet. Die gesamte Rechtsprechung wurde eingehend berücksichtigt, so daß hier eine Erläuterung vorliegt, die Zuverlässigkeit und Vollständigkeit in sich verbindet."

Mitteilungen des Preußischen Richtervereins.

Freiwillige Gerichtsbarkeit

Jastrow, Hermann, und **Günther,** Hermann, **Die Gesetze des Reiches und Preußens über die freiwillige Gerichtsbarkeit.** Textausgabe mit Einleitung, Anmerkungen und Sachregister. Siebente, vermehrte Auflage. Taschenformat. 548 Seiten. 1928. (Guttentagsche Sammlung Deutscher Reichsgesetze Bd. 46.) . . . . Geb. RM. 9.—

„Die Anmerkungen unterrichten in zuverlässiger Weise über die wichtigste Rechtsprechung des Reichsgerichts und der deutschen Oberlandesgerichte auf dem Gebiete der freiwilligen Gerichtsbarkeit. Ein ausführliches Sachregister erhöht die Brauchbarkeit des bewährten Buches, das auch in der neuen Auflage seinen Zweck auf das beste erfüllen wird." Juristische Wochenschrift.

Die Gesetze des Reiches und Preußens über die freiwillige Gerichtsbarkeit. Textausgabe mit Sachregister. Taschenformat. 168 Seiten. 1930. (Guttentagsche Sammlung von Textausgaben ohne Anmerkungen mit Sachregister.) . . . . RM. 3.—

Das Buch enthält in der bekannten Art der Guttentagschen Gesetzesausgaben außer dem „Gesetz über die Angelegenheiten der freiwilligen Gerichtsbarkeit" alle in dieses Gebiet fallenden sonstigen Gesetze, Ausführungsbestimmungen, Abkommen, Verordnungen usw. in absolut zuverlässigem Abdruck und ein das Zurechtfinden sehr erleichterndes Sachregister.

Szkolny, Felix, und **Kober,** Leopold, **Das Notariatsrecht,** unter besonderer Berücksichtigung des materiellen Rechts und des Steuer- und Stempelrechts erläutert. Oktav. 236 Seiten. 1926. (Guttentagsche Sammlung Deutscher Reichsgesetze Bd. 163.) . . . . Geb. RM. 8.50

„Die Darlegung des materiellen Rechts, soweit es in der täglichen Anwendung den Notar hauptsächlich beschäftigt. Es wird die Beurkundung einzelner Rechtsgeschäfte und anderer Rechtsvorgänge behandelt. Die Ausführungen verwerten die neueste Lehre und Rechtsprechung eingehend, die Darstellung ist leicht faßlich und klar, einzelne Muster vervollkommnen das anschauliche Bild."
Zeitschrift des Deutschen Notarvereins.

Szkolny, Felix, **Die Belehrungspflicht des Notars.** Oktav. 52 Seiten. 1927. . . . . RM. 2.—

„Ein trotz seines geringen Umfanges sehr nützliches Buch, für das wir dem Verfasser Dank wissen müssen."
Zeitschrift des Deutschen Notarvereins.

Konkursordnung und Zwangsvollstreckung

Jaeger, Ernst, **Kommentar zur Konkursordnung** und den Einführungsgesetzen. Mit einem Anhang, **enthaltend das Anfechtungsgesetz, die Vergleichsordnung, Auszüge aus den Kostengesetzen, Ausführungsgesetze und Geschäftsordnungen.** Sechste und siebente, neubearbeitete Auflage. Lexikon-Oktav. Der Umfang des Gesamtwerkes umfaßt etwa 100 Bogen. Die Ausgabe erfolgt in Lieferungen.
Gesamtpreis etwa RM. 80.—
Erster Band: §§ 1—46. XXVIII, 828 Seiten. 1928—1931.
RM. 45.—, geb. RM. 54.—
(Der Kauf des ersten Bandes verpflichtet zum Bezug des ganzen Werkes.)

„. . . Kurz gesagt: das Buch ist das unübertreffliche Standardwerk, der Kommentar zur Konkursordnung." *Deutsche Richterzeitung.*

„Das Jaegersche Werk ist ohne Zweifel der beste von den mehreren guten Kommentaren zur Konkursordnung, die wir besitzen."
Zeitschrift für Deutschen Zivilprozeß.

Sydow, R., **Busch,** L., und **Krieg,** O., **Konkursordnung** und Anfechtungsgesetz mit Erläuterungen. Auf der Grundlage der Sydow-Buschschen Textausgabe mit Anmerkungen in fünfzehnter Auflage unter Mitaufnahme der Vergleichsordnung neubearbeitet. Taschenformat. 816 Seiten. 1929. (Guttentagsche Sammlung Deutscher Reichsgesetze Bd. 13.) . . . . Geb. RM. 12.—

„Die Erläuterungsbücher von Sydow-Busch sind als Kommentare mittleren Umfanges seit vielen Jahren in der Juristenwelt rühmlichst bekannt." *Juristische Rundschau.*

Fischer, K., und **Schäfer,** L., **Die Gesetzgebung, betr. die Zwangsvollstreckung in das unbewegliche Vermögen** im Reiche und in Preußen. Bearbeitet von J. Krech und O. Fischer. Zweite Auflage. Lexikon-Oktav. XVI, 728 Seiten. 1910 . . . RM. 15.—, geb. RM. 18.—

„Unter den zahlreichen Bearbeitungen des Zwangsvollstreckungsgesetzes ist der Kommentar von Fischer und Schäfer wohl der wissenschaftlich bedeutendste. Überall sind die Erläuterungen systematisch, manchmal geradezu lehrbuchartig aufgebaut, die leitenden Gedanken treten trotz der Fülle der behandelten Einzelfragen klar und deutlich hervor."

Zeitschrift für Rechtspflege in Bayern.

Krech, J., und **Fischer,** O., **Die Gesetzgebung, betr. die Zwangsvollstreckung in das unbewegliche Vermögen** im Reiche und in Preußen. Textausgabe mit Einleitung, Anmerkungen und Sachregister. Zehnte Auflage, bearbeitet von O. Fischer. Taschenformat. 266 Seiten. 1929. (Guttentagsche Sammlung Deutscher Reichsgesetze Bd. 43.)
Geb. RM. 5.—

„Einer besonderen Empfehlung dieser handlichen Ausgabe, deren Hauptteil das Gesetz über die Zwangsversteigerung und Zwangsverwaltung bildet, bedarf es nicht, Gesetzgebung, Rechtsprechung und Rechtslehre sind bis zur Gegenwart berücksichtigt."

Sächsisches Archiv für Rechtspflege.

Kretzschmar, F., **Die Zwangsversteigerung und die Zwangsverwaltung.** 110 Seiten. 1911. (Sammlung Göschen Bd. 523.) . . Geb. RM. 1.80

Huyke, W., **Offenbarungseid und Haft im Zivilprozeß.** Taschenformat. 1930. (Guttentagsche Sammlung Deutscher Reichsgesetze, Bd. 177.) RM. 4.—

Dieser Band bietet eine ganz auf die Praxis zugeschnittene Erläuterung der das Offenbarungseidsverfahren betreffenden Paragraphen der ZPO. und gibt in einem allgemeinen Teil zuverlässig Auskunft über die sich auf diesem Gebiete ergebenden Streit- und Zweifelsfragen. Die Rechtsprechung der höheren Gerichte und die Literatur ist berücksichtigt worden.

V. Strafrecht und Strafprozeß

Strafgesetzbuch

Ebermayer, Ludwig, **Lobe,** Adolf und **Rosenberg,** Werner, **Das Reichsstrafgesetzbuch,** Leipziger Kommentar mit besonderer Berücksichtigung der Rechtsprechung des Reichsgerichts. Vierte, vermehrte und verbesserte Auflage. Lexikon-Oktav. X, 1282 Seiten. 1929.
RM. 56.—, in Halbleder geb. RM. 63.—

„Zusammenfassend wird man sagen müssen, daß der Kommentar nun wohl endgültig an die Spitze der großen Kommentare zum StGB. getreten ist." *Zeitschrift für Rechtspflege in Bayern.*

Kohlrausch, Eduard, **Strafgesetzbuch für das Deutsche Reich mit Nebengesetzen.** Textausgabe mit Anmerkungen und Sachregister. Früher von Dr. Fr. v. Liszt u. Dr. E. Delaquis. Neunundzwanzigste Auflage. Taschenformat. X, 562, *48 Seiten. 1930. (Guttentagsche Sammlung Deutscher Reichsgesetze Bd. 2.) . . . Geb. RM. 8.—

„Ein Buch, an Hand dessen eine schnelle und zuverlässige Orientierung über die wichtigsten Auslegungsfragen möglich ist. Es dient in gleicher Weise dem Studierenden zur Einführung in eine Lektüre des Gesetzes wie dem Praktiker zur schnellen Auffindung einer Entscheidung."

Rechtsanwalt Dr. Max Alsberg in der „Juristischen Wochenschrift".

Liszt, Fr. v., **Lehrbuch des deutschen Strafrechts.** Fünfundzwanzigste, vollkommen durchgearbeitete und zum Teil umgestaltete Auflage, besorgt von Dr. E. Schmidt, Professor an der Universität Breslau. Groß-Oktav. XXXIV, 976 Seiten. 1927.
RM. 27.50, geb. RM. 30.—

„Das Lisztsche Lehrbuch wird auch in dieser neuen Bearbeitung seinen ersten Platz und seinen Weltruf sich bewahren."

Zeitschrift des Deutschen Notarvereins.

Nr. 49:
Strafgesetzbuch (Ugolownyj Kodex) **der Russischen Sozialistischen Föderativen Sowjet-Republik** (R.S.F.S.R.) vom 22. November 1926, übersetzt von Dr. Wilhelm Gallas, Gerichtsassessor in Berlin. Groß-Oktav. 68 Seiten. 1930 . . . . RM. 4.—

Lindemann, Otto, **Sammlung der wichtigsten preußischen Strafgesetze. Zweite Auflage. Taschenformat.** 372 Seiten. 1912. (Guttentagsche Sammlung Preußischer Gesetze Bd. 34.) . . . . . . Geb. RM. 3.50

„Die durch mehrere wichtige Gesetze erweiterte zweite Auflage dieses unentbehrlichen Ergänzungsbandes zu den in Einzelausgaben erschienenen Preußischen Gesetzen ist durch die Wiedergabe der noch geltenden vereinzelten alten Strafvorschriften nebst trefflich unterrichtenden Vorbemerkungen und Erläuterungen besonders wertvoll. Nur mittels einer solchen ausgezeichneten Sammlung ist es möglich, auch die zerstreuten Gebiete des Strafrechts völlig zu beherrschen.“
Deutsche Juristen-Zeitung.

Fraustädter, Werner, **Deutsches Auslieferungsgesetz** vom 23. Dezember 1929 und andere neuere Vorschriften der Rechtshilfe in Strafsachen, einschließlich der Auslieferung. Textausgabe mit Einleitung, Erläuterungen und Sachregister. Taschenformat. 143 Seiten. 1930. (Guttentagsche Sammlung Deutscher Reichsgesetze Bd. 86.) . Geb. RM. 4.—

Das Auslieferungsgesetz hat durch die Neufassung vom 25. 12. 1929 eine starke Umgestaltung erfahren, die zur Hearusgabe der vorliegenden Neubearbeitung geführt hat. Diese enthält eine ausführliche Erläuterung der neuen Bestimmungen sowie einen Abdruck der wichtigsten Verträge und Vorschriften und ermöglicht einen vollständigen Überblick über den gegenwärtigen Stand des deutschen Auslieferungsrechtes.

Lindemann, Otto, **Polizeiverordnungen in Preußen.** Zweite Auflage. Taschenformat. 189 Seiten. 1912. (Guttentagsche Sammlung Preußischer Gesetze Bd. 36.) . . . . Geb. RM. 2.50

Abhandlungen des Kriminalistischen Instituts an der Universität Berlin. Herausgegeben von Dr. **Franz von Liszt,** o. Professor der Rechte. Sonderverzeichnis kostenlos. Vierte Folge. I. Band.

Heft 1:
Dannenberg, Herbert, **Liberalismus und Strafrecht im 19. Jahrhundert unter Zugrundelegung der Lehren Karl Georg von Waechters.** Oktav. IV, 66 Seiten. 1925 . . . . RM. 3.—

Heft 2:
Tarnowski, Hans, **Die systematische Bedeutung der adäquaten Kausalitätstheorie für den Aufbau des Verbrechensbegriffs.** Oxtav. X, 340 Seiten. 1927 . . . . RM. 18.—

Heft 3:
Ehrlich, Lore, **Der Verrat von Betriebsgeheimnissen nach englischem und nordamerikanischem Recht.** Oktav. VIII, 75 Seiten. 1930. RM. 4.—

Heindl, Robert, **System und Praxis der Daktyloskopie** und der sonstigen technischen Methoden der Kriminalpolizei. Dritte, neubearbeitete und vermehrte Auflage. 900 Abbildungen im Text und 21 Bildertafeln. 780 Seiten. Groß-Oktav. 1927 . . . . RM. 36.—, geb. RM. 40.—

„Ein Werk, mit dem wohl für geraume Zeit die Literatur dieses Gebiets ihren krönenden Abschluß gefunden haben dürfte. — Es darf erwartet werden, daß jeder Richter, Rechtsanwalt und Verteidiger sich dieses vorzüglichen Werkes bedient.“ *Deutsche Juristenzeitung.*

Kleine kriminalistische Bücherei.

Band 1:
Schneickert, Hans, Die strafrechtlichen Aufgaben der Polizei. Für den Polizeiunterricht und die Polizeipraxis. Taschenformat. 182 Seiten. 1921. RM. 2.—

Band 2:
Philipp, Lothar, **Beobachtungs- und Ermittlungspraxis im Polizei- und Detektivdienst.** Taschenformat. 180 Seiten. 1923 . . . RM. 2.—
„Alles in allem: ein Buch, für den Fachmann lesenswert, für den Anfänger ein guter Leitfaden, für den Laien interessant.“
Zeitschrift für gerichtliche Schriftvergleichung.

Band 3:
Manteuffel, H. v., **Falschspieler.** Formen und Technik des Spielbetruges, nebst einem Anhange: Der Spielprofessor und sein angeblich sicheres System beim Spiele gegen eine öffentliche Roulettebank. Taschenformat 90 Seiten. 1923 . . . . RM. 2.—
Gerade heutzutage, wo die Spielleidenschaft so weite Kreise zieht, ist es von besonderem Reiz, diese klare, flüssige und lehrreiche Darstellung zu verfolgen.

Band 4:
Schneickert, Hans, **Kriminalistische Spurensicherung.** Sammlung dienstlicher Anweisungen und sachverständiger Ratschläge für den Dienstgebrauch und für Polizeischulen. Zweite, vermehrte und verbesserte Auflage. Taschenformat. 96 Seiten. Mit 2 Abbildungen. 1925. Geb. RM. 3.—
„Alle Einzelheiten werden hervorgehoben und als möglicherweise wichtige Beweismomente in einem vielarmigen System zusammengefaßt. In der Durchführung seiner Aufgabe hat der Verfasser tatsächlich alles berücksichtigt, was für das Beweisverfahren von Bedeutung ist und sein könnte.“ *Archiv für Kriminologie.*

Band 5:
Rehfeld, P., **Gerichtsärztliche Tatbestandsfeststellungen** im Dienste der Polizei. Ein Leitfaden für Polizei- und Kriminalbeamte. Taschenformat. 133 Seiten. 1927 . . . . Geb. RM. 3.50
„Die Bearbeitung gibt eine geschlossene, einheitliche Behandlung des Stoffgebietes durch einen Arzt, wie sie anderweitig in der kriminalistischen Literatur nicht vorhanden ist.“ Deutsches Polizeiarchiv.

Strafprozeßordnung

Kohlrausch, Eduard, **Strafprozeßordnung** und Gerichtsverfassungsgesetz. Textausgabe mit Einleitung, Anmerkungen und Nebengesetzen. In Verbindung mit Dr. Hermann Mannheim, Landgerichtsrat und Professor in Berlin, bearbeitet von Dr. Eduard Kohlrausch, Professor der Rechte in Berlin. Zweiundzwanzigste Auflage (101. bis 104. Tausend). Taschenformat. XI, 510 Seiten. 1930. (Guttentagsche Sammlung Deutscher Reichsgesetze Bd. 12.) RM. 7.50
„Das Buch ist nicht nur für den Praktiker, der sich rasch unterrichten will, sondern auch für den Studierenden, zumal wenn ihm die wirtschaftlichen Verhältnisse die Anschaffung umfangreicher Kommentare nicht ermöglichen, von größtem Wert.“
Oberreichsanwalt Dr. Ebermayer in der „Juristischen Wochenschrift“.

Feisenberger, Albert, **Strafprozeßordnung und Gerichtsverfassungsgesetz.** Handkommentar. Groß-Oktav. IX, 517 Seiten. 1926. Mit Nachtrag. 1927. (de Gruytersche Sammlung Deutscher Gesetze. Handkommentare.) . . . . Geb. RM. 17.—
„Eine glänzende Arbeit, die bald in der Hand jedes Strafrichters und Rechtsanwalts sein wird. Geradezu vorbildlich ist der Handkommentar für den Umfang der Heranziehung der Rechtsprechung. Alles Wesentliche ist berücksichtigt.“ Danziger Juristische Monatsschrift.

Beling, E., **Deutsches Reichsstrafprozeßrecht** mit Einschluß des Strafgerichtsverfassungsrechts. Oktav. XIV, 568 Seiten. 1928. (Lehrbücher und Grundrisse der Rechtswissenschaft Bd. XVII.)
RM. 15, geb. RM. 16.50

Die Eigenart des vorliegenden Lehrbuches des Reichsstrafprozeßrechts ist, daß es dem Verständnis der Gesetzestexte vorarbeiten und zu ihnen hinführen will. Gerade das, was nicht im Gesetz steht, ist die Hauptsache; die Gesetzesparagraphen sind Ziel, nicht Ausgangspunkt. Insbesondere aber stellt der Verfasser die Regelungsinhalte des geltenden Rechts in die heutige rechtspolitische Gedankenwelt hinein und gibt ein auch äußerlich scharf hervortretendes System, das den Lernenden befähigt, die Fülle der Einzelheiten unter allgemeinen Ordnungsgesichtspunkten zusammenzusetzen.

Rosenfeld, E. H., **Deutsches Strafprozeßrecht.** 2 Bände. 128 und 148 Seiten. 1926. (Sammlung Göschen Bd. 938/939.) Geb. je RM. 1.80

„Eine wissenschaftlich hochstehende, auf einem knappen Raum zusammengedrängte, klar und originell geschriebene Einführung in den deutschen Strafprozeß.“ Schweizer. Zeitschrift für Strafrecht.

Löwe, F., und **Rosenberg,** Werner, **Die Strafprozeßordnung für das Deutsche Reich** vom 22. März 1924 nebst dem Gerichtsverfassungsgesetz. Kommentar. Achtzehnte, neubearbeitete Auflage. Lexikon-Oktav. 1332 Seiten. 1929 . . . . RM. 44.—, in Halbleder geb. RM. 50.—

„Der Löwesche Kommentar hat sich in Wissenschaft und Rechtsprechung eine so hervorragende Stellung erworben, daß er zum unentbehrlichen Ratgeber für Theoretiker und Praktiker geworden ist. Der Kommentar steht nach wie vor an erster Stelle und ist ein Meisterwerk in der Kunst einer klaren, übersichtlichen und erschöpfenden Darstellung dieses außerordentlich spröden Stoffes.“ Zeitschrift des deutschen Notarvereins.

Felsenberger, Albert, **Strafprozeßordnung und Gerichtsverfassungsgesetz,** in alter und neuer Fassung synoptisch gegenübergestellt. Mit ausführlichem Sachregister. Taschenformat. 265 Seiten. 1924. Mit Nachtrag. 1927. (Guttentagsche Sammlung Deutscher Reichsgesetze Bd. 158.) . . . . Geb. RM. 4.50

„Die Ausgabe ist für die Praxis auf längere Zeit unentbehrlich. Die synoptische Darstellung erleichtert die Arbeit und schützt vor Gedächtnisfehlern.“ Juristische Wochenschrift.

Aschrott, P. F., **Die Reform des Strafprozesses.** Kritische Besprechungen der von der Kommission für die Reform des Strafprozesses gemachten Vorschläge. Auf Veranlassung der Internationalen Kriminalistischen Vereinigung, Gruppe Deutsches Reich. Groß-Oktav. XII, 120 und 784 Seiten. 1906 . . . . RM. 12.—

Beiträge zur Reform des Strafprozesses. Herausgegeben von Dr. Franz **Adickes,** Dr. P. F. **Aschrott,** Dr. K. **von Lilienthal,** Dr. Fr. **von Liszt.** 2 Bände. Groß-Oktav. I. Bd. Heft 1—6. 1908. RM. 9.70. — II. Bd. Heft 1—5. 1909. RM. 15.10.

Frede, L., u. **Grünhut,** M., **Reform des Strafvollzugs.** Kritische Beiträge zu dem Amtlichen Entwurf eines Strafvollzugsgesetzes. Oktav. VII, 264 Seiten. 1927 . . . . RM. 10.—

Die in dem vorliegenden Buch zusammengefaßten Beiträge üben nicht nur eine Einzelkritik an den Bestimmungen des Entwurfs, sondern dienen zugleich unter dem Gesichtspunkt der gegenwärtigen gesetzgeberischen Aufgabe der wissenschaftlichen Grundlegung des ganzen Strafvollzugsproblems.

VI. Öffentliches Recht.

1. Staats- und Völkerrecht.

Fischbach, O. G., **Allgemeine Staatslehre.** Zweite Auflage. 136 Seiten. 1928. (Sammlung Göschen Bd. 358.) . . . . . Geb. RM. 1.80

„Das Buch darf einer breiten Öffentlichkeit als ausgezeichnete Einführung, den Fachgenossen aber, jung und alt, als Musterbeispiel

wissenschaftlichen Bemühens um die denkbar beste Leistung anempfohlen werden, wie man ihm heute nicht allzu häufig mehr begegnet."
Reichsverwaltungsblatt.

Fischbach, O. G., **Allgemeines Staatsrecht.**
1. Teil. 139 Seiten. 1923. (Sammlung Göschen, Bd. 415.) Geb. RM. 1.80
II. Teil. 151 Seiten. 1923. (Sammlung Göschen Bd. 416.) Geb. RM. 1.80

Diese Bearbeitung bringt nicht bloß einen leicht faßlichen gemeinverständlichen Überblick über alle Zweige des Staatsrechtes, sondern auch in den einzelnen Partien viele gründliche wissenschaftliche Erörterungen der einschlagenden Probleme und kritischen Beleuchtung der verschiedenen Rechtsansichten.

Stier-Somlo, Fritz, **Deutsches Reichs- und Landesstaatsrecht I.** Oktav. XVI, 726 Seiten. 1924. (Lehrbücher und Grundrisse der Rechtswissenschaft Bd. XVIII.) . . . . RM. 16.50, geb. RM. 18.—

„. . . Von den zurzeit vorhandenen größeren Lehrbüchern des Reichsstaatsrechts das geeignetste." *Juristische Wochenschrift.*

Stier-Somlo, Fritz, **Reichsstaatsrecht.** I. Grundbegriffe des Staatsrechts. Verfassungsgeschichte vom Ende des 18. Jahrhunderts bis zur Reichsverfassung vom 11. August 1919. 108 Seiten. 1927. (Sammlung Göschen Bd. 967.) . . . . Geb. RM. 1.80
II. Das geltende Reichsstaatsrecht. 114 Seiten. 1927. (Sammlung Göschen Bd. 968.) . . . . Geb. RM. 1.80

Stier-Somlo, Fritz, **Preußisches Staatsrecht.** Zweite Auflage. 136 Seiten. 1927. (Sammlung Göschen Bd. 298.) . . . . Geb. RM. 1.80

„Die drei schmalen Bändchen werden nicht allein als wünschenswertes Orientierungsmittel für den Laien und den angehenden Juristen zu begrüßen sein, sondern auch dem im praktischen Berufsleben stehenden Juristen Anregung und Belehrung bieten."
Juristische Wochenschrift.

Die Verfassung des Deutschen Reichs vom 11. August 1919 mit den wichtigsten Nebengesetzen. Textausgabe mit Einleitung und Sachregister. Dritte Auflage. Taschenformat. 104 Seiten. 1931. (Guttentagsche Sammlung von Textausgaben ohne Anmerkungen mit Sachregister.) . . . . RM. 1.—

Die handliche Ausgabe enthält den genauen Gesetzestext mit einem das Zurechtfinden sehr erleichternden Sachregister. Soweit der Text nach der Veröffentlichung vom 14. August 1919 Änderungen oder Ergänzungen erfahren hat, ist dies berücksichtigt worden. Die Ausgabe entspricht dem letzten Stand.

Anschließend an den Text der Reichsverfassung sind einige besonders wichtige Nebengesetze abgedruckt.

Arndt, Adolf, **Die Verfassung des Deutschen Reiches.** Dritte Auflage. Taschenformat. 1927. (Guttentagsche Sammlung Deutscher Reichsgesetze Bd. 137.) . . . . RM. 8.—

„Für alle, die sich auf dem schwierigen Gebiet der Reichverfassung orientieren wollen, liegt hier ein vorzügliches Nachschlagewerk von gediegener Wissenschaftlichkeit vor."
Staats- und Selbstverwaltung.

Stier-Somlo, Fritz, **Kommentar zur Verfassung des Freistaates Preußen.** Groß-Oktav. 319 Seiten. 1921 . . . . Geb. RM. 3.—

„Die Darstellung ist flüssig und knapp und ist als treffliche Orientierung über das neue Verfassungswerk, eine Orientierung, die ihre notwendige Ergänzung in dem vorzüglichen Kommentar Stier-Somlos findet, sehr zu empfehlen." *Zeitschrift für öffentliches Recht.*

Arndt, Adolf, **Die Verfassung des Freistaats Preußen** vom 30. November 1920. Mit Einleitung, vollständigem Kommentar, Landeswahlgesetz und Sachregister. Taschenformat. 158 Seiten. 1921. (Guttentagsche Sammlung Preußischer Gesetze Bd. 1.) Geb. RM. 2.—

„Die Einleitung ist eine vortreffliche staatsrechtliche Abhandlung, die unter Berücksichtigung und Verwertung der einschlägigen Literatur in die Entstehungsgeschichte und in die Bedeutung der Verfassungsurkunde einführt. Der Kommentar wird denjenigen, die sich mit den einzelnen Bestimmungen der Verfassung vertraut machen wollen, ein willkommener Ratgeber sein."
Zeitschrift für Polizei- und Verwaltungsbeamte.

Veröffentlichungen der Vereinigung deutscher Staatsrechtslehrer.

Heft 1: Der deutsche Föderalismus. Oktav. 1924 . . . . RM. 5.—
Heft 2: Der Schutz des öffentlichen Rechts. Oktav. 1925. RM. 12.—
Heft 3: Die Gleichheit vor dem Gesetz. Der Einfluß des Steuerrechts auf die Begriffsbildung des öffentlichen Rechts. Oktav. 1927. RM. 7.—
Heft 4: Das Recht der freien Meinungsäußerung. — Der Begriff des Gesetzes in der Reichsverfassung. Oktav. 1928 . . . . . RM. 10.—
Heft 5. Wesen und Entwicklung der Staatsgerichtsbarkeit. — Überprüfung von Verwaltungsakten durch die ordentlichen Gerichte. Oktav. 1929 . . . . RM. 12.—
Heft 6: Bundesstaatliche und gliedstaatliche Rechtsordnung. Verwaltungsrecht der öffentlichen Anstalt. Berichte von Fritz Fleiner, Josef Lukas, Lutz Richter und Arnold Köttgen. Verhandlungen der Tagung der deutschen Staatsrechtslehrer zu Frankfurt a. M. am 25. und 26. April 1929. Mit einem Auszug aus der Aussprache. Oktav. IV, 166 Seiten. 1929 . . . . RM. 9.—

Sehling, Emil, **Kirchenrecht.** Zweite Auflage.

I. Teil. Einleitung. Quellen, Verfassung und Verwaltung der katholischen Kirche. Anhang: Die griechisch-orthodoxe Kirche. 119 Seiten. 1922. (Sammlung Göschen Bd. 377.) . . . . Geb. RM. 1.80
II. Teil: Das evangelische Kirchenrecht. Die Stellung des Staates zur Kirche und das Verhältnis der Religionsgesellschaften zueinander. 87 Seiten. 1927. (Sammlung Göschen Bd. 954.) . . . Geb. RM. 1.80

Edler v. Hoffmann, H., **Deutsches Kolonialrecht.** 150 Seiten. 1907. (Sammlung Göschen Bd. 318.) . . . . Geb. RM. 1.80

Delius, H., **Die Beamtenhaftpflichtgesetze** des Reiches und der Länder. Vierte, vermehrte und vollkommen neubearbeitete Auflage. Taschenformat. 384 Seiten. 1929. (Guttentagsche Sammlung Deutscher Reichsgesetze Bd. 94.) . . . . Geb. RM. 10.—

Wörterbuch des Völkerrechts und der Diplomatie. Begonnen von Professor Dr. Julius **Hatschek** †. Fortgesetzt und herausgegeben von Dr. Karl **Strupp,** Professor an der Universität Frankfurt a. M., Associé de l'institut de droit international, membre de l'Academie Diplomatique Internationale. Lexikon-Oktav.

Band I: Aachen—Lynchfall. VI, 860 Seiten. 1924.
RM. 35.—, in Halbleder geb. RM. 40.—
Band II: Maas—Utschiali. 779 Seiten. 1925.
RM. 35.—, in Halbleder geb. RM. 40.—
Band III (Schluß): Vasallenstaaten—Zwangsverschickung. Ferner Anhang: Abessinien—Weltgerichtshof; Sachverzeichnis und Mitarbeiterregister. II, 1316 Seiten. 1929.
RM. 62.—, in Halbleder geb. RM. 67.—

„Der Vorsprung, den entsprechende Werke in französischem Sprachgewande bisher hatten, ist nunmehr in Deutschland eingeholt. Die Form der alphabetischen Zergliederung des Stoffes ermöglicht eine

breitere Behandlung der Einzelfälle, die im internationalen Rechtsleben nicht selten von größerer Bedeutung als vorzeitig aufgestellte Abstraktionen sind.“ *Zeitschrift für Völkerrecht.*

Anzilotti, D., **Lehrbuch des Völkerrechts.** Übersetzt und herausgegeben vom Institut für ausländisches öffentliches Recht und Völkerrecht, Berlin. I. Band. Groß-Oktav. 444 Seiten. 1929. RM. 19.—, geb. RM. 20.—

Mit der Herausgabe der Übersetzung dieses Lehrbuches des berühmten Völkerrechtlers ist das Institut für ausländisches öffentliches Recht und Völkerrecht einem in Deutschland außerordentlich fühlbaren Bedürfnis entgegengekommen. Das Buch ist nicht schlechthin eine Übersetzung der italienischen Originalausgabe, sondern berücksichtigt auch die gesamte Rechtsprechung und Literatur der letzten Zeit und stellt somit das zurzeit modernste Lehrbuch des Völkerrechts überhaupt dar.

Niemeyer, Theodor, **Völkerrecht.** 168 Seiten. 1925. (Sammlung Göschen Bd. 865.) . . . . Geb. RM. 1.80

Dieses Bändchen gibt in gedrängter Form eine vollständige Übersicht über das Völkerrecht.

Beiträge zum ausländischen öffentlichen Recht und Völkerrecht. Herausgegeben im Auftrage des Instituts für ausländisches öffentliches Recht und Völkerrecht in Berlin in Gemeinschaft mit **Friedrich Glum**, **Ludwig Kaas**, **Rudolf Smend**, **Heinrich Triepel** von Viktor **Bruns**. Groß-Oktav.

Eine Sammlung einschlägiger wissenschaftlicher Abhandlungen, Materialsammlungen, Übersetzungen besonders wertvoller ausländischer Werke u. a.

Heft 1:
Triepel, H., **Staatsrecht und Politik.** Rede beim Antritt des Rektorats der Friedrich-Wilhelms-Universität zu Berlin am 15. Oktober 1926. 40 Seiten. 1927 . . . . RM. 2.—

Heft 2:
Schmitt, Carl, **Volksentscheid und Volksbegehren.** Ein Beitrag zur Auslegung der Weimarer Verfassung und zur Lehre von der unmittelbaren Demokratie. 54 Seiten. 1927 . . . . . . RM. 2.60

Heft 3:
Heck, K., **Der Aufbau des britischen Reiches.** (Der Verhandlungsbericht der Reichskonferenz von 1926.) 152 Seiten. 1927. RM. 6.—

Heft 4:
Heller, H., **Die Souveränität.** Ein Beitrag zur Theorie des Staats- und Völkerrechts. 177 Seiten. 1927. . . . . RM. 8.50

Heft 5:
Grentrup, Theodor, **Die Missionsfreiheit** nach den Bestimmungen des geltenden Völkerrechts. 112 Seiten. 1928 . . . . . . RM. 5.50

Heft 6:
Robinson, Jakob, **Das Minoritätenproblem** und seine Literatur. Kritische Einführung in die Quellen und die Literatur der europäischen Nationalitätenfrage der Nachkriegszeit, unter besonderer Berücksichtigung des völkerrechtlichen Minderheitenschutzes.
Allgemeiner Teil. 265 Seiten. 1928 . . . . RM. 9.—

Heft 7:
Bilfinger, Karl, **Der Reichssparkommissar.** 68 Seiten. 1928. RM. 3.60

Heft 8:
Bumiller, J. M., **Die völkerrechtliche Stellung der fremden Truppen im Saargebiet.** 156 Seiten. 1928 . . . . RM. 9.—

Heft 9:

Das Recht des Ausnahmezustands im Auslande (Frankreich, Belgien, Niederlande, Italien, England, Irland). 296 Seiten. 1928. RM. 14.—

Heft 10:

Gerland, B., Die Beziehungen zwischen dem Parlament und den Gerichten in England. Eine rechtsvergleichende Studie. 137 Seiten. 1928. RM. 8.—

Heft 11:

Leibholz, Gerhard, **Zu den Problemen des fascistischen Verfassungsrechts.** Akademische Antrittsvorlesung. 112 Seiten. 1928. RM. 5.—

Heft 12:

Glum, Friedrich, **Der deutsche und der französische Reichswirtschaftsrat.** Ein Beitrag zu dem Problem der Repräsentation der Wirtschaft im Staat. 188 Seiten. 1929 . . . . RM. 9.—

Heft 13:

Leibholz, Gerhard, **Das Wesen der Repräsentation** unter besonderer Berücksichtigung des Repräsentativsystems. Ein Beitrag zur allgemeinen Staats- und Verfassungslehre. Groß-Oktav. 214 Seiten. 1929. RM. 14.—

Heft 14:

Schenk, v. Stauffenberg, G., **Das Recht der russischen Handelsvertretungen.** Oktav. 95 Seiten. 1930 . . . . RM. 6.—

Heft 15:

Mornik, Stanislaus, **Polens Kampf gegen seine nichtpolnischen Volksgruppen.** Mit 6 Karten. Oktav. 150 Seiten. 1931 . . . . RM. 9.—

Heft 16:

Menzel, Kurt, **Das deutsche Vorkriegs-Vermögen in Rußland und der deutsche Entschädigungsvorbehalt.** Eine Übersicht, zugleich über die Entschädigungsbemühungen der anderen Staaten. Oktav. IV, 236 Seiten. 1931 . . . . RM. 9.—

Kraus, H., **Internationale Schiedssprechung.** Eine Sammlung der für das Deutsche Reich verbindlichen Verträge und Vertragsbestimmungen, die sich auf internationale Gerichtsbarkeit, Schiedsgerichtsbarkeit, sowie Vergleichsverfahren beziehen, nebst den dazugehörigen deutschen Regierungsdenkschriften. Taschenformat. XXXVI, 348 Seiten. 1929. (Guttentagsche Sammlung Deutscher Reichsgesetze Bd. 174.) . . . . Geb. RM. 10.—

„Die vorliegende Dokumentensammlung füllt eine Lücke aus, da es bisher schwer war, alle schiedsrichterlichen Verpflichtungen des Deutschen Reiches auf einmal einzusehen." *Friedenswarte.*

Strupp, Karl, **Das Werk von Locarno.** Eine völkerrechtlich-politische Studie. Oktav. 180 Seiten. 1926 . . . . RM. 10.—

„Die lückenlose Mitteilung aller für das Verständnis und die Auslegung wichtiger Urkunden macht das aktuelle Buch zu einem außerordentlich wertvollen Mittel der Erkenntnis des Inhalts und der Tragweite dieser grundlegenden Staatsverträge." *D. A. Z.*

Sering, Max, **Deutschland unter dem Dawes-Plan.** Entstehung, Rechtsgrundlagen, wirtschaftliche Wirkungen der Reparationslasten. Oktav. VIII, 237 Seiten. 1928 . . . . RM. 10.—

„Nicht nur dem Juristen und Volkswirtschaftler, sondern auch dem Laien verständlich, gibt das Werk einem jeden wertvollen Einblick in Deutschlands wirtschaftspolitische Abhängigkeit, die sich bis in die kleinsten Betriebe hineinzieht, die jedes einzelne Glied des deutschen Volkes betrifft." *Prakt. Rundschau.*

2. Verwaltungsrecht.

Reichsrecht

Bühler, O., **Verwaltungsgesetze des Reiches und Preußens.** Taschenformat. XI, 682 Seiten. 1930 . . . . Geb. RM. 11.—

(Lehrausgaben Deutscher Gesetze, Bd. III.)

Außer den preußischen Verwaltungsgesetzen bringt der vorliegende Band als erster auch die immer wichtiger werdenden Verwaltungsgesetze des Reichs. Durch Weglassung aller für den Unterricht überflüssigen Gesetze, Weglassung auch unwichtiger Bestimmungen in den oft sehr weitschweifigen Verwaltungsgesetzen (wobei aber der Inhalt weggelassener Bestimmungen jeweils kurz angedeutet ist) ist es ermöglicht worden, auch hier einen Band erstehen zu lassen, der nicht schon durch seinen Umfang abschreckt.

Blume, E., und **Weirauch,** W., **Die Eisenbahn-Verkehrsordnung** vom 16. Mai 1928 mit Allgemeinen Ausführungsbestimmungen sowie dem Internationalen Übereinkommen über den Eisenbahnfrachtverkehr vom 30. Mai 1925 und dem Internationalen Übereinkommen über den Eisenbahn-Personen- und Gepäckverkehr vom 12. Juni 1925. Textausgabe mit Anmerkungen. Vierte Auflage. Taschenformat. X, 482 Seiten. 1928. (Guttentagsche Sammlung Deutscher Reichsgesetze Bd. 91.) Geb. RM. 9.—

„Ein treffliches Hilfsbuch für alle, die sich mit dem Eisenbahnverkehrsrecht theoretisch und praktisch zu beschäftigen haben. Der Kommentar wird besonders auch den Gerichten und den Anwälten gute Dienste leisten, da die Ausführungsbestimmungen zur Eisenbahnverkehrsordnung, die vollständig abgedruckt werden, sonst nur in den Tarifen veröffentlicht werden, die in den Kreisen der Juristen weniger bekannt sind. Allen, die es angeht, kann daher die Anschaffung der neuen Auflage dringend empfohlen werden."

Juristische Wochenschrift.

Fischbach, O. G., **Das Reichsbeamtengesetz vom 31. März 1873 in der Fassung der Bekanntmachung vom 18. Mai 1907 mit allen Abänderungen und Ergänzungen.** Taschenformat. 311 Seiten. 1930. (Guttentagsche Sammlung Deutscher Reichsgesetze, Bd. 82.) Geb. RM. 6.—

Die vorliegende Erläuterung des Beamtengesetzes durch den bekannten Staatsrechtlehrer kommt einem besonderen Bedürfnis der Praxis entgegen, die s. Zt. eine den neuesten Fortschritten der Wissenschaft und Rechtsprechung entsprechende Handausgabe sehr entbehrt. Bemerkenswert ist, daß auch verwandte Gesetze und Verordnungen der einheitlichen Erläuterung unterzogen wurden, so daß dieses Buch für die Praxis ein der Sache wie der Erläuterungsart wichtiges Hilfsmittel darstellt.

Fischer, D., und **Staedler,** E., **Die deutsche Post- und Telegraphengesetzgebung.** Teil I: Postrecht (mit Ausschluß des internationalen Rechts). Siebente Auflage. 47*, 586 Seiten. 1929. (Guttentagsche Sammlung Deutscher Reichsgesetze Bd. 7.) . . . . Geb. RM. 15.—

„Die Texte sind mit großer Sorgfalt und mit dem Streben nach einschlägiger Vollständigkeit zusammengestellt. Eine Verbesserung gegenüber den früheren Auflagen bedeutet der der Sammlung neu vorangestellte systematische Abriß des geltenden Postrechts."

Württembergische Industrie.

Teil II: **Telegraphen- und Fernsprechrecht** (mit Ausschluß des internationalen Rechts). Taschenformat. 495 Seiten. 1930. (Guttentagsche Sammlung Deutscher Reichsgesetze Band 7a.) . . RM. 13.—

Wie im ersten Teil, so werden auch hier die Erläuterungen unter die folgenden Gesichtspunkte gestellt: 1. die wechselseitige juristi-

sche und tatsächliche Berührung zwischen den sehr zersplitterten Rechtsquellen. 2. die rechtsgeschichtlichen Zusammenhänge, die zur kritischen Beurteilung des Gegenstandes unerläßlich sind. 3. die öffentlich-rechtliche Eigenschaft des gesamten Rechtsstoffes. Rechtsprechung und Literatur sind bis in die letzte Zeit berücksichtigt.

Sebba, Julius, **Seewasserstraßenordnung.** (Polizeiverordnung zur Regelung des Verkehrs auf den deutschen Seewasserstraßen vom 31. März 1927.) Taschenformat. 493 Seiten. 1928. (Guttentagsche Sammlung Deutscher Reichsgesetze Bd. 171.) . . . . Geb. RM. 8.50

„Es bedarf hierbei wohl nicht der besonderen Hervorhebung, daß die Kommentierungsmethode des rühmlichst bekannten Neu-Herausgebers von Schaps-Seerecht auch in dem vorliegenden Werke eine knappe und doch gründliche geworden ist."

Verkehrsrechtliche Praxis.

Busse, Rudolf, **Luftrecht einschließlich Luftverkehrsgesetz und Pariser Luftverkehrsabkommen.** Taschenformat. XVIII, 448 Seiten. 1928. (Guttentagsche Sammlung Deutscher Reichsgesetze Bd. 170.)

Geb. RM. 10.—

Das vorliegende Buch sucht in einem nationalen und internationalen Teil einen klaren Überblick über das gesamte Luftrecht zu geben; der neueste Stand der Rechtsprechung ist hierbei berücksichtigt. Den erläuterten Gesetzesabkommenstexten ist eine systematische Einführung in das gesamte Luftrecht mit seinen vielseitigen Rechtsdisziplinen vorausgeschickt.

Volkmann, Kurt, **Die Straßenverkehrsordnungen** nebst den einschlägigen Nebenbestimmungen. Taschenformat. 312 Seiten. 1929. (Guttentagsche Sammlung Deutscher Reichsgesetze Bd. 175.) . . . Geb. RM. 7.—

„Das übersichtliche Werkchen, das uns eine schnelle Information über auftauchende Rechtsfragen auf diesem besonderen Verkehrgebiete verschafft, kann Polizeibeamten, Gerichten, Anwälten, Fuhrwerksbesitzern, Kraftfahrern und Radfahrern zur Anschaffung empfohlen werden."

Verkehrsrechtl. Rundschau.

Holzapfel, W., **Die Siedlungsgesetzgebung** im Reich und in Preußen. 347 Seiten. 1920. (Guttentagsche Sammlung Deutscher Reichsgesetze Bd. 140.) . . . . Geb. RM. 3.—

„Die zur Ausführung jener Gesetze bestimmten Behörden und auch die literarische Forschung wird dem Verfasser für seine mühevolle Arbeit Anerkennung zollen." *Archiv für öffentliches Recht.*

Behrend, Ernst, und **Stranz-Hurwitz,** Helene, **Sammlung von Wohlfahrtsgesetzen** des Deutschen Reichs und Preußens nebst den allgemeinen Wohlfahrtsgesetzen von Sachsen, Thüringen, Hamburg, Mecklenburg-Schwerin und -Strelitz, Oldenburg, Lippe und Lübeck.

Teil I: Taschenformat. 560 Seiten. 1923 . . . . . . Geb. RM. 5.—

Teil II: Nebst Ausführungsgesetzen sämtlicher Länder zum Reichsjugendwohlfahrtsgesetz. Taschenformat. XVI, 551 Seiten. 1925. (Guttentagsche Sammlung Deutscher Reichsgesetze Bd. 152 und 152a.)

Geb. RM. 9.—

Teil I und II zus. RM. 12.—

„Die kurzen, alles Wesentliche zusammenfassenden Einleitungen zu den einzelnen Gesetzen sind mit außerordentlicher Sachkunde und Klarheit geschrieben; sie genügen zusammen mit den Literaturangaben völlig für den Praktiker, um die Gesetzestexte richtig handhaben zu können. Das Werk ist für alle in der Wohlfahrtspflege Arbeitenden unentbehrlich und sehr praktisch."

Nachrichtendienst des Deutschen Vereins für öffentliche Fürsorge.

Wegner, Arthur, **Jugendrecht.** Ein Lehrbuch zur Einführung. Oktav. IX, 219 Seiten. 1929 . . . . RM. 6.—, geb. RM. 7.50

„Ein gleichartiges und gleichwertiges Werk über das Jugendrecht gibt es noch nicht." Breslauer Zeitung.

Drewes, Paul, und **Sandré**, Emil, **Das Reichsgesetz für Jugendwohlfahrt** vom 9. Juli 1922 und **Jugendgerichtsgesetz** vom 16. Februar 1923 nebst Nebengesetzen. Zweite Auflage. Taschenformat. XVI, 496 Seiten. 1928. (Guttentagsche Sammlung Deutscher Reichsgesetze Bd. 154.) Geb. RM. 11.—

„Eine sehr handliche Gesetzesausgabe. Sie bietet in ausführlichen geschichtlichen und rechtlichen Vorbemerkungen und Einleitungen wertvolles Material zur Einführung in den Willen und Geist beider Gesetze und gibt in knappen, aber ausreichenden Erläuterungsbemerkungen zu den einzelnen Bestimmungen dem Praktiker die erforderlichen Unterlagen zur richtigen Anwendung. Das Werk dürfte sich in der Praxis beliebt machen." Blätter für öffentliche Fürsorge

Sandré, Emil **Verordnung über die Fürsorgepflicht.** Vom 14. Februar 1924. Mit Einschluß der für die Durchführung dieser Verordnung in Frage kommenden reichs- und landesgesetzlichen Bestimmungen. Taschenformat. 342 Seiten. 1925. (Guttentagsche Sammlung Deutscher Reichsgesetze Bd. 160.) . . . . Geb. RM. 6.—

„Die Zusammenstellung der bis in die jüngste Zeit ergangenen gesetzlichen Bestimmungen, die in Beziehung zur Fürsorgepflichtverordnung stehen, gibt der Sandréschen Arbeit ihre besondere Bedeutung. Die Anmerkungen sind zahlreich und zeichnen sich durch einen feinen, klaren Stil aus. Das Buch ist übersichlich geordnet und leicht zu handhaben." Schleswig-Holsteinsche Wohlfahrtsblätter.

Szczesny, Viktor, **Das Lichtspielgesetz** vom 12. Mai 1920 mit der Ausführungsverordnung Einleitung, Gebührenordnung und Sachregister. Taschenformat. 106 Seiten. 1920. (Guttentagsche Sammlung Deutscher Reichsgesetze Bd. 147.) . . . . Geb. RM. 1.50

„Das neue Lichtspielgesetz hat hier eine ausführliche Kommentierung gefunden. Das Buch kann bei der gründlichen Behandlung des Stoffes als ein geeignetes Hilfsmittel für die Praxis bezeichnet werden." Preußische Gemeinde-Zeitung.

Wündisch, Ernst, **Das Gesetz über Schußwaffen und Munition** vom 12. April 1928 (RGBl. I S. 143) nebst der Ausführungsverordnung der Reichsregierung vom 13. Juli 1928 (RGBl. I S. 198) und dem Preußischen Erlaß zur Durchführung des Gesetzes vom 7. September 1928 (MBliV. S. 925). Taschenformat. 139 Seiten. 1928. (Guttentagsche Sammlung Deutscher Reichsgesetze Bd. 173.) . . . . Geb. RM. 5.—

Ein klares zuverlässiges Erläuterungsbuch für den praktischen Gebrauch.

Fraustädter, W., und **Kreutzberger**, M., **Das deutsche Ausländerrecht.** Die Bestimmungen des Reichsrechts und preußischen Landesrechts. Textausgabe mit Erläuterungen und Sachregister. Taschenformat. 396 Seiten. 1927. (Guttentagsche Sammlung Deutscher Reichsgesetze Bd. 166.) Geb. RM. 9.—

„Eine höchst begrüßenswerte Veranstaltung, aus dem Bedürfnis der Praxis hervorgegangen und mit vollendetem Sachverständnis unternommen. Sowohl die Vollständigkeit der mannigfach verstreuten gesetzlichen Bestimmungen als deren Anordnung, Registrierung und Erläuterung durch Ausführungsbestimmungen, Gerichtsentscheidungen, Verwaltungspraxis ist vortrefflich." Niemeyers Zeitschrift für internationales Recht.

Voß, Werner, **Die reichs- und landesrechtlichen Bestimmungen auf dem Gebiete des Gesundheitswesens.** Zusammengestellt und mit Anmerkungen versehen. Taschenformat. 608 Seiten. 1929. (Guttentagsche Sammlung Deutscher Reichsgesetze Bd. 172.) . . . . . . Geb. RM. 11.—

„Der Band enthält eine Sammlung der Gesetze, Verordnungen und Bestimmungen auf dem Gebiete des Gesundheitswesens, wie sie in dieser Vollständigkeit sonst nicht besteht. Dadurch erst ist ein zuverlässiger und rascher Überblick über die einschlägigen weit verstreuten Bestimmungen gewährleistet."

Württ. Zeitschr. f. Rechtspflege.

Hippel, W. von, **Reichsviehseuchengesetz** vom 26. Juni 1909 nebst Ausführungsvorschriften und dem preußischen Ausführungsgesetz. Zweite Auflage. Taschenformat. 486 Seiten. 1913. (Guttentagsche Sammlung Deutscher Reichsgesetze Bd. 103.) . . . . Geb. RM. 4.—

Boxberger, L. von, **Vogelschutzgesetz** vom 30. Mai 1908 nebst den das Flugwild betreffenden Bestimmungen der Preußischen Jagdordnung. Taschenformat. 57 Seiten. 1909. (Guttentagsche Sammlung Deutscher Reichsgesetze Bd. 89.) . . . . Geb. RM. 1.—

Landesrecht

Bitter, von, **Handwörterbuch der Preußischen Verwaltung.** Dritte, vollständig umgearbeitete Auflage. Unter Mitwirkung zahlreicher hoher Reichs- und preußischer Staatsbeamten herausgegeben von Dr. Bill Drews, Staatsminister a. D., Präsident des Pr. Oberverwaltungsgerichts, und Dr. Franz Hoffmann, Wirklicher Geheimer Oberregierungsrat, Berlin. Lexikon-Oktav. 1928.

RM. 120.—, in Halbleder geb. RM. 132.—

Erster Band, 1. Halbband: Abbaugerechtigkeiten—Fleisch- und Viehagenten. 552 Seiten.

2. Halbband: Fleischvergiftung—Kyffhäuserbund. Seite 553 bis 1134 und IX Seiten.

Zweiter Band: Lackfabriken—Zwischenkredit. VII, 1220 Seiten.

(Im Verlage der Firmen: Walter de Gruyter & Co., Berlin; Carl Heymanns Verlag, Berlin; Roßberg'sche Verlagsbuchhandlung, Leipzig.)

Das zentrale Werk der Praxis des Verwaltungsrechts.

Reichelt, H., **Verwaltungsgesetzbuch für Preußen.** Systematische Zusammenstellung der wichtigsten Verwaltungsgesetze und Verordnungen für Praxis und Unterrichtszwecke. Lexikon-Oktav. VII, 1302 Seiten. 1914 . . . . Geb. RM. 7.60

„Das Buch ist sehr wertvoll, dem Praktiker unentbehrlich und leistet demjenigen, der sich auf eine Prüfung vorbereitet, vorzügliche Dienste. Allen Verwaltungsbehörden wird das Buch warm empfohlen."

Preußische Verwaltungs- und Finanz-Zeitung.

Friedrichs, K., **Die Gesetzgebung über die allgemeine Landesverwaltung** und Zuständigkeit der Verwaltungs- und Verwaltungsgerichtsbehörden. Dritte, durchgesehene Auflage. Taschenformat. XXIII, 295 Seiten. 1927. (Guttentagsche Sammlung Preußischer Gesetze Bd. 42.) Geb. RM. 5.—

„Der Wert dieser Arbeit liegt darin, daß er eine erschöpfende und klare Übersicht über das tatsächlich geltende Verwaltungsrecht bringt. Das Werk ist ein vorzügliches und nie versagendes Hilfsmittel."

Gesetz und Recht.

Pfafferoth, Carl, **Preußische Beamtengesetzgebung.** Fünfte Auflage. XIV, 280 Seiten. 1916. (Guttentagsche Sammlung Preußischer Gesetze Bd. 2.) . . . . Geb. RM. 2.40

Dultzig, Eugen von, **Das preußische Disziplinargesetz für die nichtrichterlichen Beamten.** Taschenformat. XIV, 364 Seiten. 1914. (Guttentagsche Sammlung Preußischer Gesetze Bd. 51.) . . . . Geb. RM. 4.20

„Der Verfasser kennt das Disziplinarrecht aus eigener Tätigkeit und aus langer Erfahrung. Diese hat er zu einem praktischen Nach-

schlagebuch für alle praktischen Fragen des Disziplinarrechts ausgestaltet. Bei tunlichster Kürze sind doch recht erschöpfende, klare und anschauliche Erläuterungen entstanden, die das Verständnis und die Anwendung des Disziplinarrechts in zweckmäßiger Weise erleichtern. Das Büchlein verdient volle Beachtung."

Zeitschrift für Polizei- und Verwaltungsbeamte.

Hagemann, Rudolf, **Hinterlegungsordnung** vom 21. April 1913. Taschenformat. 175 Seiten. 1914. (Guttentagsche Sammlung Preußischer Gesetze Bd. 53.) . . . . Geb. RM. 2.20

„Das in der vorteilhaft bekannten Guttentagschen Sammlung erschienene Buch darf als ein Hilfsmittel zu dem nicht immer ganz einfachen Verständnis der neuen Hinterlegungsvorschriften bestens empfohlen werden; es ist klar, übersichtlich und ausführlich."

Zentralblatt für freiwillige Gerichtsbarkeit.

Aschrott, P. F., **Gesetz über die Fürsorgeerziehung Minderjähriger.** Vom 2. Juli 1900. Nebst Ausführungsanweisungen. Dritte Auflage. Taschenformat. 374 Seiten. 1917. (Guttentagsche Sammlung Preußischer Gesetze Bd. 28.) . . . . Geb. RM. 2.80

„Das Buch gewährt nicht nur einen klaren Einblick in die gegenwärtige Gestaltung der Fürsorgeerziehung in Preußen, sondern es gibt auch über die Zweifelsfragen, welche bei der Auslegung des technisch ziemlich unvollkommenen Fürsorgeerziehungsgesetzes in besonders reicher Fülle auftauchen, durchweg eine erschöpfende und zutreffende Auskunft." *Das Recht.*

Marcks, A., **Gesetz,** betr. **die Unterhaltung der öffentlichen Volksschulen.** Taschenformat. 194 Seiten. 1906. (Guttentagsche Sammlung Preußischer Gesetze Bd. 39.) . . . . Geb. RM. 1.80

„Das handliche Büchlein wird, von sachkundiger Seite herrührend und praktisch angelegt, Verwaltungsbeamten, Schulvorständen, Lehrern beim Gebrauch gute Dienste leisten."

Schulblatt der Provinz Brandenburg.

Ledermann, W., und **Brühl,** L., **Die Städteordnung für die sechs östlichen Provinzen Preußens.** Zweite Auflage. Taschenformat. 593 Seiten. 1913. (Guttentagsche Sammlung Preußischer Gesetze Bd. 32.) Geb. RM. 6.—

„Der Kommentar, eine hervorragende Arbeit, ist von der Kritik und der Praxis so einmütig günstig aufgenommen worden, daß er auch in seiner zweiten durch Gesetzgebung, Literatur und Rechtsprechung der letzten zehn Jahre bereicherten Ausgabe keiner weiteren Empfehlung bedarf." *Kommunale Praxis.*

Wölbling, P., **Bildung der neuen Stadtgemeinde Berlin.** Zweite Auflage. Taschenformat. 114 Seiten. 1920. (Guttentagsche Sammlung Preußischer Gesetze Bd. 59.) . . . . Geb. RM. 1.40

„Die Ebenmäßigkeit mit den Kommentaren anderer Gesetze der Guttentagschen Sammlung erringt der Verfasser durch seine strenge Sachlichkeit. Damit muß seinem Werk die Beachtung bei der Durchführung des Gesetzes und bleibender Wert gesichert erscheinen."

Soziale Praxis.

Caro, H., **Gesetz,** betr. **Austritt aus der Landeskirche,** vom 14. Mai 1873. Taschenformat. 190 Seiten. 1911. (Guttentagsche Sammlung Preußischer Gesetze Bd. 46.) . . . . Geb. RM. 2.40

„Ein sehr praktisches Buch, das in den Anmerkungen zum Wortlaut des Gesetzes eine reiche Fülle von Material bietet für alle möglichen

Fragen, die mit Aus- und Übertritt zusammenhängen. Das genau gearbeitete Inhaltsverzeichnis ermöglicht bei gelegentlicher Benutzung ein leichtes Auffinden des Nötigen."
Deutsch-Protestantische Bücherschau.

Meyer, O., Gesetz, betr. die Anlegung und Veränderung von Straßen und Plätzen in Städten und ländlichen Ortschaften. Taschenformat. 211 Seiten. 1913. (Guttentagsche Sammlung Preußischer Gesetze Bd. 50.) RM. 3.—

Strauß-Torney, Hugo von und **Saß,** Carl, früher **Friedrichs,** R., **Gesetz, betr. Anlegung und Veränderung von Straßen und Plätzen** in Städten und ländlichen Ortschaften. (Straßen- und Baufluchtengesetz.) Kommentar. Sechste Auflage. Groß-Oktav. 211 Seiten. 1920. RM. 8.—, geb. RM. 9.50

„Das Werk zeigt eine Reichhaltigkeit und Vollständigkeit, die sonst wenigen Kommentaren eigen ist, und übertrifft hierin noch weit die früheren Auflagen. Besonders erwähnenswert ist die geschickte Anordnung der Erläuterungen und das praktische Inhaltsverzeichnis."
Wochenschrift des Architektenvereins zu Berlin.

Heine, H. Die preußischen Baupolizeigesetze nebst den sonstigen einschlägigen Reichs- und Landesgesetzen. Taschenformat. 404 Seiten. 1928. (Guttentagsche Sammlung Preußischer Gesetze Bd. 64.) Geb. RM. 8.—

Diesem Band ist die Aufgabe gestellt, die in erster Linie in Betracht kommenden Gesetze und sonstigen Vorschriften und die im Zusammenhang hiermit entstehenden Rechtsfragen in übersichtlicher Weise zusammenzufassen und zu erörtern. Die Rechtsprechung des Oberverwaltungsgerichts und anderer Gerichte ist hierbei berücksichtigt worden.

Goldschmidt, O., Gesetze gegen die Verunstaltung landschaftlich hervorragender Gegenden mit Ausführungsanweisungen. Taschenformat. 152 Seiten. 1912. (Guttentagsche Sammlung Preußischer Gesetze Bd. 49.) Geb. RM. 2.40

„Der Kommentar bietet eine sachgemäße, sorgfältige und erschöpfende Erläuterung der einzelnen gesetzlichen Bestimmungen. Er wird als ein durch Vollständigkeit und Zuverlässigkeit ausgezeichnetes Hilfsmittel jedem Freunde des Heimatschutzes ein willkommener Ratgeber sein." Jahrbuch des Verwaltungsrechts.

Wulff, G., und **Herold, F., Wassergesetz** vom 7. April 1913. Mit Einleitung, Erläuterungen und Sachregister. Zweite, umgearbeite Auflage von G. Wulff. Taschenformat. XVI, 665 Seiten. 1928. (Guttentagsche Sammlung Preußischer Gesetze Bd. 52.) . . Geb. RM. 12.—

„Gründlichkeit und trefflichere Kürze bilden einen besonderen Vorzug des Werkes." Ministerialblatt f. d. preuß. innere Verwaltung.

Holtgreven, A., und **Wolff,** Th., **Das Wildschadengesetz** vom 11. Juli 1891. Kommentar. Vierte, vermehrte und verbesserte Auflage. Oktav. VIII, 216 Seiten. 1902 . . . . RM. 4.—

„Dieses Werkchen will einerseits die juristisch zweifelhaften Punkte des Wildschadengesetzes wissenschaftlich erörtern und klarstellen und andererseits allen denjenigen, welche bei der Handhabung dieses Gesetzes in irgendeiner Weise, sei es als Private, Beamte, Grundbesitzer oder als Jagdberechtigte, beteiligt sind, ein praktischer Berater sein."
Allgemeine Forst- und Jagdzeitung.

Born, A., Das preußische Fischereigesetz vom 11. Mai 1916 in der geltenden Fassung. Taschenformat. 428 Seiten. 1928. (Guttentagsche Sammlung Preußischer Gesetze Nr. 62.) . . . . Geb. RM. 7.50

Die Ausgabe bietet eine bis jetzt fehlende neue Darstellung des Fischereigesetzes, in der vor allem die neue Rechtsprechung eingehend verwertet ist. Außer dem Fischereigesetz, das eine ausführliche Erläuterung gefunden hat, sind die wichtigen Ausführungsverordnungen und im Anhang die einschlägigen Bestimmungen anderer für die Anwendung des Fischereigesetzes in Frage kommenden Gesetze berücksichtigt.

Born, A., Die preußischen Jagdgesetze in ihrer geltenden Fassung. Mit Erläuterungen versehen. Taschenformat. 433 Seiten. 1928. (Guttentagsche Sammlung Preußischer Gesetze Nr. 63.) . . . Geb. RM. 8.—

„Das Buch kann zur Belehrung und Handgebrauch den Gerichten, Landratsämtern, Gemeinden und Forstbehörden sowie allen jagdlich interessierten Personen warm empfohlen werden."
Leipziger Ztsch. f. dtsch. Recht.

Kunze, F., Das Jagdscheingesetz. Zweite Auflage. Taschenformat. 157 Seiten. 1899. (Guttentagsche Sammlung Preußischer Gesetze Bd. 19.) . . . . Geb. RM. 2.—

„Die eingehenden Anmerkungen und die im Titel hervorgehobenen Beigaben machen den kleinen Kommentar zu einem vortrefflichen, in der Praxis schwer entbehrlichen Hilfsmittel zur Auslegung des Gesetzes." *Zeitschrift für die gesamte Strafrechtswissenschaft.*

Holzapfel, W., Umlegungsordnung. Taschenformat. 144 Seiten. 1921. (Guttentagsche Sammlung Preußischer Gesetze Bd. 60.) . . RM. 1.80

„Holzapfel, der hervorragende Kenner der Auseinandersetzungsgesetze, erläutert die Vorschriften der Umlegungsordnung in seiner scharfsinnigen Art in durchaus erschöpfender Weise und gibt in diesen Erläuterungen ein außerordentlich anschauliches Bild von der Umlegung der Grundstücke. Das Buch ist auch für Laien leicht und gut verständlich und kann jedem, der für die Umlegung Interesse hat, zur Benutzung angelegentlich empfohlen werden."
Preußisches Verwaltungsblatt.

Holzapfel W., Gesetz über Landeskulturbehörden. Taschenformat. 176 Seiten. 1919. (Guttentagsche Sammlung Preußischer Gesetze Bd. 57.) Geb. RM. 2.—

„Der Titel gibt den Inhalt des Werkchens vollständig an, hinzuzufügen ist aber, daß die Erläuterung, die umfangreich und eingehend ist und der praktischen Handhabung des Gesetzes Schritt für Schritt folgt, aus der Feder eines Mannes herrührt, der durch seine sachliche Qualifikation als gründlicher Kenner der Materie für eine zuverlässige Führung die größte Gewähr bietet. Dankenswert ist die Gründlichkeit der im bescheidenen Rahmen geleisteten Arbeit."
Verwaltungs-Archiv.

Kollenscher, M., Rechtsverhältnisse der Juden in Preußen. Taschenformat. VIII, 199 Seiten. 1910. (Guttentagsche Sammlung Preußischer Gesetze Bd. 45.) . . . . RM. 2,40

„Eine zusammenfassende, erschöpfende Darstellung der in den verschiedensten Quellen zerstreuten zahlreichen Judengesetze und Verordnungen. Jede Synagogengemeinde und jeder, der sich mit jüdischen Angelegenheiten beschäftigt, müßte dieses Buch besitzen."
Jüdische Rundschau.

3. Steuerrecht

Nieberl, A., Reichsabgabenordnung vom 13. Dezember 1919 nebst Einführungsverordnung vom 18. Dezember 1919 und Übergangsverordnung vom 11. Oktober 1921. Textausgabe mit Anmerkungen und ausführlichem Sachregister. Zweite, neubearbeitete Auflage. Taschenformat. 1927. (Guttentagsche Sammlung Deutscher Reichsgesetze Bd. 143.) . . . . Mit folgendem Nachtrag geb. RM. 12.—

„Die Darstellung ist leicht verständlich und klar. Das Sachregister ist gründlich bearbeitet. Jedenfalls wird das Buch, das einen mit der praktischen Handhabung der RAbgO. vertrauten Verfasser erkennen läßt, nicht nur den Steuerbeamten, sondern auch dem rechtsuchenden Publikum und seinen Beratern ein willkommener guter Führer auf diesem Gebiet sein." Juristische Wochenschrift.

Nieberl, A., Die Änderungen der Reichsabgabenordnung durch die Verordnung vom 1. Dezember 1930. Taschenformat. 127 Seiten. 1931. RM. 2.—

Michaelis, Richard, **Die Dritte Steuernotverordnung** vom 14. Februar 1924. Mit besonders ausführlicher Berücksichtigung der Vorschriften über die Aufwertung und die öffentlichen Anleihen. Taschenformat. VIII, 388 Seiten. 1924. (Guttentagsche Sammlung Deutscher Reichsgesetze Bd. 157.) . . . . Geb. RM. 7.—

„Ganz besonders zu rühmen ist der Kommentar von Michaelis, der dank seiner eingehenden und gründlichen Bearbeitungsweise erheblichen Einfluß auf die Praxis gewonnen hat." Juristische Wochenschrift.

Hollaender, Adolf, **Einkommensteuergesetz und Körperschaftsteuergesetz** nebst den zugehörigen Aus- und Durchführungsbestimmungen, Verordnungen und Erlassen. Taschenformat. XXXIX, 697 Seiten. 1926. Mit Nachtrag. 1928. (Guttentagsche Sammlung Deutscher Reichsgesetze Bd. 151.) . . . . Geb. RM. 24.—

„Das auf die Bedürfnisse der Praxis abgestellte und ihnen gerecht werdende Buch wird jedem gute Dienste leisten, der sich handelnd oder leitend auf dem äußerst unsicheren, ohne Hilfsmittel überhaupt nicht begehbaren Boden der heutigen Einkommensteuer zurechtfinden muß." Juristische Rundschau.

Pick, Reichsbewertungsgesetz. Textausgabe mit Anmerkungen. In Bearbeitung.

Schachian, Herbert, **Erbschaftsteuergesetz,** Fassung vom 22. August 1925, mit Anmerkungen. Vierte Auflage. Oktav. 65 Seiten. 1926. RM. 2.50

„Eine vollständige Darstellung des Erbschaftssteuerrechts und der zugrunde liegenden bürgerlich-rechtlichen Vorschriften des Erbrechts. Als wissenschaftliche und praktische Leistung steht der klar und scharf geschriebene Kommentar in vorderster Reihe unter seinen Rivalen; er ist als Wegweiser besonders zu empfehlen." Juristische Wochenschrift.

Hoffmann, U., **Die preußischen Erbschaftsteuergesetze.** Taschenformat. 561 Seiten. 1905. (Guttentagsche Sammlung Preußischer Gesetze Bd. 20.) . . . . RM. 3.—

Lindemann, Otto, **Umsatzsteuergesetz** (neueste Fassung) mit Ausführungsbestimmungen. Vierte, vermehrte und verbesserte Auflage. Taschenformat. 518 Seiten. 1926. (Guttentagsche Sammlung Deutscher Reichsgesetze Bd. 132.) . . . . Geb. RM. 10.—

„Es handelt sich um einen ausführlichen, gediegenen und klar abgefaßten Kommentar, der den weiteren Vorzug besitzt, auf dem laufenden zu sein. Das Werk kann allen Interessenten nur warm empfohlen werden." Industrie- und Handelszeitung.

Lindemann, Otto, **Grunderwerbsteuergesetz** (neueste Fassung) mit den Ausführungsbestimmungen. Zweite, völlig umgearbeitete Auflage.

Taschenformat. 186 Seiten. 1926. Mit Nachtrag 1927. (Guttentagsche Sammlung Deutscher Reichsgesetze Bd. 139.) . . . . Geb. RM. 4.—

„Das Buch wird manchem in den mannigfachen Streitfragen des in der Praxis sehr einschneidenden Gesetzes ein willkommener Ratgeber sein. Die Erläuterungen zeichnen sich durch Klarheit und Gemeinverständlichkeit im besten Sinne aus." Württembergische Industrie.

Hagelberg, E., und **Krämer**, L., **Grunderwerbsteuergesetz** vom 12. September 1919 (RGBl. S. 1617) in der Fassung des Gesetzes vom 11. März 1927 (RGBl. I S. 72) nebst Einleitung, Sachregister und Ausführungsbestimmungen und der einschlägigen Vorschriften des Finanzausgleichs-Steuermilderungsgesetzes und Steuerstrafrechts. Für die Praxis erläutert. Zweite, völlig umgearbeitete und erweiterte Auflage. Groß-Oktav. 355 Seiten. 1928 . . . . Geb. RM. 15.—

„Die verhältnismäßige Kürze ihrer Erläuterungen bei großer Vollständigkeit ist zu rühmen. Das Buch ist nicht nur für den Juristen, sondern auch für den gebildeten Laien, namentlich Grundstücksmakler und Hausbesitzer, von großem, praktischem Wert."
Zeitschrift d. Deutsch. Notarvereins.

Hagelberg, E., und **Krämer**, L., **Wertzuwachssteuerrecht.** Kommentar. Groß-Oktav. 256 Seiten. 1929 . . . . . RM. 12.—, geb. RM. 13.50

Die Verfasser kommentieren die neue Wertzuwachssteuerordnung für Berlin und die preußische Mustersteuerordnung. Ihr Buch ist ein Leitfaden für die Steuerpflichtigen und ihre Rechtsberater und die mit der Wertzuwachssteuer befaßten Behörden. Es stellt die rechtliche und wirtschaftliche Bedeutung der Bestimmungen klar: Die Rechtsprechung des Preußischen Oberverwaltungsgerichts wurde erschöpfend berücksichtigt. Auch Spezialfragen wie die Aufwertung und das Schwarzkaufwesen wurden behandelt.

Hoepker, Heinrich, **Die Industriebelastungsgesetze** vom 30. August 1924 nebst den Durchführungsbestimmungen zum Gesetz über die Industriebelastung. Taschenformat. XV, 200 Seiten. 1925. Mit Nachträgen. (Guttentagsche Sammlung Deutscher Reichsgesetze Bd. 159.)
Geb. RM. 4.—

„Die Anmerkungen sind erschöpfend und führen den Leser mit Geschick in die schwierige und neue Materie ein. Rechtsanwälte sowie Kaufleute, für welche die Industriebelastung in Frage kommt, werden das mit einem guten Sachregister ausgestattete Werk mit gleichem Nutzen gebrauchen!" Industrie- und Handels-Zeitung.

von **Lympius**, W., von **Elbe**, K., **Das Kommunalabgabengesetz und das Kreis- und Provinzialabgabengesetz.** Dargestellt in der Rechtsprechung des Oberverwaltungsgerichts. Groß-Oktav. X, 440 Seiten. 1930.
RM. 22.50, geb. 24.—

„Man muß es als einen besonders glücklichen Gedanken bezeichnen, wenn die Verfasser die gesamte Rechtsprechung des OVG., ja auch die nichtveröffentlichten Entscheidungen auszugsweise in einer Form wiedergegeben haben, die in hohem Grade die Arbeit der Praxis wie auch der Wissenschaft erleichtert. Wenn dieses Werk in hervorragendem Maße geglückt ist, so ist es wohl in erster Linie darauf zurückzuführen, daß beide Verfasser als Mitglieder des OVG. zu den Berufensten in der Abfassung einer solchen Arbeit gehören." Reichsarbeitsblatt.

Eiffler, Kurt, **Staatliche Verwaltungsgebühren.** Gesetz über staatliche Verwaltungsgebühren vom 29. September 1923 nebst Gebührenordnungen und Ausführungsbestimmungen. Taschenformat. 192 Seiten. Mit Nachtrag. 1925. (Guttentagsche Sammlung Preußischer Gesetze Bd. 61.)
Geb. RM. 6.—

„Das Buch ist für alle preußischen staatlichen und kommunalen Behörden unentbehrlich." *Deutsches Beamtenarchiv.*

Loeck, P., und **Eiffler**, K., **Preußisches Stempelsteuergesetz** mit den gesamten Ausführungsbestimmungen. Unter besonderer Berücksichtigung der Entscheidungen der Verwaltungsbehörden und der Gerichte herausgegeben. Zehnte, neubearbeitete Auflage. Taschenformat. 476 Seiten. 1928. (Guttentagsche Sammlung Preußischer Gesetze Bd. 18.) Geb. RM. 13.—

„Die zahlreichen Auflagen zeugen für die Güte und praktische Brauchbarkeit des Buches, das durch den von Eiffler hinzugefügten Anhang auf den gegenwärtigen Rechtsstand gebracht ist." *Finanz-Ministerialblatt.*

Lebbin, Georg, **Nahrungsmittelgesetze** mit Erläuterungen. Zweite, stark vermehrte Auflage in zwei Bänden.
Zweiter Band: **Getränkegesetze und Getränkesteuergesetze** (Wein, Bier, Branntwein, Mineralwasser). Unter Mitarbeit von Rechtsanwalt Dr. Kniebe. Taschenformat. XII, 400 Seiten. 1926. (Guttentagsche Sammlung Deutscher Reichsgesetze Bd. 54b.) . . . . . . Geb. RM. 10.—

„Die wichtigsten Gesetze sind eingehend kommentiert und so vollständig ergänzt, daß die Sammlung als unentbehrliches Hilfsmittel, wie es in dieser Art bislang noch fehlte, für den Sachbearbeiter bei Behörden und Verbänden sowohl als auch für den Kaufmann der Branche zu begrüßen ist." *Württembergische Wirtschafts-Zeitschrift.*

Wündisch, Friedrich, **Das Tabaksteuergesetz** vom 12. September 1919 nebst den Ausführungsbestimmungen vom 26. Februar 1920. Taschenformat. 286 Seiten. 1920. Mit Nachtrag 1925. (Guttentagsche Sammlung Deutscher Reichsgesetze Bd. 146.) . . . . Geb. RM. 4.—

„Endlich ein Kommentar zum Tabaksteuergesetz! Die Ausgabe kommt den Wünschen der Praxis nach einer erschöpfenden Darstellung des neuen Gesetzes in umfassender Weise entgegen. Das Buch bildet eine ausgezeichnete Informationsquelle für alle Fragen, die in der Praxis vorkommen." *Deutsche Tabak-Zeitung.*

VII. Entscheidungs-Sammlungen und Zeitschriften.

Entscheidungen des Reichsarbeitsgerichts. Herausgegeben von den Mitgliedern des Reichsarbeitsgerichts. Oktav.

Band I. 1928. Band II. 1928/29. Band III. 1929. Band IV. 1929/30. Band V u. VI 1930, Band VII 1931 . . Je RM. 6.50, geb. RM. 8.—

Entscheidungen des Reichsgerichts. Herausgegeben von den Mitgliedern des Gerichtshofes u. d. Reichsanwaltschaft. Oktav. (2 Sammlungen.) 1. **Entscheidungen in Zivilsachen.** (Werden in Heften im Umfange von etwa 5 bis 6 Bogen sowie in vollständigen Bänden, geheftet und gebunden, ausgegeben. Jährlich 4 Bände.) 1.—130. Band. Je RM. 6.50, geb. RM. 8.—

Generalregister zum hundertelften bis hundertzwanzigsten Bande der von den Mitgliedern des Gerichtshofes und der Reichsanwaltschaft herausgegebenen **Entscheidungen des Reichsgerichts in Zivilsachen.** Bearbeitet von **Hans Triebel.** Oktav. XXIII, 509 Seiten. 1929. RM. 15.—, in Halbleder RM. 18.—

Durch die umfassenden Register über je 10 Bände der amtlichen Sammlung von Reichsgerichtsentscheidungen wird das in dieser enthaltene umfängliche reiche Material der praktischen Benutzung erst voll erschlossen. Die Register verarbeiten das Material in 1. einem systematischen Register (mit einer dazugehörigen alphabetischen Übersicht), 2. einem alphabetischen Register, 3. einem Quellenregister, 4. einer chronologischen Übersicht, 5. einer Zusammenstellung der Entscheidungen nach Oberlandesgerichtsbezirken. Damit ist der höchste Grad von Sicherheit und Schnelligkeit für die Benutzung der Entscheidungssammlung erreicht.

2. **Entscheidungen in Strafsachen.** (Werden in Heften im Umfange von 5 bis 6 Bogen sowie in vollständigen Bänden, geheftet und gebunden, ausgegeben. Jährlich 1 Band.) 1.—65. Band. Je RM. 6.50, geb. RM. 8.—

Schiedsgericht für Oberschlesien. Trybunal Rozjemczy dla Górnego Slaska. Amtliche Sammlung von Entscheidungen des Schiedsgerichts für Oberschlesien, veröffentlicht gemäß der Bestimmung des Art. 592 des Genfer Abkommens vom 15. Mai 1922. Zbiór urzedowy orzeczeń Trybunalu Rozjemczego dla Górnego Ślaska ogloszony wedle postanowienia art. 592 Konwencji Genewskiej z dnia 15 maja 1922r. Oktav. Band I. Tom. I. Nr. 1/4. 129 Seiten. 1929.
Pro Band RM. 12.—

Diese amtliche Sammlung veröffentlicht Entscheidungen des Schiedsgerichts für Oberschlesien, soweit sie von grundsätzlicher Bedeutung sind, in deutscher und polnischer Sprache. Die veröffentlichten Entscheidungen sind insofern für alle Gerichte und Verwaltungsbehörden von besonderer Bedeutung, als sie für sie bindend sind und jede Abweichung dem Schiedsgericht zur Entscheidung vorzulegen ist.

Zeitschrift für die gesamte Strafrechtswissenschaft. Gegründet von Fr. von **Liszt** und **A. Dochow.** Unter ständiger Mitarbeiterschaft hervorragender Fachmänner herausgegeben von Prof. Dr. K. **von Lilienthal,** Prof. Dr. Ed. **Kohlrausch** und Prof. Dr. **W. Gleispach.** Der Jahrgang besteht aus 8—9 Heften. Quart.

Bd. 1—43. 1881—1922. Je RM. 15.—. Bd. 44. 1922. RM. 25.—. Bd. 45. 1924. RM. 21.—. Bd. 46—49. 1925—1929. Je RM. 30.—. Bd. 50. 1929/30. RM. 36.—.

Juristische Rundschau. Herausgegeben von Otto **Lindemann,** Ministerialdirektor, Geh. Oberjustizrat, Berlin, Dr. Friedrich **Flad,** Senatspräsident beim Reichsgericht, Leipzig, **Fritz Hartung,** Reichsgerichtsrat, Leipzig und

Höchstrichterliche Rechtsprechung. Herausgegeben von Eugen **Friedrichs,** Senatspräsident, Breslau, Dr. Albert **Feisenberger,** Reichsanwalt, Leipzig. — Erscheint am 1. und 15. jeden Monats.

Jahrgang 1931. Vierteljährlich RM. 7.50, Einzelheft RM. 1.50

Beilage „Höchstrichterliche Rechtsprechung" einzeln vierteljährlich 5.—

Zeitschrift für ausländisches öffentliches Recht und Völkerrecht. Im Auftrage des Instituts für ausländisches öffentliches Recht und Völkerrecht herausgegeben von Dr. Viktor **Bruns,** Professor an der Universität Berlin, Leiter des Instituts. Lexikon-Oktav.

Band I, Teil 1: Abhandlungen. XXVIII, 657 Seiten. 1929. RM. 43.—
Band I, Teil 2: Urkunden. XVI, 858 Seiten. 1929 . . . RM. 54.—
Band II, Teil 1/2: Abhandlungen und Urkunden. 368 Seiten. 1930. RM. 45.—

Der neuen Zeitschrift für ausländisches öffentliches Recht und Völkerrecht ist es als Aufgabe gesetzt, die wichtigsten, die Wis-

senschaft und die Praxis beschäftigenden Probleme des Völkerrechts und des außerstaatlichen öffentlichen Rechts zu behandeln. Sie wird zu all diesen Fragen eingehend Stellung nehmen und über alle wichtigen Ergebnisse der Gesetzgebung und der Rechtsprechung auf diesem Gebiete im In- und Ausland eingehend berichten. Der I. Jahrgang der Zeitschrift wird in zwei Bänden herausgegeben; künftig erfolgt das Erscheinen vierteljährlich.

Zeitschrift für ausländisches und internationales Privatrecht. Herausgegeben in Gemeinschaft mit Ernst **Heymann**, Heinrich **Titze**, Martin **Wolff**, ordentliche Professoren an der Universität Berlin, wissenschaftliche Berater des Instituts, Max **Pagenstecher**, o. Professor an der Universität Hamburg, Franz **Schlegelberger**, Ministerialdirektor im Reichsjustizministerium, Honorarprofessor an der Universität Berlin, von Ernst **Rabel**, o. Professor an der Universität Berlin, Direktor des Instituts. Jährlich 6 Hefte im Umfang von etwa 65 Bogen.
Preis des vierten Jahrganges RM. 54.—
Sonderhefte: **Die deutsche Rechtsprechung auf dem Gebiete des internationalen Privatrechts in den Jahren 1926 und 1927.** 1928. RM. 8.—
do. **im Jahre 1928.** 1930 . . . . RM. 11.—

Zeitschrift für Bergrecht. Bis zu seinem Tode herausgegeben von dem Wirkl. Geh. Rat, Berghauptmann a. D. Dr. jur. H. Brassert. Redigiert und herausgegeben von den rechtskundigen Ministerialräten der Bergabteilung des Preußischen Ministeriums für Handel und Gewerbe. Jährlich ein Band von mehreren Heften. Die Hefte erscheinen in zwangloser Folge. 1928/29. RM. 20.—, Jahrgang 70. 1929. RM. 20.—, Jahrgang 71. 1930 . . . . RM. 20.—

Zeitschrift für Bergrecht. Register zu Jahrgang 37—40 . . . RM. 14.—

Zeitschrift für das gesamte Luftrecht (ZLR.). Herausgegeben von weiland Dr. jur. Otto **Schreiber.** Erscheint in Bänden zu je vier Heften.
Band I. 1926/28 . . . . RM. 50.—, geb. RM. 55.—
Band II, Heft 1 . . . . RM. 10.—

Bank-Archiv. Zeitschrift für Bank- und Börsenwesen. Unter Mitwirkung von hervorragenden Fachmännern herausgegeben von Geh. Justizrat Prof. Dr. **Rießer**, Berlin. Schriftleitung: Rechtsanwalt Otto **Bernstein**, geschäftsführendes Mitglied des Centralverbandes des Deutschen Bank- und Bankiergewerbes. Quart. Jährlich 24 Nummern. XXX. Jahrgang. 1930/31 . . . . Pro Halbjahr RM. 12.—

Veröffentlichungen des Reichs-Aufsichtsamts für Privatversicherung. Groß-Oktav. 29. Jahrgang. Heft 1—3 . . . . RM. 17.50
Jahrgang 1—28. Preise auf Anfrage.

FSC
www.fsc.org
MIX
Papier | Fördert
gute Waldnutzung
FSC® C083411

Kolibri 360 GmbH
Ferdinand-Jühlke-Straße 7
99095 Erfurt, Deutschland
produktsicherheit@kolibri360.de